湖北工业大学青年学者文库

本书得到教育部人文社会科学青年基金项目（21YJC790008）、湖北省社会科学基金项目（2021149）、湖北省教育厅哲学社会科学研究青年项目（21Q062）资助。

财政转移性支出对居民收入差距影响研究

陈汉芳　著

中国财经出版传媒集团
中国财政经济出版社
·北京·

图书在版编目（CIP）数据

财政转移性支出对居民收入差距影响研究 / 陈汉芳著. -- 北京 : 中国财政经济出版社, 2024. 10.
(湖北工业大学青年学者文库). -- ISBN 978-7-5223-3466-0

Ⅰ. F126.2

中国国家版本馆CIP数据核字第2024C7U449号

责任编辑：马　真　　责任校对：张　凡

封面设计：智点创意　　责任印制：史大鹏

财政转移性支出对居民收入差距影响研究

CAIZHENG ZHUANYIXING ZHICHU DUI JUMIN SHOURU CHAJU YINGXIANG YANJIU

中国财政经济出版社 出版

URL：http：//www. cfeph. cn

E－mail：cfeph@ cfeph. cn

社址：北京市海淀区阜成路甲 28 号　邮政编码：100142

营销中心电话：010－88191522

天猫网店：中国财政经济出版社旗舰店

网址：https：//zgczjjcbs. tmall. com

中煤（北京）印务有限公司印刷　各地新华书店经销

成品尺寸：147mm×210mm　32 开　8. 125 印张　206 000 字

2024 年 10 月第 1 版　2024 年 10 月北京第 1 次印刷

定价：40. 00 元

ISBN 978－7－5223－3466－0

（图书出现印装问题，本社负责调换，电话：010－88190548）

本社质量投诉电话：010－88190744

打击盗版举报热线：010－88191661　QQ：2242791300

序

完善收入分配制度是中国式现代化推进共同富裕的重要路径。在推进共同富裕的过程中，党的二十大报告强调了完善分配制度、促进机会公平、规范财富积累机制的重要性。通过优化分配制度，可以增强财富分配的公平性，缩小财富分配差距，从而推动全体人民共同富裕取得更为明显的实质性进展。财政政策作为国家治理的重要工具，其对居民收入差距的影响日益受到广泛关注。特别是在社会主义市场经济体制下，财政转移性支出在现代财政政策中扮演着重要角色，它体现了公共财政的效率、公平和稳定三大职能。通过转移性支出，政府能够在居民和企业间进行收入再分配，从而成为实施社会公平政策的重要手段。财政转移性支出不仅是实现收入再分配、缩小居民收入差距的关键手段，更是推动社会公平和共同富裕目标实现的重要保障。

本书将我国备受关注的居民收入分配格局失衡置于财政视角下，建立一个严密、统一、全新的收入再分配理论研究框架。文章基于二次再分配理论揭示了财政转移性支出对居民收入再分配的作用机理。深度挖掘财政转移性支出对收入再分配影响的本质，并提出财政转移性支出影响居民收入差距的两大分配传导机制，一是财政转移性支出影响居民间收入差距直接作用于收入分配；二是财政转移性支出影响居民可支配收入间接作用于收入分配。将居民收入的初次分配和再分配通过政府财政转移性支出影响结合起来分析，构建完整的居民收入公平分配的机制。

本书梳理居民的最终收入结构发现，居民收入高度依赖劳动要素所得，从而影响收入分配不公，全面考察财政转移性支出的运行机理，财政转移支出间接作用于居民初次分配的要素收入，使居民最终可支配收入受到影响，从而提高居民在国民收入中的收入份额，改善居民初次分配的不公。实证上，构建比较全面准确的衡量指标，收入宏观层面的数字像是森林，每个人或家庭则像是树木。研究收入问题不能只见森林、不见树木，关注的应该是居民个体，因此在研究收入再分配问题时，本书主要站在居民的角度考察。同时，科学地对财政转移性支出影响居民收入的测算所需的各项指标进行精确的统计。首先是比较研究后得出量化广义的财政转移性支出的指标。其次是基于居民可支配收入下降、居民收入差距扩大两个层面的分配失衡，构建更全面的影响居民收入分配的统计计量分析，并对我国各项转移性支出结构在实证的基础上比较分析，研究视角也是全方面的，综合考察了城乡之间、城镇内部及农村内部的收入情况。采用全面的 UL 分解方法，对再分配效应分解更为彻底，弥补国内主要侧重定性研究和单项财政转移性支出研究而缺乏全面考察财政转移性支出定量研究的不足。

学者陈汉芳在现有研究的基础上，进一步考察发达国家的财政转移性支出政策对居民收入差距的影响，以及如何通过优化财政政策来更有效地缩小收入差距。我们希望通过本书的研究，能够为政策制定者提供有益的参考，为实现社会公平和共同富裕贡献力量。

最后，我希望本书能够成为读者了解和学习财政学的一个窗口，帮助读者更好地理解财政政策的复杂性和重要性，以及财政对我们每个人生活的影响。

李春根

前言

我国经济在复杂的内外部环境中经受了多重考验，内部面临人口增长放缓、资本积累持续流失、新生产环境、新消费需求变化等问题，正处于实现经济结构转型升级和高质量发展的关键关头。外部全球经济复苏放缓，地缘政治风险波动加剧，不确定性加剧。社会和经济体系的脆弱性促使世界各地的经济学家思考如何使经济更具弹性。无形的人力资本和社会资本是帮助经济在衰退中恢复甚至增长的来源，但是收入分配的不平等破坏了人力资本自身的潜力，侵蚀了经济的韧性。经济循环覆盖社会再生产全过程：生产是起点，消费是终点，流通和分配是中间连接的“桥梁”，意味着要着力打通国内生产、分配、流通、消费各个环节，以满足国内大循环作为出发点和落脚点。因此，公平居民收入分配是打通国内经济大循环，增强经济韧性的重要环节。收入分配过程分为初次分配和再分配，初次分配中按劳动、资本、土地、知识、技术、管理、数据生产要素的市场自由波动机制评价贡献，依据贡献决定报酬的分配体制，而初次分配中效率与公平不仅源于资源配置，还源于收入再分配的激励。财政政策作为政府调控居民收入分配、促进公平分配有效性的政策工具，在西方发达国家得到了验证，在研究缩小居民收入差距的问题上，财政支出应承担起收入再分配的主要责任。再分配基于初次分配的结果，国家对集中的国民财富再次在全社会范围内进行分配。其方式包括税收、财政转移性支出等形式调整不同收入群体间的收入关系，而在调整收入分配的财政政策中最常用的是财政转移性支出政策。鉴于此，本书结合福利经济学、公共经济学、制度经济学等理论，拟详细探究财政再分配对居民可行能力提升的机制与路径研究。同时，结合后疫情时代工作背景，定量与定性分析财政转移支出对国民收入分配管理机制变化的传导路径。在此基础上，探索可行的财政再分配的政策，提升财政转移支出的利用效能、为构建和完善现代财税金融体制提出有关建议。

国外对财政转移性支出政策的系统研究已比较成熟，并且形成了比较完善的财政福利政策。而国内学术界的研究形成了以下观点：政府转移性支出对缩小收入分配差距具有显著作用；另有一些学者认为，政府转移性支出会扩大居民收入差距，即存在逆向效应；还有一些学者认为，政府转移性支出对收入再分配的效果并不明显。学术界因为研究方法和参考因素的不统一，研究结果也大相径庭。本书通过整理相关的经济数据和研究材料，通过科学合理的经济模型分析，总结了当前我国财政转移性支出和居民收入分配的问题，为进一步探讨财政转移性支出对居民收入差距的影响提供强有力的经验和理论支撑，并对我国财政转移性支出对居民收入的分配效应进行全面、系统的研究。

本书除导论外，共七章。第一章是财政转移性支出与收入分配的相关理论分析，作为全书研究的基础。结合财政转移性支出的公共品属性、收入再分配的市场失灵理论、信息非对称理论及社会选择理论为基础，提出财政转移性支出与居民收入再分配的关系。财政转移性支出作为公共品的提供，具备非排他性和非竞争性，由于市场外部性的存在，市场机制本身无法达到最优的一般均衡状态，应该发挥财政再分配的作用。搭建财政转移性支出影响收入再分配的桥梁，并提出经由财政转移性支出影响居民收入差距和份额进而影响收入分配的两大传导机制，为后续研究提供分析框架。第二章是财政转移性支出的现状分析，本章分析了发达国家及我国财政转移性支出政策的发展演变，梳理出我国与发达国家的不同；分析我国财政转移性支出的总体规模，并对财政转移性支出的结构进行构建分析。第三章是我国居民收入分配的现状分析，通过挖掘数据详细比较我国居民收入分配不公的现状，为后续研究提供现实依据。第四章是财政转移性支出对居民收入再分配影响的实证研究。从居民的转移性收入角度着手，第一部分是从静态考察，居民某分项收入对基尼系数的影响，主要是从居民的转移性收入内部结构来分析；第二部分是从动态来考察，从收入来源看导致基尼系数变动的程度，主要是从居民的经营性收入、财产性收入、工资性收入、转移性收入四项综合来比较考察转移性收入与其他收入的不同，对转移性支出的再分配效应进行动态研究。第五章是财政转移性支出结构对收入初次分配影响效应研究。基于从财政转移性支出结构影响居民要素收入，进而改善收入分配的走向。构建面板中介效应模型实证研究财政转移性支出结构变动对居民最终可支配收入的影响。第六章是发达国家财政转移性支出的典型模式比较和经验借鉴。运用横向比较法，揭示发达国家的共性特征，找到我国可以借鉴的经验。第七章是构建合理公平的财政转移性支出结构，总结本书的研究结果并提出政策建议。

本书的主要结论概括如下：

第一，明确了我国财政转移性支出的含义，本书分析的财政转移性支出就是基于财政支出按经济分类体系来确定的。在我国的财政体系中，转移性支出主要包括：社会保障支出、财政补贴和税收支出。我国大量的税收支出并没有进行预算控制，本书进行相关的统计比较困难。鉴于本书研究的对象是居民，由于国家或政府对居民的税式支出没有直接体现出来不易测量，因此本书研究的中国政府对居民的转移性支出主要包括社会保障支出和财政补贴两部分。

第二，梳理我国财政转移性支出政策的演变历程后发现，我国财政转移性支出的波动，使国民收入分配在政府、企业和居民之间波动，同时居民可支配收入占比也受其影响。而对居民的收入各项数据收集整理后的结果显示，居民收入在城乡、城镇内部、农村内部、不同地区之间、不同行业之间均存在差距，进一步深入分析得出的结论说明，政府的转移性收入比例高而居民的转移性收入比例不高，因此政府对居民的转移性支出比重应该加强，加强财政政策对居民的收入再分配作用。

第三，提出财政转移性支出对居民收入再分配的影响，根据居民转移性收入内部结构进行基尼系数分解，表现出家庭养老金和离退休金对缓解居民收入不平等作出了贡献。收入根据要素来源分解对收入不平等都会有影响，分为转移性收入、工资性收入、财产性收入和经营性收入进行分析。结果显示，转移性收入对居民收入不平等的贡献率比较大，转移性收入与其他收入相比，不平等效应和份额效应都在下降，份额效应的下降暗示转移性收入的不平等程度降低了，但不平等效应的下降则表明转移性收入不平等的下降已经趋缓，需要进一步采取措施加大转移性收入对不平等的影响。

第四，提出财政转移性支出对居民初次分配的影响。本书提出两大传导机制：宏观上财政转移性支出结构通过要素分配影响居民收入份额，微观上财政转移性支出结构通过居民间财政分担影响居民收入差距，并以此作为分析框架展开实证研究。结果显示财政转移性支出的力度不仅会直接增强居民可支配收入份额，还会通过居民劳动者报酬这一中介变量来进一步影响居民初次分配的结果。这种双重作用构成了我国财政转移性支出结构对居民初次分配的影响，财政补贴对居民收入份额的增长是负效应，财政社会保障支出对居民收入份额的增长是正效应。这一结论对建设公平、效率的收入分配局面具有重要参考价值。

第五，通过考察发达国家与发展中国家的基尼系数及英国、日本、美国的财政转移性支出政策发现，发达国家政府转移性支出政策的权责安排清晰、转移性支出体系设计基本与集权型财政体制相对应，从而取得了好的公平收入分配的效果。转移性支出预算机制既有自己的独立性，又与一般的公共财政预算保持着紧密的联系，使总体性的转移性支出与基金的管理有效地接连起来。

基于上述理论和实证研究结论，本书认为，主要应从三个方面完善财政转移性支出对居民收入的影响。一是对居民收入公平再分配问题的深刻认识，重视转移性支出对居民收入初次分配和再分配的影响。二是完善社会保障体系收入在再分配的作用，它不仅是社会的“安全网”和“稳定器”，也是收入分配的“调节器”。社会保障转移支出在提高居民收入的同时，还具有明显的缩小居民收入差距的作用。但不容忽视的是，财政社会保障支出在城乡居民之间存在非常大的差距。三是提升财政补贴领域的改革思路，从财政补贴的项目、支出水平，补贴项目制度设计、补贴项目的实现方式进行完善。

目录

导　论

一、研究背景与研究意义

（一）研究背景

发展中国家或是发达国家在发展经济的同时都面临着一个需要一直研究的问题，即居民收入分配这一难题，收入分配不公必然会影响到国家经济层面和社会层面深层次的问题。发达国家对收入分配的研究最著名的是库兹涅茨倒U形曲线假说，该假说认为收入差距随着制度和规则的完善以及经济发展水平的提高，会在达到一定程度后开始下降。但严格说来，发达国家所经历的倒U形曲线缺乏严格经济学理论证明，也没有完全得到实证研究的证实，到现在只是停留在假说阶段的理论。实际上，这个所谓的普遍规律引发起学者们更深的思考：世界上许多国家无法在经济发展的同时，持续使收入分配公平。市场机制能够提高经济效率，但解决不了收入差距扩大的问题。经济增长这一过程是不会自动产生涓流效应，不能自动地保证每个人群均等获益。因此，关于收入分配的研究是国际上一个重要的研究议题。

中西内外学者都认可市场中三次收入分配的综合效果最后形成了居民收入分配格局。其中，初次分配是基于市场要素禀赋自由发挥作用，从而并不能解决居民收入分配差距存在的问题并造成差距越来越大的问题。再分配的重任落在第二次分配和第三次分配上，第二次分配是发挥政府对收入分配的调控作用，以税收、社会保障、转移支出为手段的行政分配机制。第三次分配主要依靠的是民间慈善力量以及独立的非营利非官方部门的活动，无固定组织统一协调，规模小且无稳定性。因此，财政再分配政策就应该是一个独立的政策取向，而财政转移性支出对居民收入分配有着直接的影响，是可行的再分配工具。

将中国和发达国家英国相比，分配差距具体情况是，按初次分配来看中国收入差距的衡量指标即基尼系数比英国要小，但是经过政府再分配后居民可支配收入指标来分析，中国的收入差距却比英国要大。数据分析表示再分配使中国的收入差距降低了约 6 个百分点，英国降低了二十几个百分点，而且欧洲其他国家，再分配基本上也都使收入差距的基尼系数下降了 30%—40% 的幅度。根据 2017 年 1 月 20 日国家统计局公布的最新收入基尼系数为 0.465，这是自 2008 年以来基尼系数首次上升，说明收入差距又在扩大。与国际上其他国家相比，中国的基尼系数多年来都处在高度不平等国家之列，和巴西、墨西哥在一个梯队。党的十九届五中全会提出，要激发各类市场主体活力，完善宏观经济治理，建立现代财税金融体制，这是构建高水平社会主义市场经济体制的一项重要内容。在今年各国经济下行压力加大、国际贸易大幅萎缩的背景下，构建以国内大循环为主体、国内国际双循环相互促进的新发展格局，让宏观经济形势正在变得更加复杂。中国仍处于重要的战略机遇期，但机遇和挑战都有新的变化。超大规模的国内市场，让中国经济充满了韧性，因此宏观经济政策选择必须让这样的市场高效运行。中国人口世界第一，经济总量世界第二，居民收入水平逐年提高，这只是说明市场规模大，但大规模的市场不一定等于高效率的市场。高效的市场，应该有高效的市场运行机制，让旺盛的市场需求得到充分的释放，让市场供给充分有效。在这一背景下，财政再分配如何助力“双循环”新发展格局的顺利进行是值得思考与探索的问题。2020 年 11 月 3 日，《中共中央关于制定国民经济和社会发展第十四个五年规划和二〇三五年远景目标的建议》（以下简称《建议》）公布。《建议》提出，完善再分配机制，加大税收、社保、转移支付等调节力度和精准性，合理调节过高收入，取缔非法收入。发挥第三次分配作用，改善收入和财富分配格局。因此，要通过公平有效的收入再分配调控机制和政策体系，解决收入差距过大造成的问题。

根据最新数据显示，2020 年居民人均可支配收入 32189 元，比上年名义增长 4.7%，扣除价格因素，实际增长 2.1%，GDP 同比增速 2.3%。居民的收入增长基本与经济增长保持平衡，但是居民的收入增长并不意味着居民的收入差距变小。在我国市场经济发展成熟的时期更要发挥政府的二次分配的作用，规范居民收入分配秩序，注重公共资源在收入分配上的影响，缩小城乡、区域间的居民收入分配差距。而二次分配中要发挥政府的财政作用，一般而言财政转移性支出的比重越大对收入分配的直接影响就越大。虽然我国每年都在提高财政转移性支出的规模，但是居民间的收入分配问题却逐步恶化。因此，关于如何有效发挥我国财政转移性支出对收入分配的调控作用引起了众多学者的关注和研究。理论上转移性支出在保障低收入者基本生活、限制极高收入凸显、促进社会正义公平一系列方面有着直接的作用。然而，目前我国的财政转移性支出并没有引起社会的关注，财政资源的随意性影响其收入分配的作用，甚至出现了“逆调节”的现状。意味着当前居民收入差距过大的问题必须重视改革和完善我国现有的财政转移性支出制度，对我国的财政转移性支出再分配制度进行深入的研究，增强财政转移性支出对我国收入再分配的正效应。本课题基于我国财政再分配工作背景，借助资料分析、调查研究、统计分析等方法，深刻揭示居民收入分配的基本特征、变化趋势以及与财政政策环境之间的内在联系。在此基础上，厘清现行再分配政策的不足之处，为再分配财政政策体系、创新经济发展机制提供有针对性的建议，为贯彻新发展理念、构建新发展格局的长效机制，具有重大的理论价值与现实意义。

（二）研究意义

基于上述背景，以政府发挥再分配作用的方式为切入点，本书选择研究我国财政转移性支出对居民收入差距的影响机理、影响结果，以及国外可借鉴的转移性支出政策。转移性支出和收入再分配都是当前国内外普遍关注的问题，将两者结合起来进行本研究具有很强的理论意义和现实意义。

1. 理论意义

首先，丰富政府视角的居民收入分配理论。居民收入分配分为初次分配和再分配，将二者区分开来分析研究很难能实现居民收入的综合完善，因为政府对居民收入分配的每个环节都是有影响的。依靠政府财政转移性支出的财政手段来实现国民收入的再分配，学术界已达成共识。但实际上，研究的主流是从财政转移性支出的直接效应来研究，即从财政转移性支出对再分配影响进行探讨，而财政转移性支出对居民收入的初次分配也有影响。因此，财政转移性支出影响收入的再分配和初次分配，是居民收入差距缩小的因素之一。本书从财政转移性支出角度出发完善和丰富了收入分配理论，将财政转移性支出影响居民收入再分配的效应结合初次分配进行分析，构建了转移性支出影响居民收入分配的作用机理可分为直接影响和间接影响。

其次，尝试突破单独考虑一种转移性支出政策再分配效果的藩篱（如单独考虑个人所得税、医疗保险、养老保险等），统筹考虑一揽子转移性支出政策对再分配的调整效果，提出总体的财政转移性支出的不同核算方法及界定的意义。同时，通过研究和总结国内外的研究，对转移性支出涉及的各项指标和衡量收入再分配公平的指标做科学合理的解释，从而得出更为全面和深入的结论。在研究收入再分配的效应上，采用的是要素来源分解方法，克服了传统分解方法的弊端，将再分配效应的垂直效应、水平效应和再排序效应进行分析，对再分配效应的分解更为彻底。

最后，构建我国财政转移支出对居民收入再分配的影响机制。西方丰富的经济学理论已经指引发达国家完成了由初次分配为主体再分配机制进行完善调节的分配结构转变，但是对于发展中国家，在保障市场经济高质量发展的过程中，应同时重视初次分配和再分配理论。实证量化财政转移性支出对居民收入差距的影响，通过对转移性支出的总量和转移性支出结构的分析，继而为我国进一步改革和完善收入分配制度打好理论基础。

2. 现实意义

首先，基于财政转移性支出调节收入再分配失衡的方向，对收入再分配的影响也间接影响到初次分配，即财政转移性支出政策既影响再分配也影响初次分配。联系中国的财政实际和经济发展特性，提出基于公平视角调节收入再分配与财政改革的可行方案：促进财政转移性支出影响居民收入分配公平的财税政策应是从结果公平转向规则公平。由于公平所涉及的是规则分配是否公平，我们需要从关联结构即分配的逻辑关系的合理性角度来进行评价，因此可以深入发现财政转移性支出在促进居民收入公平分配过程中存在的问题，通过转移性支出结构的优化即完善规则公平，从而确实有助于解决我国收入分配失衡问题。

其次，为政府制定合理的财政政策以有效提升居民收入提供参考依据。习近平总书记多次指出，中国是个大国，韧性强，潜力大，回旋余地大。这为我们正确认识中国经济走向指明了方向，坚定了信心。实践告诉我们，看待任何事物和任何问题都不能采取主观和片面的态度，否则就容易陷入机械论和唯心主义。看待经济发展这种极其复杂的社会现象，更应该采取实事求是的态度，坚持客观、全面、辩证、积极的立场方法。不可否认，受新冠疫情影响，中国经济的下行压力是比较大的。这是问题的一方面，不能回避。但是重要的不是问题本身，而是我们解决问题的客观条件和能力。

我们更应该看到，保持中国经济长期向好发展的基本条件并没有发生改变，中国经济仍然具备韧性强、潜力大、后劲足的特征。财政的再分配职能决定了新时期财政职能也要与时俱进，深入研究现阶段我国经济停滞地区财政支出对居民收入行为的影响因素，一方面在机制上，充分发挥财政基本公共服务的作用，建立“人口红利”推动我国经济快速增长的基础性机制，形成“政府主导、社会参与、市场促进”的经济治理的整体性机制。另一方面有助于加快城镇化进程，推动我国经济增长方式调整，从而维护社会公平以及新形势下社会主义和谐社会的构建。同时，本课题揭示“财政再分配”视域下居民收入行为的变动路径，也可以在一定程度上增强财政政策的针对性，以有效地提升居民收入水平，促进经济增长方式转型升级。

通过财政再分配干预致力于建立稳定收入的长效机制。马克思主义认为，生产力决定生产关系，经济基础决定上层建筑，但上层建筑也反作用于经济基础。这条基本原理说明了这样一个深刻的道理，在探讨经济发展时，不能仅局限于资本、能源资源、技术、劳动力等资源禀赋，还必须充分考虑一个国家的政治经济等方面的制度体系是否有利于解放和发展社会生产力，促进经济发展。伴随着经济发展到不同阶段，对收入再分配的理解会发生变化。在此意义上，从财政再分配和公共产品提供两大理论入手，对居民收入现状进行干预，我国的分配制度比较好地处理了效率与公平之间的关系，既能够调动广大劳动者的积极性和创造性，有利于消除剥削和防止两极分化，也有利于促进经济循环，更加促进居民收入的提升。

基于此，本书结合现实问题对财政转移性支出进行了研究：财政转移性支出与居民收入分配存在着怎样的联系，财政转移性支出影响居民收入分配的传导机制是什么，财政转移性支出对居民收入再分配和初次分配影响的机制是什么，影响方向是什么，影响程度多大，国外有没有值得借鉴的合理有效的财政转移性支出政策。在当前构建现代财政制度背景下，我国未来财政体制改革有什么发展方向。

二、文献综述

财政转移性支出和居民收入再分配是当前国内外研究中较为关注的两大主题，就此问题学者从不同的角度进行了广泛的研究，本书将财政转移性支出影响居民收入再分配的相关文献分别梳理为收入再分配理论研究，财政转移性支出的收入再分配效应研究两方面内容。

（一）收入再分配研究

1. 政府进行收入再分配的合理性研究

国民收入分配分为初次分配和再分配，初次分配是市场主体在要素交易中按“效率原则”获得收入的过程。在当前主流经济学看来，市场机制下的收入分配应按照各生产要素的劳动贡献进行的初次分配是合理和正义的。诺齐克（1974）在《无政府、国家和乌托邦》一书中对国家的分配提出了一种重要的解释，他认为国家的产生就是一种自发的过程，是为了维护个人的自由和安全而产生的一种组织。因此即使没有取得治下全体人民的同意，守夜人的国家存在仍然是合理的，然而政府权力只是局限于为了维护人们的自由、生命和财产安全，他认为超越最低限度的国家存在是不合理的，社会或者国家的产生来源于社会成员的授权或者一致同意，政府的权力是有限的。诺齐克是反对政府过度的再分配干预，任何超越“最低限度”的国家组织方式都是不道德的或者说不正义的。以国家分配正义为主题展开研究的还有罗尔斯，1971 年他在其《正义论》里围绕着分配公正提出了分配正义理论，认为分配正义需满足两个原则：平等的自由原则和差别原则。平等原则对于以按劳分配为原则的国民收入的初次分配有很大的指导意义；差别原则为国民收入的再分配和实现共同富裕提供了理论依据。以国家对收入分配是否干预为基点，凸显了诺齐克、罗尔斯两位重量级大师关于“分配正义”的原则性分歧。诺齐克的思想是认为真正的“正义”是“持有正义”，持有正义包括原初获取正义、持有转让正义、对不正义持有的矫正，注重的是初次分配的公平。而罗尔斯强调的是“分配正义”，思想阐述了应通过合理的再分配去划分社会合作产生的利益。作为古典自由主义经济学家的重要代表，哈耶克在19世纪40年代又提出反对分配正义，他强调自由的市场经济发展的结果。由此可见，主流经济学家们一直对政府进行收入再分配的合理性进行了长久的辩论，正是在思辨中，对于政府的再分配功能进行了合理性的解释。

而事实上由于多种因素的影响，初次分配的必然结果是社会成员的收入差距过大、低收入者难以生存。因此，政府需进行财政的再分配，使社会成员的收入差距保持在合理的范围内，并保障低收入者的基本生活需要。哈维·罗森（1985）在《财政学》一书中提出再分配理论是财政支出政策对实际收入分配的影响，并将其称为支出归宿，为政府收入再分配政策的分析提供了一个框架。

2. 收入再分配的影响因素研究

市场经济中为什么需要进行收入再分配？很多学者认为不同的背景、文化、国别等因素都会对人们再分配的支持倾向进行影响。黄桂田（1997）、王伟等（2012）分析出在注重效率讲究机会平等的美国居民能够容忍相对较大的收入差距，而日本居民则仅能容忍较小的收入差距。Ravallion 和 Lokshin（2000）沿着经济利益动机的角度思考，认为居民对未来财富流动性预期影响人们再分配动机。

中国学者主要从中国的具体情况出发，分析了影响收入再分配的因素。总体来说，个人的身份特征、教育水平、理想信念、经济地位等因素都可能对再分配动机产生影响。李实（1999）通过实证研究和经验分析，指出居民的收入差距要靠再分配来影响，其原因有三：一是非国有部门的发展，实证研究非国有部门职工收入的基尼系数比国有部门高出6.4个百分点。二是农村非农产业的发展，农村个人工资性收入对收入的贡献率较大，政府要增加教育的转移性支出，提高工资水平。三是财产积累效应，城镇居民的自有房产的折算租金是比较高的。杨灿明等（2009）利用教育部《规范收入分配秩序》课题组2008年夏季的问卷调查数据，实证分析出教育年限对个人收入具有显著的正效应，担任一定职位的行政职务并拥有党员身份影响收入分配的能力越强，垄断行业职工收入比竞争性行业职工收入高29%。李清彬（2011）对再分配倾向问题进行了文献研究，认为经济利益、风险规避、公平信念和声誉理想四大动机通过不尽相同的理论逻辑机制对人们的再分配倾向产生影响，四大动机的框架为实证研究再分配倾向中的因素筛选提供了有力的工具。并提出人们愿意将自己收入的多大比重用来进行再分配是对再分配倾向决定领域的进一步研究的方向。胡洪曙等（2014）利用调研数据分析了父母对子女的收入影响，并探讨了不同收入水平家庭的代际流动差异。研究结果显示，父亲对女儿收入水平的影响高于儿子，母亲的收入水平对儿子和女儿并没有明显影响差异；城镇居民家庭的收入流动性高于农村居民，并且随着收入从低到高分布，代际收入流动性呈上升趋势，而农村低收入家庭群体具有明显的贫困持续性现象。权衡和李实等（2016）进行了总结，认为收入再分配的思想在历史上按照从精神到物质再到制度的方向演进，在很大程度上受到同时期政治理论、伦理思想的影响，在现当代的政治学和经济学思潮中，人们在分配问题上更侧重于选择正义和制度公平。

3. 收入再分配效应的测度方法

在公共经济学中，对政府收支再分配效应的测度是一个重要的分支。第一种是局部测度方法。Pigou（1928）在研究税收的再分配效应时提出了平均税率和边际税率累进性测度方法。沿用累进性的测度方法，Musgrave 和 Thin（1948）提出以收入弹性作为指标来衡量累进性，以此评判各个收入阶层的情况。第二种是全局测度方法。1913 年基尼提出了基尼系数的概念，经济学家们便广泛利用其描述观察到的收入和财富分配不平等。在基尼系数的基础上常用的全局测度方法主要有 MT 指数、K 指数和 S 指数。MT 指数目前研究方法主要有 RE 指数、Kakwani 指数及其改进方法。MT 指数由 Musgrave 和 Thin（1948）提出，是经典的测度收入再分配效应的方法。其内容是转移前的居民收入基尼系数与转移后的居民收入基尼系数的比较。Kakwani（1977）提出 K 指数，通过计算洛伦兹曲线和税收集中度曲线之间的面积测度累进性。S 指数由 Suits（1977）提出，将所有家庭收入由低到高排序绘制集中曲线，通过集中曲线和集中指数用来测量与收入水平相关的补助不平等程度。如果各经济水平人群获得的转移性收入是平等的，集中曲线与完全平等线重合；如果低收入人群的受益较差，集中曲线位于完全平等线下方；反之，位于完全平等线上方。集中指数取值范围在 -1 和 1 之间，如果转移性支出是绝对公平的，则集中指数为 0。集中指数为正值时说明政府补助偏向富裕人群，数值越大绝对公平性越差；集中指数为负值时说明政府补助偏向贫困人群，绝对值越大绝对公平性越好。但全面性指标只能反映出各种问题的表外特征，并不能实现对问题因素的深层反映，仅能将分布的结构性问题展示出来。因此，美国学者 Davies（1980）提出要通过对资料内容的详细对比分析，从中找出不同社会收入阶层所面临的真实问题，从而更好地找出相关影响因素，为各种问题的优化提供参考。因为 Lorens 曲线中的坐标参数都是通过对样本进行参考后得出的，部分学者希望借助对 Lorens 曲线的特征检验来找出不同曲线之间存在的差异性，从而提出了一种逐层抽样检验的规则。Feldstein（1976）在研究方面引入了水平公平概念之后，学者对这种概念的有效性进行了分析，发现水平不公平问题的存在会导致分配后的经济收益产生一定比例的损失，如果将水平公平配置原则从垂直公平中抽离，能够使一些焦点分配效应得到强化。整个过程主要经历了以下三个阶段：第一个是运用 APK 分解方法的阶段，该阶段的关注重点集中在排列顺序的优化，各种收入群体都可以被纳入分配的范围，且垂直公平产生的效应也能够在顺序重列的效应中得到体现，使两者的组合运用会造成两种效应的重叠，进而无法准确判断到底是哪种效应产生的作用最大（学者 Tkinson，Plotnick，Kakwani 分别在 1980 年、1981 年、1984 年提出了该观点）。第二个是运用 AJL 进行细化分析的阶段，该阶段主要理念就是在垂直公平效应中将水平公平效应独立的分离出来，也就是将分配效应进行整体分解后，得出垂直公平效应、水平公平效应、重新排序效应，从而明确不同效应的影响比例。第三个是运用 UR 分析法的阶段，该阶段主要通过优化 AJL 分解法，来构建出一种更加高效的效应分配顺序，从而得出不同效应所产生的积极效果（Urban，2012；Urban 和 Lambert，2008）。在这种分析方法的指导下，AJL 分解法所产生的再排序效应存在完整分解的功能，并使这些效应的分配实现了群体化和组织化。国内学者在收入再分配效应研究方面，徐静、岳希明和蔡萌（2018）以提高现有研究方法的有效性，强化再分配效应的评估能力为目的，首先根据收入构成的分解方法对 MT 指数和基尼系数进行了解析，然后提出了新的基尼系数配置路径曲线，最小化基尼系数配置曲线，并运用总收入基尼系数对增量补贴的配置路径曲线进行了优化；最后结合最小化基尼系数曲线对经济收入的结构变化进行了曲线分解，从而实现了对政府收入重新配置政策的深层解读，明确了政策的影响效应。

居民收入差距变小也不能完全说明居民收入分配改善，同一群体如果收入水平都不高，收入相当也即收入差距小，因此我们还应考察居民的收入水平。国内外学者的大部分研究都是基于 Ringen

提出的分析框架，以改进的分析框架开展的研究相对较少，但初步形成了收入再分配政策效应的完整体系与标准规则。在这种分析架构内，收入被划分为四种类型：（1）初次收入：家庭成员的劳动报酬、资产收益、经营收益、社会保障等。（2）家庭总收入：所有转移性收入与初次收入累计起来的收入，这里所讲的转移性收入主要包括居民的养老保险金与生活补助资金。（3）能够被居民自主支配的收入：从总收入中去除居民的社会保障资金与纳税资金以外的收入。（4）最终收入：居民能够自主支配的所有收入与公共福利收入之和。在这种分析架构下，不同阶段的收入分配被划分为不同的认定范畴；通过对各种收入的结构性变化分析，来总结并归纳出收入分配政策的功能与作用。总的来说，就是通过对居民收入结构的深层次研究，来分析政府制定的收入分配政策所产生的再分配效应。安体富（2014）提出经济学研究收入分配有两个常见视角：一是从规模性收入分配的视角出发，对不同家庭成员或不同居民收入分配结构的研究。二是以功能性收入分配的视角出发，对居民的劳动收入、资本收入等功能性收入的分配情况进行研究。这种收入分配研究中涉及对居民收入份额的研究。居民收入份额虽然是居民依靠资本和劳动力等各要素形成的居民收入，居民收入份额可以看成是居民第一次分配所取得的可支配收入吗？我们一般以居民收入份额占国民收入的比重提高体现收入分配得到改善，因此近年来出现了很多研究是关于重视要素收入分配的作用的。相关的学者一直致力于研究的关注点是要素收入的演变规律以及决定因素，以及寻找要素收入产生变化的原因。通过整理学者的研究可以得出，居民收入份额占国民收入的比重提高，是通过收入的初次分配和再分配共同作用的结果，最终导致居民的可支配收入提高。本国居民可支配收入的高低只有置于国际横向的比较中才能真正发现问题，因此国内的一些学者将居民可支配收入高低这一现状置于国际性的视野下考察。闻潜（2008）发现与发达国家相比，中国的劳动者报酬在初次分配中的比重过低。肖红叶（2009）进一步分析了政府的介入与中国初次分配之间的关系，他的研究表明，对于中国而言，政府的介入对居民可支配收入的影响很大，中国初次分配中劳动可支配收入明显要低于国际水平，并且劳动份额与人均实际呈反方向变动关系。徐瑾（2018）通过分析2000—2015年中国居民收入来源及其变化动因发现，2000—2015年的这段期间，我国居民的收入曲线表现出了先下降、后上升的特点，这主要是居民在获得转移性收入后，通过对这些收入的使用后使其产生经济收益，从而提高了居民分配收入水平。因此，结合文献研究得出财政的转移性支出对居民的收入份额有间接影响，居民收入份额体现了按要素取得的居民收入，转移性支出首先是影响到居民取得要素，进而影响到居民的收入，改善了收入分配，如转移性支出提供给居民受教育的机会，使得居民工资水平上升，可支配收入也提高了，也体现了财政制度的规则公平，只有转移性支出影响到居民的收入份额，才能真正的提升居民的收入水平。

（二）财政转移性支出的理论及作用机理研究

1. 财政转移性支出的内涵

财政转移性支出包括社会保障支出和财政补贴两大块，刘京焕和陈志勇（2001）在其《财政学》一书中提出，并进一步分析财政转移性支出主要是通过对财政资金的无偿支出，将这些资金在受领群体中得到分解，从而提高受领群体的消费能力，资金是无偿地直接拨付给资金接受者中的居民，对居民的收入分配有直接影响。哈维·罗森（1985）在其撰写的《财政学》一书中指出：财政补助、贫困救助、税收支出、社会保障性支出是我国政府部门主要的转移性支出。郭庆旺（2016）指出：我国各级地方政府大部分财政支出为转移性支出，能够直接体现政府部门的非市场化资金分配效率。政府部门的转移性支出主要由社会保障资金、补贴政策、公益支出、债息支出等部分构成，而社会保障支出在其中所占的比例最大，这些资金能够完全被社会家庭吸收。社会保障性支出主要由医疗保险金、工伤保险金、养老保险金、生育保险金等部分构成。其认为收入再分配效应模型是从税收收入的叠加度量过程中得来，政府部门所有可转移性支出都可以被定义为负向所得税，而支出的税收被视为正的所得税。

在研究政府的财政再分配活动时，政府对居民的转移性支出就是居民取得的转移性收入，因此有学者研究政府的转移性支出也从居民的角度出发进行深入的研究。居民的转移性收入（国家统计局，2011）指的是二次分配中并不需要支出对应的物质资本即可享有服务权、资金使用权、资产使用权、货物所有权等，所有非营利性资金并不包含在内。从国家统计局发布的《家庭现金收支调查表》中可以看出：城乡居民转移性收入主要由养老保险金、退休金、购房公积金、生活保障金、医疗保险金、赡养费、赔偿款、公益收入等方面组成。黄祖辉（2003）认为：社会居民的养老金、退休金、社保金、住房公积金收入属于政府转移性支付的部分，剩余的保险收入、辞退金、赡养收入、捐赠收入等在本质上属于居民家庭的转移性收入。这一观点将居民的转移性收入划分为两种类型，一种是居民自有的收入，另一种是居民享有的公有化收入；而我们在分析政府部门的财政转移支出时仅是以公有化的转移收入为主。而郭庆旺（2016）进一步分析得出在居民获得的各种转移性收入中，养老金或离退休金占84%，社会救济收入占0.7%，居民转移性收入主要是来自财政转移性支出。很多学者如黄祖辉（2003），郭庆旺等（2016）提出，从本质上看年鉴中的转移性收入与政府部门所提出的转移性收入存在概念差异，但年鉴中提供的居民个人转移性收入主要以政府部门提供的保障性资金为主，即政府部门提供的公共资金占据了大部分份额，因此并不影响我们对政府转移性支出作为居民转移性收入主要来源的财力，对其再分配效应进行分析。《家庭现金收支调查表》中还指出：养老金与退休金中包含公共医疗保险金与单位医疗保险金，这两种资金数据均在住户调查的数据收集范畴之中。因此很多学者分析的居民来自政府的转移性收入 = 养老金或离退休金 + 社会救济收入 = 来自政府的转移性支出。也有学者分析时将转移性支出和税收支出分开研究，石子印（2009）提出我国居民的收入主要有三种：第一种是初次可分配收入；第二种是居民的所有收入；第三种是居民具有自主配置权的可支配性收入。不同收入之间存在数量关系，可描述为：居民可支配收入 = 所有收入之和 - 税务支出 = 初次分配收入 + 可转移性收入 - 需要缴纳的税收部分。

因此，借鉴国内外对转移性支出的界定和国内年鉴对转移性支出的类别划分规则。本书主要是从广义的层面对财政转移性支出进行研究，也就是将社会保障性指出、税务支出、财政补贴支出等作为财政转移支出的主体部分。社会保障主要分为养老、医疗、生育、工伤、失业保险及公积金，而全体居民面对的社会保障主要是养老保险和医疗保险，本书在宏观上的分析主要是以养老保险和医疗保险为例进行分析。居民的财政补贴主要是社会补贴收入，主要是以政府提供的财政补贴为例进行分析。前两者也是我们狭义上所说的转移性支出。

2. 财政转移性支出对收入再分配的作用机理

虽然从理论视角对财政转移性支出进行的研究占据了主导地位，但也有部分学者以定量定性的方式对财政转移性支出的社会功能与作用进行了研究。在财政转移性支出的结构性研究方面，有从总体进行分析的，也有从财政转移性支出的分项结构进行分析的。

从财政转移性支出总体衡量财政的再分配效果进行定量研究，是近年来学者研究的重点。之前在国内几乎是空白，但国外的研究比较成熟，总体考虑财政转移性支出的再分配效应的尝试，Sahn（2000）就是考察罗马利亚的总体财政转移性支出，并分析财政转移性支出对收入和经济的影响；Higgins 等（2013）在研究美国财政数据的过程中发现：美国在实施财政再分配政策之后的财政基尼系数下降了26%，由原有的0.448下降至0.331，其主要原因在于美国社会保障资金和转移支出资金的增幅较大，贡献度为67%，个人所得税与居民薪酬税收的贡献度仅为35%，由此产生的税收贡献度达到了-2%；Wang 等（2012）以经济合作发展组织参与国为实证研究的案例，对这些国家的财政税收与转移性支出对经济基尼系数的影响进行了分析，最终发现这些国家的经济基尼系数的平均下降幅度为36%，由初始的0.462下降至0.295，而政府税收支出费用和转移支出费用的增加是主要原因，其中直接税收支出的贡献度为21%，转移性费用支出的贡献率最高，达到了79%；Lustig 等（2013）通过研究6个相同经济收入水平国家的财政再分配政策效应，发现财政再分配政策实施之前，这些国家的基尼平均系数达到了0.517，而实施该项政策之后下降至0.494，前后降幅达到了4.3%；政府的转移性支出产生的影响居中，贡献度为43%；税收减免与优惠产生的税收支出费用较多，贡献度最大，达到了61%，间接税收的贡献度在-4%左右。在中国财政再分配效应的综合性测算方面，我国学者开展了大量的研究：刘柏惠和寇恩惠（2014）利用2002—2009年城镇住户调查数据，使用UL分解方法，对政府各项转移性支出对收入再分配的影响进行了分析。实证是将政府的转移性支出分为财政转移，财政补贴，税收支出三大部分并作为一个整体进行分析的，结果显示政府净转移收入改善了城镇居民的收入不平等，改善程度随时间逐渐增大。其中转移支付和税收都起到正向的调节作用，前者贡献相对更大，主要体现为对水平公平的改进；后者的作用则主要体现在垂直公平上。郭庆旺（2016）也采用UL模型，实证是以政府的整体财政转移性支出总量做的收入再分配效应研究，分别测算出政府转移性支出对城镇和农村居民收入再分配的效果，将其划分为三种类型，即纵向效应、再排序效应、横向效应，并对政府转移性支出产生的边界效果进行了探讨。汪昊和娄峰（2017）对传统财政再分配分析法进行了优化，他们将间接纳税支出纳入研究的范畴，从而提高了再分配效应的分析效能；同时，他们还结合财政预算归宿法、居民收入核算法、MT 指数测量法、收入成分分解法等对我国 2012 年的经济数据、城乡居民收入数据进行了研究，并构建了社会收入再分配核算矩阵、收入均衡计量模型。最终得出以下结论：我国政府部门实施的财政再分配政策对社会居民的收入分配结构产生了负向调节效应。财政再分配导致全国基尼系数上升 2%，税务部门的间接税收导致基尼系数提高了 1.7%，社会保障性支出费用的增加导致基尼系数提高了 1.3%，间接税收的增加使基尼系数提高了 3.2%，转移性支出使基尼系数下降了 3%、社会保障收入的减少使基尼系数下降了 0.4%，个人所得税的减少使基尼系数下降了 0.7%。

从转移性支出的激励作用来考察，转移性支出能够对社会居民的收入结构产生调整作用，在解决收入不平等和贫困问题方面具有较高适用性（Deepak et al.，2009）。若政府能够将新增的这些转移性支出资金投向医疗、教育、环保等生产性活动中，必定能够使转移性支出的效应的辐射范围变得更广阔，从根本上改善接受者的生活质量。同时，转移性支出还能够为贫困家庭提供经济支持，使其永久脱离极度贫困的状态。但如果对转移性支出产生的约束效应进行分析，可以发现政府部门对贫困居民增加救助费用，会导致穷人长期陷入以救助资金来改善现状的生存模式，造成这种问题的根本原因是政府部门转移性支出引发穷人产生了一系列的负面行为反应。William 等（1987）认为：公共资金的转移支出如果无法对人们的工作产生激励作用，或对私人转移支出产生冲突，将导致转移性支出政策产生负面效应。Pushkar（2003）以南非农民为研究的主体，对农民的收入数据与消费能力、贫困状态的影响进行了分析，发现公共养老金会对贫困农民的转移性支出产生负面影响，而经济环境较好的农户所受的影响可以忽略不计。刘穷志和解垩（2010）在研究我国健康和营养数据的过程中，对转移支出与贫困居民数量之间的关系进行了探讨，最终得出两种结论：一种是刘穷志认为转移性支出为贫困家庭的生存提供了基础保障，但在脱贫方面收效甚微；另一种是解垩认为公共转移支出费用的增加或减少对贫困居民的影响是微乎其微的，私人转移支出与贫困的数量密切相关。

更多的学者认为居民间的收入差距主要是城乡间居民收入差距比较大。贾康（2003）认为：政府部门将转移性支出的标的转向脱贫扶贫类公共支出政策，是解决城乡居民收入不平等问题的主要途径。刘志英、樊纲和侯明喜（2007）对我国城乡居民收入配置结构与社会保障支出之间的相关性进行了研究，认为城乡社会保障体系具有二元化特征，是我国社会保障制度存在不平等问题的主要因素。王蜻和韩函（2007）指出：加大对经济贫困地区的公共转移性支出是扶贫脱贫的关键所在，也只有这样做才能够有效改善贫富差距现象。郑功成（2010）认为转移性收入的城乡差别是导致城乡差距扩大的一个重要原因，但不同区域转移性收入的城乡差别也有所不同。陈享光和孙科（2013）的研究表明，转移性收入的城乡绝对差距同经济发展水平正相关，而转移性收入的相对差距同经济发展水平及人均耕地占有量有反向关系。为确保城乡居民公平地分享经济增长的果实，需要建立全国统筹下的更加公平的再分配制度，打破城乡“二元”社会结构，实行统一的国民待遇。同时，保证农民建立在耕地上的权益，并通过逐步加大农业补贴缩小转移性收入城乡差距。

（三）财政转移性支出的收入再分配效应

1. 财政转移性支出对居民收入再分配有明显的正向影响

在学术界，关于政府转移性支出对收入再分配影响的研究结论却不尽相同。大部分研究结果表明，关于政府的财政转移性支出发挥了收入分配的重要作用，政府转移性支出对缩小收入分配差距具有显著作用。Dodge（1975）和 Gillespie（1976）以加拿大为例进行分析，得出的结论是转移性支出显著缩小了城乡收入差距，适当的公共支出政策可以起到积极的作用。AmosGolan、Perloff、Ximing Wu 和 Jeffrey M. Perloff（2006）等结合美国 1981—1997 年的国民经济数据，对美国财政税收政策、财政转移支出在不同城市、乡镇、贫困地区发挥的作用进行了研究，最终发现这些政策对于贫富差距问题虽然具有较强的改善作用，但不同对象所受到的影响存在较大差异，例如：税收政策虽然在城乡居民收入结构调整方面具有显著效果，但在农民收入差距的缩小范围方面产生的积极作用非常有限；财政转移支出发挥的作用与之相反。卢森堡在 2007 年发布的收入研究报告中显示，欧洲国家在 2000 年的基尼系数受到财政政策的影响较大，财政转移性支出能够有效调节国民收入分配结构上的差距。Caminada 等（2012）通过研究 20 多个国家财政转移支出在改善居民收入差距方面的效用，发现收入分配差距受政府转移性支出配额的影响，欧洲国家在该方面的支出较大，收效显著。

很多国内学者采用实证案例对我国财政转移性支出与收入分配差距之间的关系进行了研究：王卓和胡日东（2002）通过对我国经济数据的研究，发现财政转移性支出在国民生产总值 GDP 中所占的比重越大，对收入差距的改善作用越显著。迟诚和李齐云（2015）采用基尼系数分解法，对我国 2002—2012 年的城乡收入差距、城乡收入渠道、城乡贫富差距等方面的问题进行了研究，发现不同地区在收入来源方面存在较大收入差距，而收入来源的不同是造成收入差距显著的主要因素，城乡居民的主要收入来源于工作薪酬，而乡下居民主要依靠农业生产来获得收入，前者具有较强的稳定性，而后者随机性较大。杨天宇（2016）通过对城乡收入的等级划分，对城乡基尼系数进行了研究，并深入探讨了不同收入来源层面对基尼系数造成的影响。他对我国基尼系数的年度差值进行了分解，得出了收入不平等效应、收入份额效应、收入相关性效应，最终得出基尼系数高低受到收入来源的影响最大。其发现，工资性收入不平等的下降对基尼系数下降的贡献最大，转移性收入的份额效应则是阻碍基尼系数下降的主要力量。因此，进一步缩小基尼系数的主要方向应该是，降低工资性收入不平等程度，缩小转移性收入不平等。

2. 财政转移性支出对居民收入再分配影响效果不明显

部分学者认为收入再分配政策受政府的转移性支出的影响非常有限。Kathy（2006）以拉美地区国家为例进行实证研究，发现政府转移性支出的高低对居民收入差距的改善作用非常有限，而造成这种现象的主要原因主要集中在两个方面：一是政府部门支出的财政资金主要集中在改善劳动力市场结构，大部分贫困人口享受不到这些资金支持；二是高收入人群是福利制度的最大收益者。学者朱国才（2007）在研究中对我国1995—2004年的国民收入数据进行了分析，发现我国政府加大转移性支出虽然能够改善贫困人口的生活质量，但对城乡收入差距的改善作用较弱，因为大部分转移性支出资金的使用效率较低，并存在配置不公平问题。

3. 转移性支出对居民收入分配存在“逆向效应”

还有一些学者在研究中发现政府转移性支出策略的不合理会导致居民收入差距增加，从而产生负向效应。Anna Harding（1993）在研究澳大利亚经济数据的过程中发现，税收支出与转移性支出虽然对收入分配公平性的提高具有一定的促进作用，但不具备持续性。Baer（2008）在分析巴西的经济数据时发现：巴西政府的宏观税负政策与公共支出政策对于贫困居民的收入能力具有负面的影响，巴西公共支出对居民收入差距的调节作用是负向的。Immervoll和Richardson（2011）在研究OECD国家在最近20年的公共转移性支出效应的过程中发现：OECD国家虽然在20年的时间内不断加大公共转移性支出，但对于市场机制的调节作用呈现先高后低的变化趋势，导致公共转移性支出对收入不平等问题的改善非常有限。而社会保障税收和福利性支出的增加反而拉大了居民之间的贫富差距，导致居民收入分配差距不断扩大。

国内学者在理论上对转移性支出的收入再分配作用表示肯定，但部分学者在研究中发现转移性收入在缩小收入分配差距方面产生的作用较差，甚至会产生负面影响。黄祖辉等（2003）采用 Generalized Entropy 法对我国 1993—2001 年的城乡居民收入差距问题进行了研究，发现我国政府的转移性支出在不断增加的同时，城乡居民的收入差距不断增加。于乐荣（2013）对全国各省在 2000—2010 年的面板数据进行了实证分析，并运用 GE 指数与 GINI系数相结合的方式对农村内部收入差距问题与政府转移性支出的相关性进行了研究，发现转移性收入虽然对农民的收入结构、收入渠道、收入来源具有调节作用，但对农村居民收入差距产生了负向调节作用，造成这种现象的主要原因在于农村转移支出的比例与城市相同，使转移支出在居民收入差距的调节上没有任何作用。

（四）财政转移支出政策改革的建议

1. 财政转移性支出制度改革的建议

首先，国内学者从总体上对财政转移性支出的结构体制提出了建议，对居民的转移性支出应注重“逆向公平”。曾军平（2014）提出以收入公平分配为目标的财税政策应以公平规则的建构为导向，而不应局限于单纯的公平的结果。由于真正的公平是强调主体人格平等而不是强调客体占有均等意义上的平等，财税政策所追求的应该是平等待人的规则而不是使人平等的规则，是理性个体在“无知之幕”后所选择的规则类型。在政策的具体选择上，为推进收入的公平分配，财税应该有所作为，但作用范围应该有限制：应限制在保障个体基本生存、基本教育与基本健康等权利的范围之内。以此为基础，社会收入的分配最终应该由个体的自由选择与市场公平竞争去确定。

最关键的一点就是要对我国现有的分配制度进行改革，要将初次分配制度与再分配制度的改革重心集中在公平性与效率性的关系调节上，而且再分配制度的调节必须以公平为基准，而如何突出再分配制度的公平性呢？很多学者从不同的视角出发，对此提出了具有针对性的政策改善建议。但在实行再分配制度改革之前，我们需要认真考虑以下三点：第一，我们要考虑再分配的现实意义；第二，再分配的合理程度是多少；第三，需要什么样的方式与手段去改革再分配制度。在第一点的论证上，现有的文献给出了两种截然不同的主张，大多数学者认为我国现有的收入分配制度存在诸多问题，亟待优化和调整，政府部门应当对再分配制度进行重新设计才能改变城乡居民收入差距问题；部分对再分配制度改革持有否定意见的学者认为：我国现有的收入分配不均衡现象是经济发展过程中的必然现象，没有持续性，政府没有干预的必要性。该理论认为：国民收入差距的存在是市场经济发展过程中必然存在的现象，只有市场的自我调整机制才能解决这些问题。收入分配不均衡是市场结构不合理、市场改革不到位引发的问题，再分配制度的调整无法从根本上解决问题。在经济发展阶段的 U 形假说方面，学者李实（2000）认为：大量文献中的研究结果表明这种假说并未得到相关性数据的支持，从实证分析中我们可以发现这种假说的结论在我国并不存在。陆铭（2008）认为：我们在摒弃这种收入再分配观点时，具有良好意愿的收入再分配政策能够得到更多的益处，但政府部门需要时刻保持头脑清醒。再分配的合理程度的研究方面：戈登·图洛克（2008）表示再分配没有存在的必要性，因为再分配的受益对象主要集中在行政事业单位的工薪阶层上，弱势群体从中得到的帮助非常有限。但从我国学术界的主流观点上看：我国居民收入差距不断扩大，运用再分配制度来调节居民之间的收入差距符合社会的发展要求，适当的收入再分配也符合国民的内在需求。在再分配制度该如何改革方面：首先应健全和完善现有的社会保障制度、税收制度、转移支出制度；其次必须研究和分析这些制度在执行中存在的问题，并妥善解决，确保制度的实效性。

2. 财政转移性支出结构上的改革建议

在财政转移支出政策方面：我国已经初步建立了一套能够覆盖全国范围的城乡居民最低生活保障体系和制度体系。李实（2014）认为：低保的标准应不断提高，并为所有符合条件的居民提供保障。同时我们还需要为弱势人群与特殊人群提供专项的转移支出政策，使这些人的收入水平与其他群体接近，缩小居民之间的收入差距。

总体来看，我国的财政补贴制度还不是很完善，补贴的项目、方式、种类体现出随意性，研究的文献非常少。不少文献只是定性提出财政补贴的制度与我国建立财权与事权相匹配的财税体制不一致，应该进一步透明化、公式化、加大对经济欠发达地区、弱势群体的财政补贴。以上建议为本书的研究提供了重要参考。本书将结合激励理论对再分配制度的改革成果进行评估和总结，并以全面提高保障效果为目标，为再分配制度的改革提出一些政策建议。

国内大部分实证研究都是基于微观数据测算得出的结果，虽然具有较高的准确性，但受样本数量的限制，使得出的基尼系数时序非常有限，从而在对基尼系数下降原因进行分析和解读方面存在较大的局限性。如果以长期的微观数据为分析依据，可以得出时序较长的基尼系数数据，从而更好的解析基尼系数的下降因素和未来的发展趋势。现有文献中有不少以时期短的微观数据对收入不平等问题进行了分析，但得出的结论缺乏完整性，研究深度不足等问题。

（五）文献评论

国内外学者基于政府存在的角度对居民收入再分配的相关研究积累了丰富的研究成果，虽然已有大量文献研究过我国现行财政转移性支出制度，但是将财政转移性支出与居民收入差距结合起来的研究很少，绝大多数文献都是研究财政转移性支出对地区经济增长、居民消费状况等的影响，也有部分学者以财政转移性支出中的某一方面如税收支出、社会保障、财政补贴，公积金制度研究了对居民收入差距的影响，研究的数据是大多选择以某一个省份或地区的数据作为研究样本。因此，以财政转移性支出整体作为研究，真正详细探讨我国财政转移性支出对居民收入差距影响效应的理论和实证研究文献并不多。

1. 转移性支出结构衡量标准有待研究

国内文献对于财政转移性支出与居民收入差距和居民可支配收入的研究文献不多，还有一些方面仍存在分歧：转移性支出项目划分不同，因此再分配效应评价结果不一。应该构建基于收入再分配公平下的财政转移性支出结构衡量标准，为我国财政制度改革提供参考，并做进一步的深入研究。借鉴国内外对转移性支出的界定和国内年鉴对转移性支出的分类，财政转移性支出结构应包括社会保障支出、财政补贴支出和税式支出三大类。

西方主流经济学基本从两个方面考察最优的财政转移性支出结构：一是边际效用理论，二是公平正义理论。这些理论已经指引发达国家建立了完善的财政转移性支出结构，但是对于发展中国家复杂的经济环境，尤其是中国围绕全面建成有质量的小康社会，一方面应借鉴国外经验，另一方面要结合中国发展的实情，当前我国财政转移性支出结构影响居民收入差距的研究不够深入，为本书提供了进一步研究的空间。

2. 转移性支出收入再分配的作用机理需要继续完善

财政理论中提到转移性支出主要的目标是对居民的收入再分

配，但是在国内的研究文献中很少涉及分析转移性支出是如何影响居民的收入再分配的。对其再分配的过程不进行研究，只是强调结果的公平，是很难达到真正的公平的。有学者对转移性支出影响居民收入差距做了研究，认为转移性支出缩小了居民间的收入差距，体现了收入公平，这只是一方面。国外很多文献在肯定了转移性支出对居民收入再分配的作用，提出对转移性支出的各项结构应该做优先度的考察并完善转移性支出整体制度。并进一步分析转移性支出主要面对的是居民，只有居民收入提高了，经济随之增长，财政转移性支出才真正达到收入再分配的公平。

在研究财政转移性支出的作用机理时，国内很多学者选择的研究视角是城乡之间的收入差距，研究视角的局限性也造成研究的结果比较单一。而国外学者更多的研究是构建了一个三维视角，即城乡之间、城镇内部及农村内部之间的居民收入分配问题都应该研究。

3. 转移支出结构选择对居民收入差距影响的量化研究仍不充分

由于出发点不同，现有研究对转移性支出对居民收入差距的影响往往把初次分配和再分配的作用机理割裂开来，或者没有把转移性支出作为一个整体完整的考虑。另外收入分配效应和再分配效应非交叉性研究，容易造成量化研究不全面、不系统。一些研究仅是只凭借观察就从主观上对财政转移性支出的收入分配作用做出定性的判断与结论，或者从理论上运用简单的统计数据分析我国财政转移性支出对居民的收入分配作用，因此对财政转移性支出的收入分配作用的定量研究相对缺乏，从而对财政转移性支出对居民收入差距的影响研究不够全面或深入。结合中国复杂的经济形势和转型期的特性，研究显然缺乏解释力且指导性意义不大，针对中国实际情况开展的转移性支出结构对居民收入差距影响的量化研究仍有广阔的空间。

三、研究总体框架与主要内容

（一）研究框架

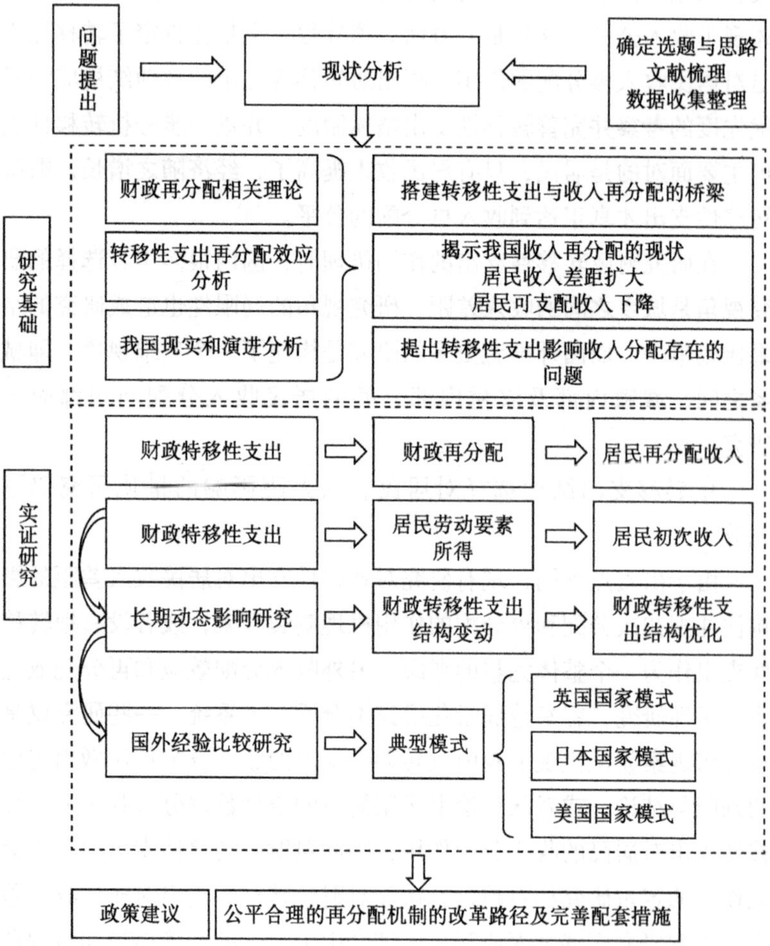

（二）研究内容

全书共分七章，主要内容结构安排如下：

导论部分主要介绍本书的选题背景和研究意义，揭示我国财政转移性支出收入再分配问题研究的理论背景与现实背景，同时从理论分析层面和现实政策应用层面说明本书的研究意义；对国内外财政转移性支出收入再分配研究进行综述，为本书提供理论借鉴；介绍本书研究框架、思路与研究内容，给出本书的研究逻辑与内容安排；介绍研究方法，为本书的研究提供方法说明；介绍创新和不足，明确本书为财政转移性支出收入对缩小居民收入差距作出的贡献，同时指出研究存在的不足之处，为将来的相关研究提供思路。

第一章是财政转移性支出与收入分配的相关理论分析，作为全文研究的基础。结合财政转移性支出的公共品属性、收入再分配的市场失灵理论、信息非对称理论及社会选择理论为基础，提出财政转移性支出与居民收入再分配的关系。财政转移性支出作为公共品的提供，具备非排他性和非竞争性。由于市场外部性的存在，市场机制本身无法达到最优的一般均衡状态，应该发挥财政再分配的作用。收入再分配理论是公共经济理论、公共干预理论的一部分。在当代经济理论的框架下，公共干预通常分为两类：第一类公共干预是因某种条件的破坏而未实现帕累托最优，纠正有可能出现的帕累托次优状态；第二类公共干预是自由放任的经济政策导致的市场平衡可能符合帕累托优化原则，但是公共权力却更倾向于使用另一种不符合最优原理的分配方法。以此从再分配公平正义的视角，梳理财政转移性支出与收入再分配的相关理论。阐述财政转移性支出对居民收入差距和居民可支配收入作用机理。搭建财政转移性支出影响收入再分配的桥梁，并提出经由财政转移性支出影响居民收入差距和份额进而影响收入再分配的两大传导机制，为后续研究提供分析框架。

第二章是财政转移性支出的现状分析，本章分析了发达国家及我国财政转移性支出政策的发展演变，梳理出我国与发达国家的不同；分析我国财政转移性支出的总体规模，并以北京市为例分析了总体规模与我国整体发展一致。对财政转移性支出的结构进行构建并收集数据进行分析，总结了我国财政转移性支出存在的问题。

第三章是我国居民收入分配的现状分析，本章根据居民收入分配的不同角度分析方法考察居民收入再分配现实状况，揭示发展路径中的偏差。对居民收入分配差距主要测算基尼系数和 MT 指数，居民可支配收入主要测算居民可支配收入的变化，通过数据的详细分析比较客观考察了我国居民收入分配不公的现状。分析了财政转移性支出影响收入再分配存在的问题，为后续研究提供现实依据。

第四章是财政转移性支出对居民收入再分配影响的实证研究。从居民的转移性收入角度着手，第一部分是从静态考察，居民某分项收入对基尼系数的影响，主要是从居民的转移性收入来分析；第二部分是从动态来考察，从收入来源看导致基尼系数变动的程度，主要是从居民的经营性收入、财产性收入、工资性收入、转移性收入四项综合来考察，对转移性支出的再分配效应进行动态研究。

第五章是实证分析财政转移性支出结构对居民收入的影响，结合理论分析财政转移性支出对居民收入再分配的直接效应，重点分析财政转移性支出对居民收入初次分配的影响。构建面板模型通过中介效应实证研究财政转移性支出结构变动对居民可支配收入的影响，来检验财政转移性支出对居民收入差距影响的第二机制，最后探究影响结果背后深层次的原因。

第六章是发达国家财政转移性支出政策的典型模式比较和经验借鉴。基于发达国家财政转移性支出政策的演变，整理各国数据探究财政转移性支出结构，比较我国与发达国家的普遍发展规律水平。运用横向比较法，揭示发达国家的共性特征，找到我国可以借鉴的经验。

第七章是构建合理公平的财政转移性支出结构，总结本书的研究结果并提出政策建议。加大我国目前的财政转移性支出的规模，优化结构利于居民收入分配，体现应在财政社会保障支出和财政补贴两个方面的制度完善。最后针对结论提出未来有利于提高居民收入再分配公平的配套措施。

四、研究方法

本书的研究方法包括规范分析和实证分析。实证分析的数据主要使用官方公布的宏观经济数据以及微观调查数据。其中，国内宏观数据主要使用《中国财政年鉴》《中国统计年鉴》《区域经济统计年鉴》《新中国六十年统计资料汇编》、国泰安数据库等含有国家和地方数据的年鉴、数据库资源；微观数据主要采用《中国城镇住户调查》《中国城市（镇）居民生活与价格年鉴》《中国农村住户调查年鉴》。国外数据中各个国家整体汇总主要采用《政府财政统计年鉴》（IMF，Government Finance Statistics Yearbook，2008）、《世界消费收入和支出模式》（EURO，World Consumer Income and Expenditure Patterns，2011）、《国际财政统计年鉴》（IMF，International Finance Statistics，2008）以及世界发展指数（World Bank，World Development Indicators，2009）；个别国家的数据来自美国联邦储备委员会统计公报、《美国总统报告》，以及相应国家相应部门的官方网站，包括美国国家统计局网站、日本统计局网站、日本厚生劳动省网站；此外还有世界银行、国际货币基金组织等官网数据。另外，为全面剖析和展现国内外财政转移性支出结构和居民收入分配问题，有小部分内容借鉴了已有相关研究成果的数据。

在具体实证研究方法上，运用面板数据模型实证研究财政转移性支出对居民收入差距的影响，运用基尼系数来源分解法分析居民收入差距，测算出转移性收入对居民收入再分配效果，并将转移性收入与其他来源收入对居民收入差距的影响做了比较。运用中介效应模型实证研究财政转移性支出结构对居民可支配收入的影响。通过两部分的实证分别研究了财政转移性支出对居民收入差距作用的两大机理，即直接影响和间接影响。

五、创新点与不足

（一）创新点

本书基于财政视角研究财政转移性支出对我国居民收入差距的影响，同时也是本书在对先前研究者研究成果十分熟悉的情况下，深入发展，融入自己的思考，具有以下三个方面研究特点。

将我国备受关注的居民收入分配格局主体性失衡置于财政视角下，建立一个严密、统一、全新的收入再分配理论研究框架。在我国社会中，现阶段不但存在收入分配不公，也存在财富分配不公。财富分配调整是从存量上调节分配，收入初次分配调整是从流量上调节分配，而再分配既从流量也从存量入手来调节收入分配的公平化和合理化。基于以上逻辑分析，首次提出研究收入再分配理论的四大基本问题：（1）不公平问题，结合我国经济发展路径的不平衡的现实，分析中国收入分配格局进入到一个转折期下，分配与再分配下社会不平等是如何形成和发展的。（2）机制问题，促进再分配的最优财政转移性支出的机制是什么。（3）规范性问题，如何衡量对居民收入的分配是否公平。（4）政策问题，财政转移性支出的政策如何决定再分配能够有效地进行。收入再分配理论的四大问题均能够形成各自的严密体系，然而我们在对待这些问题应统一起来研究，弥补现有研究不足。

揭示了财政转移性支出对居民收入再分配的作用机理。深度挖掘财政转移性支出对收入再分配的影响的本质，并提出财政转移性支出影响居民收入差距的两大分配传导机制，一是财政转移性支出影响居民间收入差距直接作用于收入分配；二是财政转移性支出影响居民可支配收入间接作用于收入分配。将居民收入的初次分配和再分配通过政府财政转移性支出影响结合起来分析，构建完整的居民收入公平分配的机制。

实证上，构建比较全面准确的衡量指标，收入宏观层面的数字像是森林，每个人或家庭则像是树木。研究收入问题不能只见森林、不见树木，关注的应该是居民个体，因此在研究收入再分配问题时本书主要是站在居民的角度考察。同时，本书也科学地对财政转移性支出影响居民收入的测算所需的各项指标进行精确的统计。首先是比较研究后得出量化广义的财政转移性支出的指标。其次是基于居民可支配收入下降、居民收入差距扩大两个层面的分配失衡，构建更全面的影响居民收入分配的统计计量分析，并对我国各项转移性支出结构在实证的基础上比较分析，研究视角也是全方面的，综合考察了城乡之间、城镇内部及农村内部的收入情况。采用UL分解方法，对再分配效应分解更为彻底。弥补国内主要侧重定性研究和单项财政转移性支出研究而缺乏全面考察财政转移性支出定量研究的不足。

（二）不足

尽管本书做出了很多努力，但是限于研究积累和数据获取条件的制约，本书也存在一些不足之处。受本人研究能力、研究积累和数据获取条件等方面的限制，本书存在以下不足之处：

第一，本书主要财政数据是财政转移性支出，由于我国在此方面的资金实施全面预算管理比较晚，资金管理具有很大的灵活性，因此财政支出范围和标准不规范，获取的财政转移性支出相关数据不够精准，用来分析我国财政转移性支出对居民收入差距的影响，样本代表性存在不足。

第二，限于收入分配中政府与市场的关系实际参与经验的缺乏，本书对我国财政转移性支出再分配问题分析可能不够全面深入，仍然有一些问题没有很好地解决，需要今后进一步研究。

第一章

财政转移性支出与收入分配的相关理论分析

第一节　基本概念

一、财政转移性支出的内涵

财政支出是政府为了履行公共财政的经济职能，对从私人部门集中起来的、以货币形式表示的实际上已转化为财政资源的经济资源的支配和运用。由于政府财政支出所具有的性质即其总量、结构及变化趋势，决定着政府能否恰当、妥善地履行其财政职能，因此，政府根据社会经济环境的变化，认真地规划、科学地制定、谨慎地推行财政支出方案，自然成为其财政活动过程中的重要环节。在实际操作中，对财政支出的内容进行合理归纳，目的在于更加全面、准确反映政府的各项支出活动，以便科学分析支出活动的性质、结构、规模以及支出的效益。政府财政支出项目不是一成不变的，而是随着社会经济的发展及政府职能的变化而适时调整的。为了适应我国社会经济发展的客观要求，增强与世界各国政府财政支出的可比性，2007 年我国实行财政支出分类改革，从 2007 年起，财政支出按新的项目和统计口径列出。此次改革全面构建了政府收入体系、支出功能分类体系和支出经济分类体系三项主要内容。本书分析的财政转移性支出就是基于财政支出按经济分类体系来确定的。

财政支出经济分类是按支出的经济性质所做的一种分类。财政支出基于按政府职能活动明确的基础进行了功能分类，而支出经济分类则突出反映政府资金的流向，对其占用资源类别以及最终资产形成等进行细分。其过程中财政资金的使用所导致的经济效应不同，有的财政资金属于等价交换，购买了劳务和商品；而有的资金是无偿转移，并未得到报酬。因此，财政支出按经济性质是否具有补偿性标准分类，可将财政支出分为两类：一类是购买性支出，是指政府用于购买商品和劳务方面的支出，该类支出具有直接的补偿性；另一类是转移性支出，是指政府无偿地向居民和企业、事业单位以及其他单位供给财政资金，却没有相应的商品或劳务流入政府手中的财政支出。按财政支出是否具有补偿性分类，便于考察财政支出对经济的影响与财政职能履行之间的关系。购买性支出与转移性支出对社会经济的作用点有所不同，只要掌握了两者之间的这种区别，就可以有意识地利用财政支出对社会经济进行有效的调节。

财政转移性支出是把财政资金单方面地，无偿地转移给居民和企业及其他受益者的支出，是政府为了实现社会收入分配的公平目标。支出过程是政府的非市场性活动把收入进行重新分配，从一个人或一个组织转移到另一个人或另一个组织，并没有相应的产品或服务交换发生，所以转移收入是不计入国内生产总值的（即GDP）。通过支出过程使政府拥有的部分资金转移到受益者手中，它不仅是资金使用权的让渡，而且涉及所有权的转移。将部分高收入群体的收入转移到低收入群体手中，故对国民收入分配会产生直接影响。而资金受益者是否用这笔资金购买商品和劳务实际上与政府的行为无关也并不受政府的控制，因此，它对生产和就业的影响是间接的。在财政支出的总量中，转移性支出所占财政支出的比重越大，财政活动直接影响到居民的收入分配的力度就越大。

在我国的财政体系中，广义的转移性支出包括社会保障支出、财政补贴和税收支出。财政社会保障支出是用于社会保障制度的运作，为居民的最低生活水准提供保障的一种支出形式。社会保障是国家通过立法并依法采取强制手段对国民收入进行再分配，对社会成员在遭遇生、老、病、残、失业及死亡等各种风险事故而造成生活困难时提供保障其基本生活的一种社会制度。它是调节分配关系，减缓收入和财产差距，保障社会公平，维护社会安定的一种手段。而发达国家的社会保障制度的实施比较成熟，资金的运筹方式都各有特色，对其进行概括共同的特点包括以下几点：项目名目繁多，国际上一般按用途分类，可以分为社会保险、社会救助、社会福利、军人保障等；保障资金的来源稳定；支出目标和过程由政府集中依法进行。我国借鉴了不少发达国家的经验，当前在社会保障方面进行了一系列的改革和完善工作，形成了以养老、失业、医疗，工伤、生育五大保险基本项目、以社会福利和社会救助为辅助项目的社会保障体系。其中社会保险支出包括养老保险、失业保险、工伤保险、医疗保险、生育保险。社会保障基金按运营管理方式分类，可分为财政拨款形成的社会保障基金、强制性征缴形成的社会保障基金和多元组合形成的社会保障基金（见图1-1）。

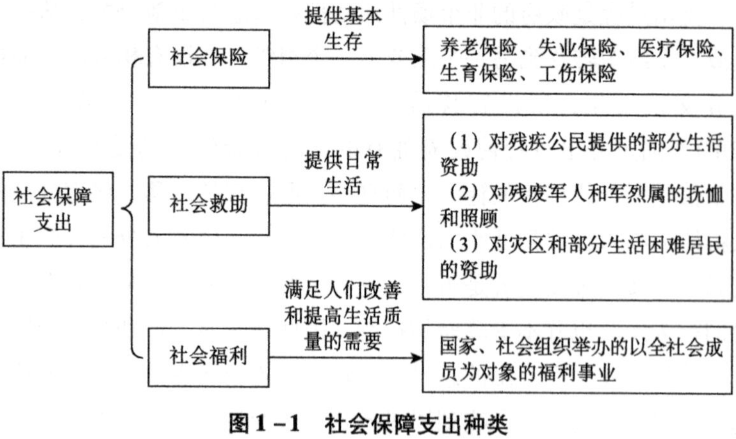

图1-1　社会保障支出种类

财政补贴是指国家为了实现特定的政治经济和社会目标，对指定事项由财政安排专项基金向企业或个人提供的一种资助①；通常是在一定的时期内、给予从事特定类型的活动的企业或消费者的各种经济补偿，调节国民经济和社会生活的一种手段。财政补贴通过对市场中商品的相对价格结构产生影响如投入要素价格的削减、产出价格的增加，从而可以改变资源配置及供需结构，达到调节市场供需结构，继而优化资源配置的政府无偿性支出，是政府的一种间接性的支出。财政补贴根据支出活动的性质可以分为三类：唯一性支出、主导性支出和导向性支出。② 唯一性财政补贴支出，指的是政府是唯一的支出主体，从而排斥其他社会主体的参与。此类的财政支出体现出政府对经济体的收入起直接性、全面性的影响；主导性财政补贴支出，是指政府的财政补贴支出占主要地位，不排斥其他社会主体的参与，因此政府对最后的成果并非独占，政府的影响起一定的作用；导向性财政补贴支出，是指它以其他社会主体的参与为主，政府对他们的行为给予支持，借以达到相应的政策目标。③ 这种支出带有一定的激励效果，适合市场主体参加能有一定经营性的收入，同时政府给予扶持才能大力发展的领域。从财政补贴所发挥的作用看，我国的财政补贴主要采取导向性支出形式，政府用以调节各方的利益关系，而不是单纯性的、简单的发放财政补贴，发挥政府对特定对象的支持和补偿作用，实现政府的特定目标。财政补贴以经济性质为标准，可分为价格补贴、亏损补贴、职工生活补贴和利息补贴（见图 1－2）。

---

① 李宾，张潇匀，曾雅婷．企业真实盈余管理活动对政府补贴获取的影响——基于农业与非农业上市公司比较的实证检验［J］．世界农业，2019（07）：44－56＋75.

② 陈明红．关于粮食直补的思考［J］．农村经济，2004（S1）：4－6.

③ 王璐．基于粮食安全背景下的农业补贴安排［J］．经济研究导刊，2008（13）：44－45.

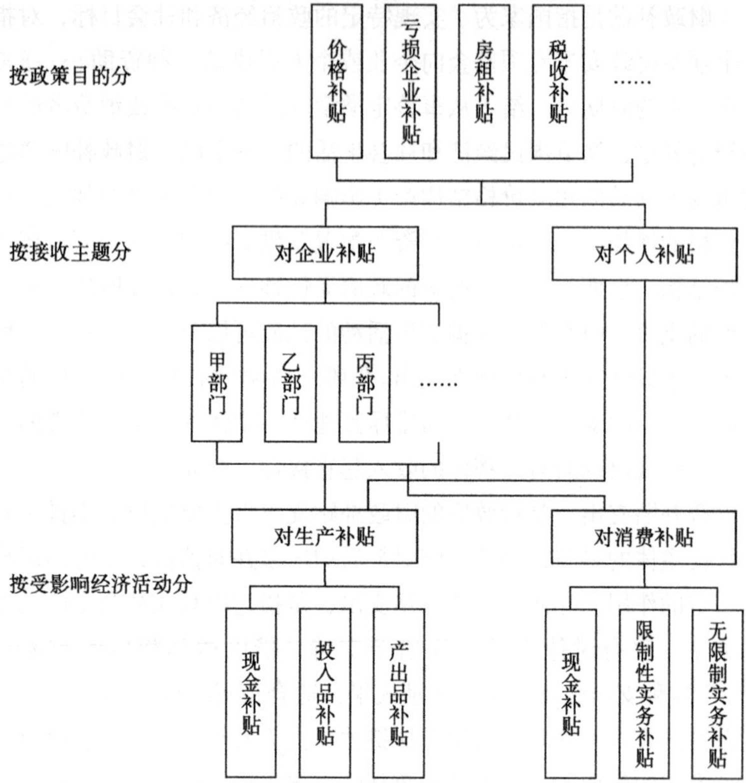

图 1-2　财政补贴分类

税收支出是指政府放弃一部分税收收入，以税收优惠的形式补贴给纳税人或特殊群体的一种间接性支出。税收支出的一般形式大致有纳税扣除、优惠税率、税收抵免、税收豁免、延期纳税和盈亏相抵等。早在20世纪70年代，美国哈佛大学萨里教授提出“税收支出”概念，以预算的形式管理税收优惠。① 但是税收支出的特性是制度化与临时性相结合，建造统一的税收支出账户比较困难。如

① 黄建文．地方政府预算中涉税信息公开的法律问题［J］．南通大学学报（社会科学版），2016-7-15.

我国照顾性的税收支出纳税人由于自然灾害而遇到暂时性的财务困难而采取税收支出的办法，减少或免除这类纳税人的困难，这类暂时性的税收支出由于特殊性而数量少，尽管各国对税收支出已规定出明确的定义，但在实践中，真正把税收支出项目与正规的税制结构截然区别开来，并非易事。而我国大量的税收支出并没有进行预算控制，本书进行相关的统计比较困难。鉴于本书研究的对象是居民，由于国家或政府对居民的税式支出没有直接体现出来不易测量，因此本书研究的中国政府对居民的转移性支出主要包括社会保障支出和财政补贴两部分。

二、收入分配的内涵

收入分配广义上指一国在一定时期内经济活动成果在各经济主体之间的分配。[①] 其中，将国民收入分配到居民手中就是居民收入，这个概念也是本书重要讨论的对象，即衡量居民收入差距的重要指标。而居民收入分配根据形式和来源划分，包含非劳动收入和劳动收入。非劳动收入和劳动收入的界定主要是收入分配的不同造成内容上有很鲜明的不同，非劳动收入包括转移性收入和财产收入；劳动收入包含工资薪金、生产经营所得、劳动津贴和奖金等具体形式的分配。非劳动收入主要来源方式一般通过个人财产获得的资产收入或从政府或社会团体及其他获得的转移性收入的分配。可见，劳动收入的差距由居民本身的劳动能力和一些外界因素导致，政府的行政干预一般通过财政再分配的影响。非劳动收入的差距则主要是由个人所拥有的财产的差异所影响，同时来自政府或社会团体及其他的转移性收入的不同也会较大程度地影响非劳动收入[②]，

① 江镓伊．我国财政转移性支出调节收入分配问题研究［D］．首都经济贸易大学，2011.

② 彭妮娅．居民收入差距的测度、影响因素及经济效应研究［D］．湖南大学，2013.

而居民的转移性收入来源主要就是政府的财政资源分配。因此，居民收入来源的不同及差距的造成与居民收入的分配有很大的关系。

居民收入分配按其与生产要素的关系又可分为功能收入分配与规模收入分配两种形式。功能收入分配是指国民收入依据生产要素所得取得的分配。如生产要素中土地、劳动力和资本分别对应租金、工资和利润，它也被称为要素收入分配。经济学家经常用劳动收入份额和资本收入份额来衡量。规模收入分配是指国民收入在个人之间或者家庭之间的收入分配，属于国民收入分配的最终形式，即居民初次分配和再分配取得的收入，它衡量不同收入群体中人口与相应收入的比例。可见，收入分配总是初次分配和再分配共同作用的结果。

居民收入分配从过程上来看，包括第一次分配即初次分配、第二次分配即再分配和第三次分配三个阶段。初次分配是市场主体凭借要素交易获得收入的过程，分配的依据是社会成员所拥有的生产要素，体现的是“效率原则”。初次分配要形成合理有序的收入分配格局，应健全资本、知识、技术、管理等要素由市场决定的报酬机制。初次分配的实现强调了效率，按要素价格进行分配，因不同的居民在市场上获得要素能力不一致，因此导致收入分配的不公平。

初次分配按劳动要素进行分配，很多研究者都曾特别指出初次分配的结果，不平等的初始结构和暂时分配失衡是如何在长期影响到收入和财富分配的。普遍性的简单的解释为是贫困陷阱导致的，一旦经济活动参与者的经济水平低于一个门槛，由于信用市场的不完善，经济活动参与者可能因本身的能力不足无法获取足够的资源使自己跨过这个“门槛”，因此也就不得不长期处在最初的贫困状态中；还有一种更有争议的说法，这是由低流动性的不平等陷阱造成的：收入的初次分配会在均衡各生产要素的过程中产生价格如工资和利率，这些价格决定了不同水平的收入在生产要素之间过渡的可能性，生产要素在流通过程中才能源源不断地为社会进行再生产。而在其过程中，初次分配按市场规律自动选择可能会造成大量的生产要素只能被廉价出售，那么这种收入分配势必会导致较低的工资水平，这也将降低生产要素流动性加快的概率，使这些生产要素又陷入到低效率的分配模式中。

因此，初次分配是凭借自由市场经济的自动调节，分配的必然结果是居民收入差距与分配效率呈反相关，最后造成社会成员的收入差距过大、低收入者难以生存。

三、收入再分配的内涵

收入的第二次分配，即收入再分配，其过程是指在初次分配的基础上对国民收入进行的再分配。收入再分配是以国家或政府为主体，对拥有的财政收支按社会所需进行分配，体现出来的是公平原则。其过程是指收入通过经常转移的方式在机构单位之间进行的分配。所谓经常转移，是这样一种形式的交易：一个机构单位向另一个机构单位提供货物、服务或资产但不向后者索取任何货物、服务或资产作为回报，并且交易的一方或双方无须获得或处置资产。经常转移包括所得税、财产税等经常税以及社会缴款、社会福利和其他经常转移。由于在国民收入的初次分配环节中，市场自由分配受到各种因素的影响。一是市场中的经济主体在要素资源方面存在着很大不同，如个人在天赋、能力、体力、智力、勤奋程度上都有很大不同导致其获得的收入也有很大差别。二是市场失灵的存在，如垄断、负外部效应等问题导致了初次收入分配的不公平。三是国家的公共部门，如国防、警察和政府机关等，在收入初次分配环节没有分得收入，但这些部门却是国家存在和社会发展必须的，应有一定的收入分配保证。因此需要通过第二次收入分配，解决收入差距和分配公平的问题。[①] 可见，市场经济中需要政府去干预经济，而

① 江镓伊．我国财政转移性支出调节收入分配问题研究［D］．首都经济贸易大学，2011.

政府干预经济最有效的工具就是财政政策，财政政策中对居民收入的调节就是通过财政转移性支出工具。简单的分析，居民收入的再分配阶段，是政府发挥干预经济运行和调节市场机制作用的环节。国家一般通过使用财政转移性支出项目，如财政补贴、社会保障等，对居民收入中的高收入者削高低收入者补低的调节，从而达到缩减居民收入差距的目标，这也是本书讨论的重点环节。

居民的收入再分配常被视为政府的当然责任或义务，无论资金筹集、使用还是监管，其责任的主体是国家。收入再分配的实施首先要有稳定的资金基础，既然政府要参与和干预经济的运行，就要运用一系列政策工具，既然要运用政策工具，就要对政策工具有所分类并且对政策工具的特点和效力有清楚的认识。在中国，我们已确定以“社会主义市场经济体制”为经济体制改革的目标模式，并正在向这个目标模式逼近。经济体制对政府提出的要求，就是科学而熟练地运用自己的政策工具，不干预市场在资源配置中的决定性作用，发挥政府调控的作用，激发各类市场主体活力。在这个过程中，认清再分配政策工具的性质、作用、效力的传导过程及影响面显然至关重要。

因此，对国家对居民的收入再分配进行模型建立。假设市场中市场主体是由一组有限数量的人构成的经济。假如 n 足够大，因而在这里是适用大数定律的，在随机现象的大量重复中往往出现几乎必然的规律。为方便起见，假设该经济只包括两个部分，一个是消费 C，一个是有效劳动 L。用于从劳动 L 中产生消费 C 的技术是指：基于消费 C 的个人收入 Y 是取决于个人劳动 L 和不可预知的风险 Z。即 $Y=f(L,Z)$，Y 是关于 L 和 Z 的一个函数。根据这个定义，更多的劳动和更高的风险因素将带来更高的收入，即 $f(L,Z)$ 随着 L 和 Z 增加。假设 Z_i 是其中的个人 $i \in I$ 承受的风险，随机冲击 Z_i 分布的概率密度是 $g(Z)$，这个概率密度是指当付出的劳动是由 $\prod(y|l)=g[z(y,l)]$ 给定时，按照这个定义，$f(L,Z)=f[l,z$

$(y,l)]=y$，会产生收入分配 $y\geqslant 0$。在这个模型中，由于各种可能的事件发生而难以预测，从而影响该模型的稳定。随机冲击 Z_i 在人与人之间是独立分布的，且遵循同样的概率规则。因此，所有人在预测前收入分配成功的概率是一样大的，但事后成功的概率则因其“运气”不同而大相径庭。

对上述模型的收入分配进行分析，假设一般的情况下总的消费量不会超过总产出，社会总的消费 C 的函数和总产出的函数可以表示为：

$$\sum_{i\in I}C_i \leqslant \sum_{i\in I}\int_{y\geqslant 0} y\pi(y/l_i)\,dy$$

在这种情况下，收入分配应该是总消费 $C=\sum_{i\in I}C_i$ 小于或者等于 $l=l_i$，对于任何 $i\in I$ 产生的平均产出：

$$C\leqslant n\int_{y\geqslant 0} y\pi(y/l)\,dy$$

在这个模型中，假设不存在其他的公共干涉的分配，每个人只能消费自己的产出，此时的分配（ C_i^*,I^* ）定义为：

$$l^* = \arg\max_{l\geqslant 0}\int_{y\geqslant 0} U(y,l)\pi(y/l)\,dy$$

$$C_i^* = f(l,z_i)$$

因此，在没有任何公共干预的情况下，所有人付出同样的劳动，然而在受到风险冲击 z_i 之后，得到的却是不同的收入。

在上述定义的模型框架下，个人在受到风险冲击以后，公共机构在个人已得到收入分配下可以就观察到的情况进行收入再分配。因此，再分配的制度问题可以遵循福利经济学的第二定律：政府对收入进行再分配，就能达成资源的帕累托最优分配。

因此，转移性支出体现了政府对居民收入进行再分配的职能。第一，转移性支出影响了资源和要素的配置。财政资金的无偿支付引起了居民货币收入的流动，从而影响了居民的商品和劳务的需求，在间接的意义上配置了资源和要素。资源配置是人类社会在经济运行与发展中面临的基本问题，相对于人们无限增长的需求来说，资源总是稀缺的，因此，稀缺的资源就存在一个如何配置、如何最大限度地满足人们需要的问题。在资源配置过程中，人们面临的最大难题就是资源在公共商品与私人商品之间的配置比例。这一问题之所以困难，是因为在资源有限的条件下，对于二者的资源配置存在着消长关系。如果人们得到公共需求的最大满足，就必须承受更重的税收负担，放弃更多的私人需求；如果人们决定在私人需求上得到更大的满足，就必须减少或放弃在公共需求上的满足。这就需要人们在各种各样的经济约束条件下进行权衡和选择。在此基础上，再通过资源配置机制将资源在公共商品和私人商品上进行配置，以满足人们的各种需求。第二，转移支出是实现稳定职能的重要手段。政府转移支出增加了居民和企业的可支配收入，间接增加了社会购买力，影响了宏观经济的运行。尤其是贫困支出和社会保险支出能够自动地随着宏观经济的运行态势反方向变化，成为宏观经济运行的自动稳定器，是我国最重要的宏观经济政策调控手段之一。第三，转移支出是实现公平职能的重要手段之一。通过转移性支出的手段，政府增加了受益人的收入水平，在高收入者和低收入者之间重新收入再分配，从而成为政府实施社会公平政策的重要手段。

第二节　财政转移性支出对收入再分配影响的理论基础

研究财政转移性支出对我国居民收入分配的影响作用，首先必须从理论角度，深入系统地刻画财政转移性支出的公共品属性，阐释财政转移性支出影响居民收入分配的作用机理，指出财政转移性支出对公平与效率的影响及收入不平等的测度方法。

一、基于市场失灵与财政转移性支出的再分配

市场是资源配置的决定性因素，其对于提高资源配置的效率具有决定性的作用。在收入分配领域，市场配置资源的基础是按照要素禀赋分配收入，或者说根据要素对社会生产的贡献来分配收入，没有贡献则没有收入。在此条件下，老、弱、病、残、伤、孕等特殊人群难以获得收入以保障基本的生活条件。市场按要素禀赋分配收入，能够保障资源配置的效率，但从公平上讲却容易导致收入的贫富悬殊。特别是低收入人群的基本生活将面临困难，并可能导致严重的社会问题，影响社会的稳定和经济的正常运行。尽管市场上的商业保险能够在一定程度上保障居民的基本生活需要，但商业保险秉持权利义务对等，很难实现居民间的收入再分配。因此，为克服市场经济存在“重效率、轻公平”的缺陷，市场通过要素进行收入分配会存在市场失灵，有必要通过政府的干预，在全社会建立和健全社会财政转移性支出制度，通过财政转移性支出单方面无偿的转移实现全体社会成员“病有所医、伤有所治、老有所养、死有所恤”,[①] 保证民众的基本生活需要，从而缓解居民收入分配矛盾。

（一）财政转移性支出的公共品属性

前文可得出研究财政转移性支出必然强调政府的干预，而政府干预市场，是由于存在市场失灵的现象。如果是市场机制自行运行就有可能将资源配置到无效率的状态。因为市场中存在一些公共产品，公共物品具备非排他性和非竞争性的特征造成无效使用。

财政转移性支出是政府在无偿转移财政资源，并没有取得对等的商品和劳务，因此它是属于典型的公共产品，相对于私人品来说，公共产品的特征可以分为以下几个方面：其一效用不能分割，这一特征是表示公共产品就是为整个公共社会及社会公众提供的产

① 郭宁. 基于服务型政府视角下社会保障体系的构建［D］. 西北大学，2013.

品，它是一个功能整一的产品内容，不能被分割或等切，分类归为个人消费；其二受益不会排他或排他成本普遍较低，在一般情况下对于公共产品消费基本上都属于普惠，对于消费者是否支付费用，都不能够将消费者排除消费活动中，消费者可以通过消费产品的过程获益；其三消费公共产品并非竞争性，换言之公共产品取得方式不具有竞争性，它表示在增加消费者数量基础上，产品生产成本依然保持最初，即便是最后一位消费者所带来的边际成本依然是零；其四产品营销费盈利，公共产品侧重服务和公益，它并非是为了获取更高效益而生产，单纯地为了满足社会需求，满足社会公众的需要。综上几点特征分析，可以将公共产品划分为两类：一类是纯公共产品；另一类是混合公共产品。前者就是典型的公共产品，为社会群众提供公益性服务，具备上述四大特征的公共产品均属于该类型；后者则表示产品具备上述一种特征或几种特征，则属于混合公共产品，但是需要说明的是私人产品不属于公共产品的范畴。[①]

财政转移性支出分为社会保障支出和财政补贴。社会保障支出分为四个模块，分别是保险类、救济类、优抚类以及福利类，保障产品虽然并非纯公共产品，但是不同产品内容依然存在不同的属性划分，如从政府的角度看，社会保障支出中的社会救济、社会优抚和社会福利是政府给予的无偿补助，与财政补贴一样，政府为个人提供的救济补贴所发生的边际成本与社会平均成本是差不多的，二者基本是持平的，这就体现了公共产品的特征——“效用不可分割”。此外在维护少部分人，为其提供救助优抚过程中，提供的资源均充足，故此受益者不需要再拥挤等待享受产品及服务，这也体现了非竞争性的特征。在我国所实施的社会救助和财政补贴的主要融资源于一般税收，社会个体在享受这些优待的情况下，不需要再额外缴纳一些费用，待遇给付与对应的义务权利并非对称，任何一

① 田丹．中国财政收支政策的环境效应实证研究［D］．武汉大学，2014.

位公民只要在符合标准的情况下，均可享受到救助和补贴，且这些政府救助能够帮助受益者逐步转变收入水平，随着政策的更新，优抚对象开始拓展到收入低的中层、普通公民等范围中，这也凸显了公平公正。通过纵向转移战略和定向转移战略，能够降低社会收入的差距，实现社会整体平衡发展，同时受到了救助补贴的非排他性特征，公共产品与私人产品从本质上看，二者最大区别在于是否排他，因此救助补贴是非排他的，是公共产品的一种类型，综合上述几点分析：非竞争、非排他以及效用不可分割等，可以推断出：社会救助产品及财政产品均属纯公共产品的范畴。①

社会保险是社会保障系统中的重要组成内容，社会保险分为养老险、伤病险、失业险、生产险、生育险等，这些基本保险能够帮助社会成员得到安全归属，能够保证社会经济的良序发展，实现和谐社会的建设目标。社会保险机制设计原则是：社会成员之间相互救济，共同承担风险。根据收入抵扣的社会保险金，将风险者与非风险者的利益相互转移，这也是属于横向再分配的过程。众所周知社会保险的资金来源一部分来源个人及单位依法缴纳的费金；一部分来源社会保障财政支出。从本质上看它是社会成员通过劳动价值递延支付的或不确定兑付的一种交易，在不考虑时间、风险等因素情况下，劳动价值归为社会成员所有。这也说明社会保险具有公共产品的效用不可分割的特征，但是社会保险具有权利义务对等的原则，只有缴纳了保险费用的居民，才能在风险发生时享受社会保险提供的相关保障待遇，是收入关联性保障的产品，保险购买者在购买过程中不存在竞争性和排他性，只要缴纳了一定比例的保险费用即可享受相关保险服务及保险内容。此外在社会保险收入关联性上，对于没有缴纳保险费用的社会成员是排除在保险保障之外的，

---

① 任忠富．我国财政社会保障支出对居民收入分配的影响效应研究［D］．东北财经大学，2016.

设定了较高的门槛条件，对于一些不符合的标准及要求的公民，即便缴纳了费用也不能享受社会保障。如养老保险明文规定，退休年龄以及最低缴费年限、最低纳税年限等，只有满足了几项规定才能享受养老保险金的发放。相对而言私人产品是具有有效分割特征的，社会保险也兼具了私人产品的部分属性，社会保险的社会收益远远高于个人收益，其产品的公共性越是强大，那么参与的社会成员也就会越多，社会收益则会更大。就宏观层面而言，它隶属公共品的范畴，是公共品、私人品的特征体现，它并非纯公共产品也非纯私人产品，是典型的混合型公共产品。

综合对比看：社会救助及财政补贴均属于无偿给付，这里就不需要去深入分析社会成员所获得待遇与贡献之间的平衡性，它的纵向分配过程就是为了实现社会公平性目标。与之不同的是，社会保险是建立在受益与贡献均衡的基础上，它的横向分配过程虽然不能够实现真正的社会公平，但是却符合了市场公平的要求。

（二）外部效应与财政转移性支出的收入再分配

财政转移性支出对收入分配管理、经济稳定管理具有外溢性功能，但是对于正外部性是无法用量化去估计的，当前国家的社会保障机制基本成熟稳定，公众收入中将会按照一定比例扣除社保费用，在收入下降或失业状态下则会获得一定的保障金，从而能够满足受益者继续维持正常的生活水平，平稳过渡困难期。这也体现了消费的平滑性特征。特别是世界各国相继推出各种形式的年金保障计划，其目的在于让在职人员在退休后能够获得更高水平的保障，提高风险抵抗能力。社会保障是财政政策的稳定剂，更是经济运行周期中的波峰及波谷特殊时期的保护伞，促进了社会经济的稳定发展，如在经济萧条阶段，社会总需求就会大大降低，带来的后果则是大量人员面临失业，这些缴纳的社保费用的失业者即便在这一特殊时期中依然可以获得失业金，失业金也会随之转化为社会总需求，帮助抑制社会需求膨胀，缓和了经济高涨的发展。因此，社会保障对社会风险的抵抗具有较强的正外溢性。在财政补贴的框架下，政府给予企业一定的补贴，能够使企业生产决策的均衡点靠近有效率的均衡点。政府给予居民消费一定的补贴，实现消费收益的完全内部化，有助于提高消费者的消费数量，使个人消费决策的均衡点靠近有效率的均衡点。因此，无论是企业外部性的内部化还是居民外部性的内部化，都有助于实现资源配置的优化。另外，在对自然垄断行业进行价格管制的条件下，对自然垄断企业进行价格补贴有助于自然垄断企业按照边际成本进行定价，实现资源配置效率。实际上财政补贴实现外部性的内部化，提高了资源配置效率。

而当财政转移性支出项目存在较大的外部性特征时，若是单纯地由政府财政提出支出费用，那么就会导致供不应求，加上一些地方政府财政负担本身就很大，对于外部性问题根本无法解决，而政府所提供的补助也只能是杯水车薪。故此根据外溢程度能够测定出地方政府、中央政府的承担份额，从而能够有效保障公共产品实现“雨露均沾”。如图 1－3 所示进行理论说明。

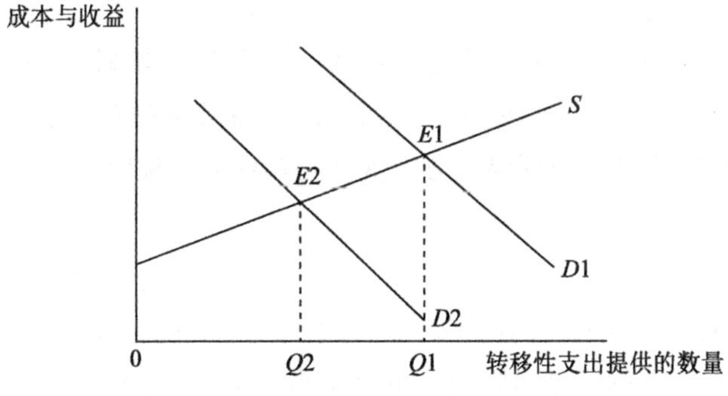

图 1－3 转移性支出与成本收益关系

假设地方政府提供的社会保障产品供给曲线和边际成本曲线设定为 S，政府提供财政性支出需求线、边际收益线设定为 $D2$，由于财政支出具有一定的外部效应，这就会带来地方政府边际收益要普遍低于中央政府或上一层政府的边际收益。故此曲线 $D2$ 分布状

态则是位于 $D1$ 的下部，若是财政转移性支出产品不具有外部收益特征，那么此刻曲线 $D2$ 与曲线 S 是相交的，交叉点为 $E2$ 点，那么在此刻政府的财政转移支出量就为 $Q2$。若是财政转移性支出产品具有外部收益特征，曲线 $D1$ 与曲线 S 的交点 $E1$ 就会直接影响到产量 $Q1$。通过图 1－3 可以看出：地方政府供给量明显不足（$Q1-Q2$），为了保证外部收益量，当支出供给量达到了最大点时，中央政府或上层政府需要给予一定的支持，这样才能够保证地方政府的曲线 $D2$ 逐步接近并平衡 $D1$，其地方政府产量 $Q2$ 也会逐步增加到 $Q1$ 上，只有通过这些步骤才能帮助地方财政转移性支出的正外部性效益逐步得到内部消化和解决。

（三）信息非对称理论与财政转移性支出的收入再分配

1. 克服市场的逆向选择与道德风险

逆向选择与道德风险的产生源于市场的信息不对称，如财政转移性支出中的社会保障里的社会保险市场，即被保险人具有保险人所不掌握的信息。被保险人（或参保人）所面临的风险水平是不同的，而保险公司并不能清楚识别不同被保险人的风险，故而保险费率一般按照平均风险水平确定，导致风险低于平均风险水平的人可能险退出保险计划，迫使保险公司继续提高保险费率，进而导致更多的低风险人群退出保险计划。这就是参保人和保险公司之间信息不对称所导致的逆向选择。逆向选择的存在导致保险公司无法提供有效的保险项目。显然，如果政府强制全体社会成员参保则可以降低获取参保人风险的相关信息成本，并能为高风险的社会成员提供保障。

保险市场的道德风险包括事前道德风险和事后道德风险两种情况，前者是指参保人在投保后不努力控制自身风险，不采取更为有效的措施降低损失。后者是指保险的存在可能会对被保险人减少损失的动机产生一定的影响。比如，有医疗保险的人可能比没有医疗保险的人更常去医院。

无论是逆向选择还是道德风险都会对商业保险市场的有效运行

形成较大的障碍，而政府强制实施普遍性的转移性支出中的社会保障则能够在一定程度上规避上述情形。

2. 克服收入再分配过程中的信息不对称

财政转移性支出的实施是与公民具体的个人利益相联系的，居民为了得到更多的财政资源，会隐瞒自己真实的收入或偏好。由于存在这样的信息不对称，导致政府收入再分配过程存在着效率的损失。而地方政府比中央政府具有信息上的优势，比较了解居民的偏好，为了减少信息不对称带来的损失，由地方政府提供财政转移性支出是比较妥善的，具体原因可以通过图 1－4 分析所得：设定等级相同的两个地方政府，分别为 *a* 政府和 *b* 政府，二者与中央政府所提供的保障成本是均等的，政府 *a* 处的居民社会保障需求曲线设定为 *Da*，政府 *b* 处的需求曲线设定为 *Db*。根据边际成本等同边际收益的原则，可以推导出政府 *a* 提供保障最大量为 *Qa*，同样政府 *b* 提供的保障最大量为 *Qb*。若是中央政府负责两地政府的保障量，中央政府在不了解地方居民偏好习惯的情况下，根据统一条件对居民提供同样数量的公共产品，所带来的结果未必就能实现社会均等。如图 1－4 可以看出：中央政府提供量远远高于地方政府 *a*，二者之间的损失率就是三角形 *ABC* 的区域，但是又比政府 *b* 提供量小，二者之间的损失率就是三角形 *CDE* 面积。

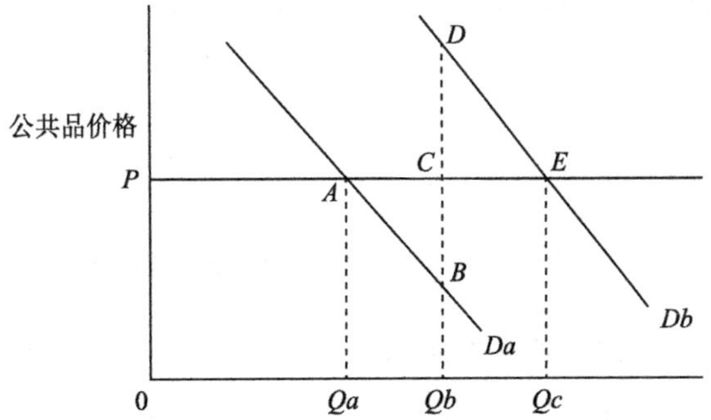

图 1－4　转移性支出与公共品价格的关系

二、基于福利经济学理论与财政转移性支出的再分配

在福利经济学理论中有“最优原则”，它是指在市场和经济资源的有效配置，也被称之为“市场配置效率原则”。早在19世纪末，新古典经济学者们就对此展开了相关研究，如马歇尔、埃奇沃斯、帕累托等都是代表性学者，他们表示市场是具有资源配置的能力，能够自主的配置资源；福利经济学者们表示，在市场不存在失灵问题的情况下，市场机制能够实现供需平衡，资源配置就会达到“帕累托最优状态”。但是回归到实际市场中，市场还有很多公共产品、外部性等特征，这样就会带来市场失灵，市场资源配置不可能是绝对的有效，政府会实施干预政策。福利经济学者们还将这一原则运用到公共机构中，并创新提出了公共部门职能的优化元，要在不影响市场正常运行的基础上，提供公共产品；要在市场无法提供有效产品的情况下，弥补性提供；在市场失灵的情况下做出调整和干预，降低损失。

福利经济学家利用定理作为解释政府参与市场经济的干预，需要更细致的思考对其限定。并提出了政府功能就是配合市场失灵问题，做出纠正，但是这一观点在后来研究中遭到了批判，它存在功能主义的片面认识，即国家作用逻辑的错误认知。福利经济学者提出了国家政府潜在职能的框架，这些理论认知会带来“政府需要提供公共产品的”倾斜认识。政府作用也会受其理论观点的影响。深入了解政府职能应该划分为国家理论研究中，而不是将政府看作为脱离市场经济的独裁者。

三、基于公共选择理论与财政转移性支出的再分配

（一）公共选择的基本问题

居民的收入再分配问题实际上就是公共需求的决定，在公共需要的决定方面，面临着依据自己的偏好做出选择这样的问题，如收

入再分配，我们有两种方案可供选择：A. 筹集更多的财政收入用于收入再分配，从而使居民的收入水平更加公平，贫富差距不大，但部分收入高的人群用于生活上的支出要减少；B. 降低分配比率，以增加我们个人的可支配收入，使我们的生活得以改善，但部分收入低的人群得不到基本的生存权。很多人都可能会选择 A，但也有很多人认为现在的财政转移性支出投入已经太多了，应该再少投入一些以改善生活条件，因此他们会选 B。那么在财政转移性支出上该做出何种选择?

公共选择的核心就是如何从个体的偏好到整体的偏好。公共选择的原则是：对于所执行的政策、决策等应该将整体效用发挥到做大，或者帮助社会资源得到最大化的科学配置。

（二）公众偏好的表达缺陷影响收入再分配

公民偏好存在着表达不充分或不真实的问题。先基于这样的假定：社会群众能够根据自己意愿去选择，那么选择结果就能够真实反映出群众的偏好、习惯，体现民意的政府能够按照真实的民意制定出完全反映民意的政策，而官员和公职人员们又能够保证政策的完全执行。但回归实际生活中，由于存在复杂利益牵扯关系，很多群众并不想将真实意愿表达，换言之，他们在用谎言为政府提供虚假的信号，尤其是在需求决定上存在很多动机。若是个体能够意识到公共产品提供与偏好存在相关性，他们就会存在低报需求的动机，选择中就会刻意将真实意愿隐藏，这些表达信息不真实，那么就会给高层政策制定者带来不真实的信息，政策制定就会出现偏差，供给需求之间如何实现真正的平等？尤其是居民的收入就存在着真实收入与官方数据统计的收入存在差别，而且很多居民为了得到无偿的转移性收入，会瞒报或者少报收入，还有一些隐性收入也不进行申报。公众表面的一种偏好表达最终会影响到实际的收入再分配，有可能造成该财政补贴的没有进行补贴。

公共选择理论需要建立在这样的决策机制上：其所产生的结果不会与投票程序有关联，不会对投票者进行限制，也不需要独立决策，能够将个人偏好转化为整体性偏好。当然，这样的原则是不可能存在的。这也是学者阿罗的“不可能定理”。经济学家布坎南和塔洛克均表示，投票交易不管是对资源有效配置或是对福利分配，都是具有一定效果的，通过投票交易能够在无法交易或无法达到协调的情况下，把事情变得更加容易简单，从这一理解上看投票交易也可以看作“投票谜团”的解决方法，因此收入再分配的合理进行要遵循公共选择理论。

四、基于分配正义的财政支出结构与公平分配论

公平一般是在理想状态实现的，真正意义上的公平是不存在的。从社会学角度看，社会公平是指社会成员之间在社会地位、经济收入等方面享有平等生存和发展的权利和机会。从经济学角度看，公平与效率紧紧相连，认为效率是公平的充分条件。从伦理学角度看，公平是对社会成员之间的利益关系分配的一种评价，是对社会成员之间利益关系及其他权利的一种价值评价，是对各种利益分配是否合理的价值判断。

（一）公平理论

1. 公平理论的演变

最先提出政府行为公平理论的是功利主义代表人物杰里米·边沁和密尔。功利主义认为，人们一切行为的准则取决于是增进幸福抑或减少幸福的倾向，政府的所有政策也据此行事，社会总体的幸福是组成此社会的份子单个幸福的总和。依此提出了著名的“最大多数人的最大幸福”的正义原则，保护社会上大多数人的利益安全，这包含了社会平等的思想。财政转移性支出可以通过政府公共财政的资金分配来达到包括困难群体在内的大多数人利益安全的目的，社会每个成员都平等享有相应生存权利，为增进社会共同成

员的共同福利和安全保护、维护社会的稳定与和谐有着重要的意义。

代表人物哈耶克和诺齐克后来又提出自由至上的公平理论，“正义分配就是基于人们自由交换分配实现的，在正义的条件下根据自由转移所产生的每一类分配都是具有正义性的”①，政府在违背群众意愿的情况下实施的二次分配具有强制性，它是不正义的。关于正义问题，“自由至上主义”中对于国家维持最低收入水平的宗旨是不反对的，但是国家因贫困的借口实施干预手段，这是不认同的。这一观点实际上体现了国家关于正义问题不能有任何作为。此外哈耶克还提出若是公平与否是无所谓的，那么对于社会正义也就会变成纸上谈兵，为了实现自由，他还曾呼吁每个公平都应该提供一次相对均等的机会，这一说法就是将自由与平等对立看待，可以看出其观点否定了平等目标。综上内容分析，自由至上观中并没有真正理解平等与正义。

罗尔斯是对自由至上主义理论的修正和挑战，其正义观是将正义分成了两个层面，第一个正义原则是平等自由原则，这一原则强调公民在政治上的权利平等，适用于政治权力上的分配，指的是所有的公民都应平等地享有法律赋予的基本权利和义务，不管个体的身份、社会地位、财富积累情况如何，都应该享受最基本的保障权利。第二个正义原则是机会的公正平等原则和互惠互利差别原则的结合，这一原则意味着一定条件下的差别与均衡。罗尔斯认为，公平之正义应偏向于“合乎最少受惠者的最大利益”，他认为正义的社会制度应该通过各种制度性安排来改善弱势群体或者社会不利者阶层的处境，缩小各类人群之间的差异空间。② 罗尔斯从两个层面分析了正义内涵，并将个人自由视为社会优先事务，也将平等提到

---

① ［加］威尔·金里卡，当代政治哲学［M］. 上海：上海三联书店，2003：88.

② 胡畔，基本公共服务设施区位评价［M］. 南京：东南大学出版社，2015：69.

一定高度。

2. 政府公平理论的发展

罗尔斯理论被后来学者视为“效率兼顾公平的理论”，它所展示的社会观则是互惠的，但是该理论也存在短板，平等分配是根据伦理价值为依据形成的，将其投放在现实社会中，这是抽象的权利论。[①] 罗尔斯坚信机会平等、程序正义是保证公平分配的保障，政府在发挥政策作用的时候，还需要保证结果平等，这样的生产、分配、积累的过程才能实现真正的国民富裕，贫富差距缩小，实现社会平等发展的目标。但是其论述中的结果平等仅是对部分弱势群体的保护，它是牺牲了大部分中间层的利益，对于社会成员积极性无法调动到最大，因此若想将公平理论运用到政府政策优化中，必须将结果平等观改为机会平等观。

瑞典学者施罗德表示，社会福利国家应该改称为积极福利国家，在风险应对及控制机制成熟的基础上，开展机会管理模式。[②] 当个体职业中发生了离职、无法工作等风险，国家可以对其提供保障，如提供技术培训、学习深造的机会，国家的保障应该努力做到均等机会。但是传统做法是对于失业者给予一定的津贴发放，这种保障是短暂的，应该致力于创造更多新就业机会。政策改革一方面要保证风险面给予基本保障，另一方面也要对社会中的机会进行有效管理，在风险竞争并存的环境中为他们创造均等机会。政府重视机会均等，这并不表示结果均等，“真正的社会平等是机会与结果平等的结合体，对于机会均等强调了财富收入的再次分配，社会机会会被重新分配，机会均等有可能会带来不一样的结果，因此再分配是必然的，若是缺少这种再分配，下一

---

① 贾中海．社会价值的分配正义——罗尔斯自由主义政治哲学批判［M］．北京：中国社会科学出版社，2011：6.

② 杨雪冬、薛晓源主编：《“第三条道路”与新的理论》，社会科学文献出版社2000年版，第36页。

代人所享受的机会就是不平等的。”① “有些人机会会受到限制或落后其他人，但是他们的生活机会不应该被剥夺”因此要用动态性的视角去分析平等，机会均等，同样结果也要均等，保障所需也要设定多样化目标。

（二）财政转移性支出的公平性内涵

财政转移性支出是由国家和社会按照法定的标准向其提供无偿的资金和实物救助，从本质上看就是资源的再分配，这就要求分配必须公平。那么财政转移性支出公平性就是要保证公共财政资源在对补助对象的补助上进行合理的分配与调整。以罗尔斯、阿玛蒂亚森的理论为指导，这种合理包括：能保障每一位补助对象获得最基本的生存权与发展权，满足救助对象基本生活需求；设立城乡间、地区间、群体间能接受的合理差异水平。具体包括起点公平、过程公平和结果公平。

1. 财政转移性支出的起点公平

财政转移性支出的起点公平体现在每个社会成员都享有同等被补助的权利。《宪法》规定“凡我国公民都有在年老、疾病、伤残或丧失劳动力情况下有权获取国家社会物质帮助的权利，国家应为个人享受这些权利提供基本的保障”。通过这一内容可以看出：每一位中国公民都有基本生存权，它是社会补助的基础，也是法律的根本要求。起点公平强调平等参与，受补助的权利不受身份、地位、职业等因素的影响，“应保尽保”。但实际上，一些制度运行中出现指标摊派，并未做到真正意义上的全覆盖。

2. 财政转移性支出的过程公平

财政转移性支出的过程公平之根本在于补助公开、补助透明。首先，从规则公开性上看，补助工作是投放在群众视野下进行的，

---

① 英安东尼吉登斯：《第三条道路及其批评》，孙相东译，中共中央党校出版社2002年版，第90－92页。

公开性能加大补助对象公平感的产生。其次，不允许有任何人凌驾于规则之上或独立于规则之外，规则面前人人平等。最后，过程的公平，就是救补助规则必须严格执行，若是制定的政策规则不能被有效执行，那么所谓的公平也就是“形式上公平”。财政转移性支出建设制度就必须制定法治约束，若是没有既定的司法程序，公平是不能保证会实现，故此秩序维系是需要法律制度保障的，强化法制性建设，运用法律手段以确保补助对象权利能得到法律的有效保障。

3. 财政转移性支出的结果公平

财政转移性支出的结果公平体现在所有补助对象能平等地享有满足基本生活所需。财政转移性支出制度的基本目标就是要实现对补助对象基本生存权与发展权的保障，所以受益者并不会受到身份、位置的影响，基本能够获得受益，从而过渡日常生活的困难。这一现象与公平分配原理是相似的，在层次上所获的补助量都是一样的，分配公平的第二层次要求分配可以存在差异，城乡间、地区间、群体间救助待遇的差距要控制在可接受的范围内，保证民众心理的平衡，稳定了社会的安定和谐，从而发挥社会救助的“稳定剂”功能。

第三节　财政转移性支出影响居民收入差距的作用机理

研究财政转移性支出与居民收入差距的影响关系，则首先需要从本质上探讨财政转移性支出出现的原因，结合前文的理论分析财政转移性支出主要是通过发挥再分配的作用。本章节深入揭示了财政转移性支出影响再分配的本质，并通过规范分析演绎了财政转移性支出影响居民收入差距，主要通过发挥再分配的宏观调控，进一步分析了其对收入再分配和收入初次分配的作用机理。

一、财政转移性支出影响收入再分配的本质

（一）财政国家分配论

财政界一直认为厘清财政关系是基于对财政本质问题的认识，我国财政学界对此众说纷纭，关于财政本质问题的研究成为研究热门课题，它也是中国财政理论研究中最为重要内容之一，财政干预利弊均有，适当干预能够改善市场要素活力，提高政府肩负起市场经济体制下应有的职责和更好发挥自身作用，即保障公平竞争，弥补市场失灵。因此财政国家分配理论在学术领域中占有重要的位置。该理论表示：财政核心就是国家主体的分配关系，社会主义国家的财政核心就是无产阶级专政的国家根据职能对社会公共产品和国民收入进行分配的过程。“国家主体”和“分配”是其理论的两个基本要素，因而称为“国家分配论”。财政转移性支出是经济政策的手段，更是国家分配意志的体现，是国家凭借其政治权力和财产权力参与的社会产品分配与再分配，属于一定社会形态下社会再生产过程中分配环节的一个特殊部分，既包括对生产条件的分配，又包括对生产成果的分配。而财政以国家为主体实现收入再分配的机制和手段有：一是明确市场分配与财政分配的范畴，财政不能干预属于市场所分配的要素；而财政分配的要素，财政机构应该尽职完成。比如：财产收入、股息收入、租金收入，甚至作为法人经济主体的企业的工资收入，通常情况下财政是不能够介入的，需要通过再次分配进行调节，但是在医疗卫生领域、社会福利领域、社会保障领域中，不应该固守陈规，可以集中财政力量和市场力量，实现社会化发展。二是通过财政转移性支出让社会群体都能维持基本的生活水平，享受到相对均等的社会福利政策。

结合财政国家分配理论内容，我们可以看出：财政管理的本质

就是国家对经济的控制，从经济领域中对社会进行控制。我国目前的财政转移性支出制度体现了财政的本质。财政转移性支出参与分配同经济形势、政策有紧密关系，而对于转移性支出是通过生产力发展创造的经济条件，即经济的发展增加了社会剩余产品的产生，对于这类支出的多少则是根据国家财力积累情况决定的，因此支出规模和政策干预与国家经济发展有直接关系，同时财政转移性支出也是一项复杂的产物，它产生于政策，受到经济机制的监管，需要完善法律的保障。

（二）财政公平分配论

财政具有配置资源、分配收入以及稳定国家经济的重要职能。其中最为基本的职能则是资源配置职能，其要求是通过财政将资源合理科学的分配到经济和社会两个维度中，稳定经济、发展经济仅仅是财政所发挥的经济作用。对于分配收入则是尽可能将社会贫富差距控制在合理的范围中，从而实现社会公平性发展。收入分配也是财政核心内容[①]。对于古典主义、新古典主义或是凯恩斯主义中虽然对于财政做出不同的理论间接，但是三者关于“财政公平原则”都是表示一致认同的。公共财政理论提及政府财政支出就是能够均衡各个地区、各个层级的利益，实现的公平可以视为“横向公平”。市场经济资源配置是不公的，国家财政的功能就是对于这类不公的情况控制在一定范围中或改善不公的恶化程度。那么根据此理论分析看：财政转移性支出体现了国家能够从社会中获取多少收入，支付者需要支付多少，它的分配情况则体现了在不同历史阶段不同国家主体对于公平、平等等概念的理解。财政公平分配理论是影响再分配收入的重要因素，财政讲究公平分配需要从两个层面上理解：

---

① 仝艳艳．公平收入分配下个人所得税征税模式改革［J］．《知识经济》，2012（4）：19－23.

其一经济公平性，经济公平是市场经济发展的根本原则，它要求在公平的竞争环境下实施等价交换，对于生产投入要素与收入要对等，收入创收过程每一类要素贡献情况决定了收入分配。比如，在我国个人收入分配是根据劳动分配和生产要素分配决定的，换言之个人在劳动中所投入的要素及劳动所得报酬要对等。经济公平立足分配原则和分配过程的公平，目标是为实现分配效率，按照每项要素作出的贡献，根据分配原则从而促进更多社会成员积极投入生产要素。其二劳社会公平性，社会公平是维系收入合理差距的重要原则，这种公平是相对性公平，收入差距存在是必然的，但是差距范围要能够被各层居民所接受，贫富差距不能够太大，各个阶层的成员数量分布应该像是橄榄形，头尾尖角部位则是代表最高收入者和最低收入者，中间椭圆部位则是中等收入的群体。根据健全的公共服务体系和社会保障体系，能够满足社会成员整体福利优待水平，能够在医疗、教育、社会就业等方面享受均等的待遇，社会公平的目标就是缓解阶层的差距，减少社会矛盾的发生，实现社会和谐发展。

财政转移性支出是国民收入的再分配，也称之为二次分配，它是在首次分配之后，政府机构作为财政管理者的身份，在整个国家机构中运用财政税收、财政转移等方法进行的二次分配。在这一阶段中政府不会对市场经济过分干预或插手，但却可以通过税收及转移支出的手段，将第一次分配中所创造的财富重新进行二次分配，将高收入者财富逐步转移到中高层；将中低层财富收入逐步提高，这样能够保证各个层级的生活水平都趋于平等，从而保证了社会的稳定发展，减少了社会矛盾的产生，缓和了层级之间的矛盾，维系了社会的安定和谐发展。对于第一次分配讲究的效率性和对于第二次分配则注重公平结果，市场对社会成员付出的报酬都是根据生产量和贡献量决定的，生产要素投入的或多或少对于收入水平都会产生影响，投入越多收入越多，贡献越大收入越多，经过长时间的积累就会形成“马太效应”。加上竞争机制的影响，就会形成垄断市场的情况。再分配是借助了政策、体系等手段有效抑制了高收入水平，提高了低收入水平，通过这样的权衡方法能够让社会贫富差距保持在相对平衡的基准线上，当然市场机制还存在一些不足，需要政府运用宏观手段进行调节和分配，保证社会收入分配的公平性。

在整个再分配过程中，公平性原则是非常重要的，它贯穿起点与终点，注重结果导向，但是二次分配乃至多次分配都不可能将收入均等化，社会主义市场经济在实现效率最大化的目标中必然会带来收入差距的结果，但是通过经济手段和措施，能够将这些差距控制在合理范围中，实现公平最大化，因此对于政府的干预政策及手段是适可而行的，不会损害到市场分配机制。

（三）分享经济学

在微观经济学中，收入分享与宏观经济政策是相互依托的，它的观点是：宏观经济制度需要微观经济机制配合才能构建最终的分配格局。其中 Weitzman（1984）在其研究成果《分享经济》总结了分享经济的理解，提出了分享经济划分为三类，产品工资、收益分享以及利润分享等，阐述了劳动与分配之间的关系。提出了分享机制应该划拨到宏观经济价格波动及就业状况中。社会群众是需求者，他们通过在消费与收入的平衡关系中得到效用，政府在资金积累的过程中必会减少群众手中的资本影响其消费，市场竞争下的经济机制不可能自发形成多部门的分享机制，故此必须引入公共政策，才能促进共享要素报酬和薪酬分配。在共享经济制度中，财政制度具有调控经济的作用，经济发展过程也形成了积累机制，包含收入在工资、利润和财政中分配，在不同阶层中产生不同的效果，同时分配还会受到制度的约束，如货币制度、竞争机制、劳动关系、国家干涉等，财政的作用就是协调生产、收入分配以及需求之间的关系，承接了各种结构矛盾内在耦合联系性。综上分析可以看出：在 Weitzman 研究中并非从财政视角展开的，但是利润分享的研究思路依然为本书研究提供了借鉴和思考。

根据上述的分享经济学理论内容可以推导出：财政转移性支出与收入分配体系存在相关性，且这种关系逐步被明朗化。在国家制度的约束控制下，收入被分担，但是需要注意的是中国收入分配问题是经济发展固有的问题，它的内在规律和理论联系还需要进一步明确。在本书研究之初还受到了邓小平同志论述思想的影响，他曾表示先富带动后富以实现共同富裕。这一发展理念与当下所研究的财政转移性支出的再分配原则有很多相似之处，在共同富裕发展观中，经济成果是为了经济共享，尤其是在党的十一届三中全会政府报告会议中，邓小平同志开创性提出的“共同富裕”目标打开了财政管理的新思路。随着经济的发展，不同阶段都会存在收入差距，正如邓小平所强调的，通过政策调控，政策分配手段让一部分先富起来，富裕者多交点利税，将这部资金积累转手到贫困地区，用于地区发展的备用金。通过这些不难看出，共同富裕就是经济共享，让国民经济持续健康发展，让人民群众共享胜利果实。因此财政结构中所蕴含的分担共享原则影响了收入分配，这也是财政转移性支出影响再分配的体现。

二、财政转移性支出影响收入再分配的作用机理

（一）财政转移性支出调节居民收入再分配的主要手段和方式

财政转移性支出调节居民收入再分配实际上主要以社会保障支出和财政补贴为主。社会保障支出体系主要由社会救济、社会福利、社会优抚和社会保险支出构成，因此保障项目的类别不一样，其资金的来源也不同，即不同项目的资金来源和责任主体不同。如表 1 - 1 所示。

表1-1　　社会保障资金来源与责任

<table>
<tr><th colspan="2">类别</th><th>资金来源</th><th>责任主体</th></tr>
<tr><td rowspan="4">社会保障项目</td><td>社会救济</td><td rowspan="3">财政收入、捐赠</td><td rowspan="3">政府</td></tr>
<tr><td>社会福利</td></tr>
<tr><td>社会优抚</td></tr>
<tr><td>社会保险</td><td>社会保险税（费）、财政补贴、资产运营收入、借款</td><td>政府、企业、个人</td></tr>
<tr><td colspan="2">财政补贴</td><td>财政收入</td><td>政府</td></tr>
</table>

社会保障调节收入再分配的主要手段有财政对社会保险基金的征缴和给付及社会保障财政补贴支出，即社会保障资金包括财政拨款收入和基金收入两部分。财政补贴的资金来源比较单一，主要是财政安排的专项资金。财政转移性支出对居民收入再分配的主要调节方式：

1. 社会成员收入的纵向调节

一方面，由于个人对生命周期中的收入缺乏理性认识，国家有必要对不同年龄段的社会个体的收入进行干预，即实现收入的纵向调整。其过程是：在社会个人取得合法收入期间，政府对企业和个人按比例征收社会保险费；当社会个人达到法定退休年龄后，由政府分期向履行缴费义务的社会主体发放社会保障基金。从生命周期的角度看，这种分配方式是“垂直分配”，即正常劳动期间的收入转移到非劳动期间。另一方面，社会成员又分为老年人和年轻人。老年人代表退休人员，年轻人表示他们在工作。在职青年承担退休老年人口的转移性支出，当这些社会成员年老时，他们的养老金由下一代年轻人承担。代际收入再分配也属于“垂直分配”方式。资金分配主要体现在两个方面：首先，老年人本期转移支付由年轻一代劳动者承担，总的来说，实现了转移性支出的转移，即从资金总量上实现代际再分配；其次，基于经济水平和工资水平的影响，劳动力在不同年龄段缴纳的社会保障基金存在一定的差异，即缴费标准与支付标准之间的差异，这部分的差额是通过间接途径传递的，传递的方式是下一代的责任，而下一代的年轻人也有类似的问题，从而形成一种持续的代际收入再分配。

2. 社会成员收入贫富差距调节

为了调节不同社会阶层的收入差距，政府主要通过消费税和累进所得税向富人征税，并在财政转移支出中通过社会福利和社会救助项目对穷人进行补贴，以确保穷人的基本生活保障。从边际效用递减的角度看，低收入者的效用增长高于高收入者，从而实现社会的整体福利。这种调节方式被称为“横向分配”，直接起到缩小不同阶层收入分配和生活水平的作用。

（二）财政转移性支出收入再分配效应的双向性

不同财政转移支出项目对居民收入分配的调节机制和效果不尽相同。社会保险是以初始收入分配为支付基础，根据支付风险程度进行再分配，即收入越低，社会保险的替代率越高，所以社会保险具有较强的收入调节功能。社会救助是国家在灾害和贫困造成无收入或低收入的情况下，对社会成员给予的生存保障，付款方式可以是现金和实物。它是根据基本生存需要分配的，接收者无偿获得，无须支付对等的义务。社会福利主要是政府为儿童、老人和残疾人等特定弱势群体提供的资金和服务。政府和捐助机构确保其资金来源，并根据特定弱势群体的生活需要进行分配。财政补贴的种类很多，如直接现金补贴对居民收入有影响，补贴消费者的实际收入增加，在其他条件下，受补贴消费者的消费需求将增加，影响商品的供给关系。当财政补贴采取实物补贴方式时，由于商品的价格关系发生变化，必然影响消费者的消费选择，消费者只能选择补贴多的消费。因此，在实践中，财政转移性支出的收入分配功能可能对缩小收入差距起到积极的调节作用，因补助的无偿性，很多受益者只接受补助而不去选择工作，因此也可能引起收入差距扩大的反向调节作用，即财政转移性支出具有双向调节作用。

综上所述，财政转移支出的收入分配效应并非是“单向”的，受制度的设计、制度的实施或制度的相关因素的影响，在调节收入分配方面所发挥的往往是“双刃剑”作用。即有缩小收入差距的作用，也有扩大收入差距的作用，如图1－5所示。

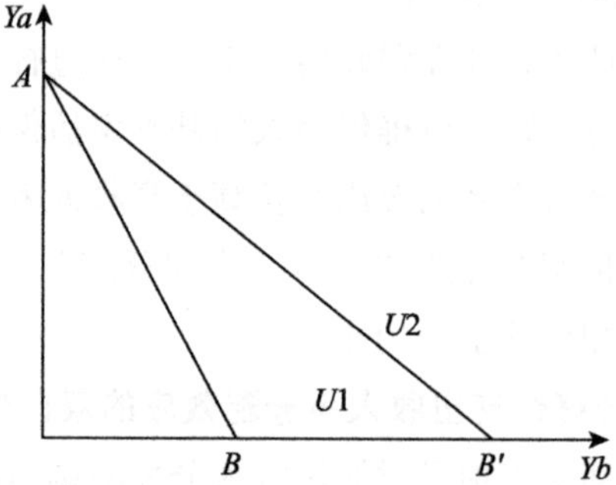

图1－5　社会保障作用

图中假设全社会成员由 *a*、*b* 两人组成。两人有一组代表既定偏好的社会无差异曲线，表示该两人之间的效用的不同搭配关系的曲线，该两人收入分配状况的预算线有两条，其中一条代表初始的分配状况预算线 *AB* 与之对应的无差异曲线 *U*1，另一条曲线代表财政转移性支出的再次分配结果。根据图1－5可以看出：在初始分配过程中，无差异曲线为 *U*1，通过财政转移性支出对 *b* 进行收入补贴，二次分配的结果预算线变为 *AB′*无差异曲线为 *U*2，改变斜率后的预算线与更高的社会无差异曲线相切，此时的再分配是一种改善。

而另一种情况是，预算线 *AB′*代表初次分配，经再分配后变为 *AB*，此时的再分配结果会变得更加糟糕。因此，财政转移性支出的收入分配功能到底起到何种作用，取决于具体制度的安排，如制度模式、覆盖范围、制度设计、管理等。

三、财政转移性支出结构影响收入初次分配的作用机理

（一）借助居民的收入体系对收入初次分配产生影响

财政通过转移性支出无偿地为居民增加了收入，而财政转移性支出的结构在不同的经济阶段，不同的地区构成不同，对居民的要素收入构成也产生了影响。因此，财政转移性支出主要以居民的收入体系为传导机制对收入初次分配产生影响。实际上，居民通过收入再分配的结果是得到各常住机构部门的可支配收入，而居民可支配净收入的增加，相应的居民可支配支出量也增加，居民可用于投资或消费，如果居民用于投资教育，科技提升生产力方面，或者用于财产购入增加资产等方面，从而居民获取收入的要素也就发生了改变，进一步优化初次分配。因此财政转移性支出影响到居民的初次分配的可支配收入，通过间接的作用对初次分配进行了影响。本部分的内容先对居民的收入进行梳理如下：

收入再分配的结果是得到各机构部门的可支配收入，如式（1－1）所示。而在我国，国民收入分配核算是通过资金流量表[①]实施的。

居民可支配收入＝初次分配收入＋经常转移收入－经常转移支出
＝初次分配收入＋（社会缴款收入＋其他经常转移收入）－（所得税、财产税等经常税支出＋社会福利支出＋其他经常转移支出）　　（1－1）

式（1－1）中的居民可支配收入是根据收入来源的部门核算的，而居民可支配收入的也可以根据具体收入来源项目的不同进行核算，因此，居民可支配收入根据具体的收入来源项目可用式（1－2）表示如下：

① 中国国民经济核算体系包括五张基本核算表，即国内生产总值表、投入产出表、资金流量表、国际收支表和资产负债表。中国统计年鉴核算使用的是资金流量表。

$$居民可支配收入=劳动者报酬+营业盈余+财产净收入+经常转移净收入 \quad (1-2)$$

对式（1－1）及式（1－2）进行分析，我们可以看出，收入分配存在着系统性的传导机制。居民的可支配收入是由初次分配和再分配相结合的过程。财政通过转移性支出，增加了居民的可支配收入，在这一过程中，表面上是居民收入的增加，实际上居民由于可支配收入的增加，会改变自己的决策行为和生产行为，从而影响到收入的初次分配。随着我国市场经济的发展与完善，财政对收入分配调整成为我国缩小居民收入差距的重要工具。财政转移性支出接受者的对象一般是生产能力弱的低收入阶层，使其可支配收入的增加，居民可将其增加的收入投入到消费的领域或生产的领域。居民如果将其投入消费的领域，用于教育提升，居民的要素收入就会提升，进而影响到其初次分配。居民如果将其投入生产领域，如购买先进的生产工具，居民的要素收入也会提升，进一步影响到初次分配。因此，财政转移性支出通过整体的收入分配传导机制，间接的影响了收入的初次分配。

（二）财政转移性支出对初次分配产生的经济效应

财政转移性支出间接的影响了收入的初次分配，对初次分配过程中的经济也产生了影响，见图1－6。

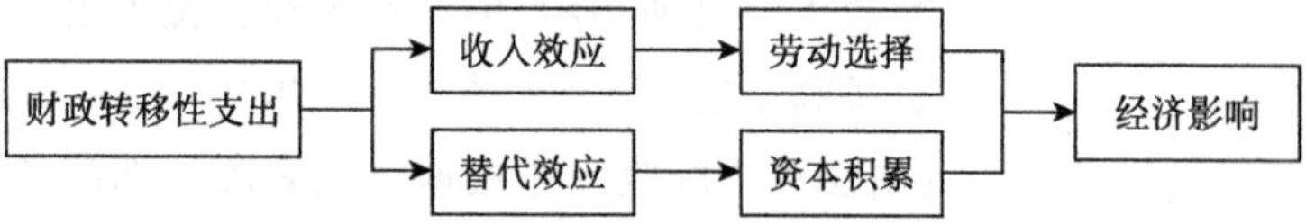

图1－6　财政转移性支出的经济效应

1. 收入效应

收入效应主要指经济发展带来的收入增长程度。收入效应是在保持价格不动时通过增加收入而达到预算线移动到更高水平的无差异曲线上。要改善地区发展程度，必须提高其经济发展水平，实现途径：一是提高收入，提高劳动生产率；二是增加教育投入，提高地方人才竞争力，逐步改善基础设施建设，降低劳动成本支出，提供更多就业创业机会，这些间接的方法也会促进收入水平提高。财政转移性支出是政府在公民之间再分配购买力的支出，表现为资金无偿的、单方面的转移到居民手中。政府转移性支出会以受益者名义作为他们收入增加，在这一模式下受益者的经济状态会提高，他们有更多能力可以购买消费，收入水平提高自然消费量就会提高，经济学中将其称之为“收入效应”。因此可以看出政府提供转移性支出也具有收入效应。各类财政支出进入国民收入循环运动之后，由于对不同的经济变量发生了不同的关系，它们对国民经济的影响力存在着差异。从国民收入循环流程来看，基于初次分配的结果，政府通过二次分配就会将税收、收费等通过补助、补贴的多种方式转移给居民，在社会保障机制作用下，居民又会对政府交纳一定比例的保险费用，企业单位需要根据收入分配部分资金到社会保障账户中，故此可以看出在再分配过程中，政府干预较大，企业缴纳比例、个人缴纳比例、民众保险水平等都是根据政府出台的政策、规定决定的。需要明确的是：再分配之后对于住户部门而言，所获得收入变化比例并不很大，转移性支出的规模可能会大，财政转移性支出必然对居民来说是增加了收入。

因此，财政转移性支出在劳动选择路径中，对居民的直接转移将导致劳动边际回报率降低和可支配收入增加。受前者的影响私人选择就会倾向于休闲，劳动供给量自然会降低，经济增长速度就会放慢；受后者的影响，收入增加，劳动时间减少，经济增长受到阻碍，在同等条件下，收入提高会带来商品价格抬高或者会带来实际收入减少，但是不管结果如何带来的统一性后果就是支配收入减少，私人劳动供给不断增加，促进经济增长。

2. 替代效应

替代效应是当某项商品发生了价格增长，在消费者所购买的清单中自然会寻找新的代替产品。财政转移性支出产生这一特点的原因，主要在于财政补贴或其他财政福利政策在居民收入初次分配过程中改变了相对价格体系，体现着政府对企业和个人活动的干预，在市场经济中政府既卷入了确定相对价格体系的过程，又卷入了运用一部分财政资金去变动这一相对价格体系的过程。替代效应是在价格变动时保持购买力不变，即调整货币收入以使原先的消费能够支付得起之后的最优消费水平，此时预算线沿初始的无差异曲线移动，即消费者通过多购买另一种商品而替代其他商品的减少。它改变了相对价格体系，在补贴品可以替代的范围内，人们倾向于更多地购买补贴品，相对减少对其他商品的购买。在经济学中，由相对价格体系发生变化导致人们更多地购买价格相对较低的产品的现象被称为替代效应。而财政转移性支出在实际生活中就发挥了此类作用。

另外，财政转移性支出还附带了其他职能，如对于退休的老年群体提供退休金，满足了老年退休人员的生活需求；对于身体智能存在障碍的人群提供补贴，以帮助他们正常的生活。但是也有学者表示若是将国家养老金直接划拨为公共年金，那么就会影响到私人对年金的需求意愿。实际上，财政转移性支出造成资本积累中的可支配收入的变化，就会影响到资本边际回报率的变化，同时还会受到替代效应的影响，私人投入资本减少，积累量自然就会降低，经济发展速度也会放慢，但是在替代效应的影响下，一些投资者为了保证收入水平线，会不断增加投资，这也会给经济发展带来促进性作用。

第二章

财政转移性支出的现状分析

第一节　财政转移性支出政策的发展演变

一、国外财政转移性支出政策的发展演变

自亚当·斯密以来，西方经济学家在研究经济增长理论时就十分关注收入分配这个核心议题，只是不同学派研究收入分配的角度存在较大差别。古典学派强调收入分配中资本积累对经济增长的决定性作用；马克思的《资本论》强调资本主义收入分配导致的积累过度和消费需求不足必然导致资本主义灭亡；新古典学派强调要素价格完全由市场决定，政府对收入分配不予过多干预；新政治经济学派凯恩斯主义认为劳动收入与财富收入在国民收入中份额的变化对经济增长有影响,① 应该重视对收入分配的干预。不同的理论思想造成政府对收入分配的干预政策不一样，政府对经济干预的强度也决定了不同时期财政转移性支出政策不一样。

转移性支出相对于购买性支出而言在国家财政支出中是所占比重较小的一个支出类别，19 世纪末各政府的转移性支出占 GDP 的

① 李建伟，王勇．国家间收入差距演进轨迹与启示［J］．改革，2017（10）：81－94.

比重平均仅为1.1%（见表2-1），从20世纪以来，政府支出结构中最明显的变化就是转移性支出急剧增长。20世纪30年代以后，世界绝大多数国家都开始重视财政转移性支出，其所占财政支出的份额比例迅速增大。尤其是在20世纪60年代至80年代转移性支出的增长幅度较快，甚至在少部分国家，对居民的转移性支出占财政支出的高达50%甚至50%以上。同时期很多西方学者把转移性支出与税收相对照，称之为“负的税收”。[①] 这一时期人们主张政府干预经济并试图通过收入再分配来提高社会公平，用于转移性支出的资金也稳定地由稳定的税收来源提供；而转移性支出的内容主要是与政府的社会保障计划结合在一起的。同时转移性支出由于无偿性和单向性的特征给政府的财政压力也是很大的，由于世界各国的经济增长水平不同和发展阶段不同，导致转移性支出的增长幅度也不同。但是值得关注的是各国财政转移性支出的量都在稳步增长，占GDP的比重越来越高。

表2-1　1870—1995年部分国家财政转移性支出占GDP比重（%）

国家	1870年	1937年	1960年	1970年	1980年	1995年
加拿大	0.5	1.6	9.0	12.4	13.2	14.9
法国	1.1	7.2	11.4	21.0	24.6	29.9
德国	0.5	7.0	13.5	12.7	16.8	19.4
日本	1.1	1.4	5.5	6.1	12.0	13.5
挪威	1.1	4.3	12.1	24.4	27.0	27.0
西班牙	—	2.5	1.0	6.7	12.9	25.7
英国	2.2	10.3	9.2	15.3	20.2	23.6
美国	0.3	2.1	6.2	9.8	12.2	13.1
澳大利亚	—	—	6.6	10.5	16.7	19.0

① 朱葵．促进居民收入分配差距缩小的财政转移支出政策研究［D］．首都经济贸易大学，2014.

续表

国家	1870 年	1937 年	1960 年	1970 年	1980 年	1995 年
奥地利	—	—	17.0	16.6	22.4	24.5
比利时	0.2	—	12.7	20.7	30.0	28.8
爱尔兰	—	—	—	18.8	26.9	54.8
意大利	—	—	14.1	17.9	26.0	29.3
荷兰	0.3	—	11.5	29.0	38.5	35.9
新西兰	0.2	—	—	11.5	20.8	12.9
瑞典	0.7	—	9.3	16.2	30.4	35.7
瑞士	—	—	6.8	7.5	12.8	16.8
总平均	1.1	4.5	9.7	15.1	21.4	23.2

资料来源：国家统计局科研所。根据世界银行数据库和 OECD 数据库整理。

从表 2－1 中可以看出，在 19 世纪以前各国财政转移性支出的比例很小，总平均比重仅为 1.1%。在 20 世纪以后每年均有提高，在 1960—1980 年，明显可以看出各国的转移性支出比例越来越高，从刚开始实施有限的社会性政策过渡到被许多国家采用范围广泛的社会性政策，这些国家后被称为福利性国家。到 20 世纪 80 年代期间，所占比例开始超过 20%，很多发达国家如挪威、比利时、爱尔兰、意大利、荷兰和瑞典等国，这项支出所占 GDP 的比重超过 25%，荷兰比例最高。进入 20 世纪 90 年代，转移性支出占 GDP 的比重仍在增长但增速有所减缓。从总平均数可以看出转移性支出和补贴性支出占 GDP 比重从 1980 年的 21.4% 增至 1995 年的 23.2%。然而，在转移性支出增长的同时，许多国家对生产者的补贴却开始减少，比如，在新西兰则取消了对生产者的补贴。1995—2009 年，欧盟 15 国的转移性支出平均为一般预算支出的 45%。其中转移性支出比例最高的是德国约为 60%，而比例最低的西班牙也接近 40%，高福利的发达国家转移性支出的水平整体上高于发展中国家。除此之外，发达市场经济国家中也有部分国家，如美国、日本、韩国等，其转移性支出的比重也相对较低，例如，美国为30%略高，韩国介于10%—20%之间。①

由于西方国家多属于发达国家，比较重视居民的生活质量和高福利水平，即使是欠发达国家也重视居民的福利，对财政转移性支出的数量要求也相应较高。因此西方国家依据其高福利传统，典型的国家如欧洲福利国家基本依靠政府来提供社会福利，其转移性支出的比重最大。而有些主张发展自由市场经济的国家情况又不一致，如美国在20世纪30年代就主张建立完善的社会保障制度，但始终没有提出建立福利国家的意图，其转移性支出的比重没有欧洲发达国家的比例高，因为美国追崇的是自由市场经济，政府一直在效率与公平之间进行权衡的基础上来推行它的财政转移性支出制度。韩国是按其传统主要依靠社区和家庭提供福利的国家，其政府转移性支出的比重也不是很高。

二、我国财政转移性支出政策的发展演变

财政转移性支出的作用主要体现在影响收入分配上，因此，研究我国财政转移性支出的政策演变必然要结合我国国民收入分配的总体情况。我国财政转移性支出的主要形式有社会保障财政支出和财政补贴。社会保障财政支出和财政补贴支出相对于居民来说就是收入，而居民的初次分配总收入加上总的转移性支出即获取了转移性收入，最终形成了可支配总收入，即国民可支配总收入。国民可支配收入是所有居民可支配收入的总和，本书研究的对象是居民，居民可支配收入是单个个体的，与我国总量财政转移性支出政策不能对应。因此，本部分研究的内容是我国财政转移性支出的发展历程，可以从国民可支配收入的角度考察。相对于收入初次分配，我

① 中国社会科学院财政与贸易经济研究所课题组，高培勇，马珺．“十二五”时期的中国财政支出结构改革［J］．经济理论与经济管理，2010（11）：5－14.

国收入再分配内部关系的演变更趋复杂。本部分的数据借助中国统计年鉴里的资金流量表，资金流量表是国民经济核算体系的基本核算表之一，提供了国民收入分配全过程的丰富数据。资金流量表是目前最全面反映企业、政府、居民三部门间收入初次分配与再分配状况的数据来源，大多数资金流量表中的数据来源于金融机构和政府的统计报告，数据的可信度高，因此，资金流量表与资金流量分析对研究国民收入再分配问题有重要价值。在莫里斯·科普兰（Copeland，1947，1952）① 所创立的资金流量分析法的基础上，约翰·鲍威森（Powelson，1960）② 将该方法运用到国民收入分配领域，开创了基于资金流量表对国民收入分配进行系统性研究的先河。国内众多的学者广泛地运用资金流量表来实证分析中国的国民收入分配格局及其变化。其中，部分研究基于资金流量表提供的数据，对税收影响中国国民收入分配格局的效应开展了定量分析，获得了一些较为重要的发现③，潘文轩（2018）实证分析了1992—2015年税收对中国国民收入分配格局的作用。实证结果表明：税收参与国民收入分配的程度总体上趋于提高。但是，目前基于资金流量表分析税收对中国国民收入分配影响的相关研究较多，但是专门分析财政转移性支出对国民收入分配作用的文献非常少，因此本部分的内容基于资金流量表的数据以描述性统计为主。

通过对数据的整理，数据来源于中国统计年鉴的资金流量表，从总体上研究发现国民可支配总收入在政府、企业和居民三者之间的演变经历了以下三个阶段，财政转移性支出在不同阶段对居民收

① MA Copeland. Tracing Money Flows Through the United States Economy [J]. American Economic Review, 1947, 37 (2): 31－49.

② JP Powelson. National Income and Flow－of－Funds Analysis [M]. London: Mc Graw－Hill, 1960.

③ 潘文轩. 税收如何影响了中国的国民收入分配格局？——基于资金流量表的实证研究 [J]. 财政研究，2018 (11): 84－95.

入的作用力度也就不同。如表2-2所示。

表2-2　　国民可支配总收入额比例（%）

年份	政府	企业	居民
1978	35.9	12.9	51.2
1988	21.3	8.3	70.4
1990	21.9	9.1	69.0
1992	17.8	13.1	69.1
1993	17.1	17.6	65.3
1994	14.5	18.0	67.5
1995	14.1	18.8	67.1
1996	14.6	15.3	70.1
1997	14.3	16.3	69.4
1998	14.2	16.1	69.7
1999	14.2	17.5	68.3
2000	14.5	17.9	67.6
2001	15.0	18.9	66.1
2002	16.2	19.4	64.4
2003	16.1	19.9	64.0
2004	16.4	22.5	61.1
2005	17.6	21.6	60.8
2006	18.2	21.5	60.3
2007	19.0	22.1	58.9
2008	19.0	22.7	58.3
2009	18.3	21.2	60.5
2010	18.4	21.2	60.4
2011	19.2	20.0	60.8
2012	19.2	20.6	60.2
2013	18.9	19.8	61.3
2014	18.9	20.5	60.6

续表

年份	政府	企业	居民
2015	18.6	19.8	61.6
2016	18.9	19.0	62.1

资料来源：中国统计年鉴的资金流量表。

第一阶段：改革初期至1995年。此阶段，由于政府由之前的计划经济向市场经济过渡，政府对收入分配影响的主要领域是国有经济部门，财政转移性支出调控的力度很小，初次分配与再分配后居民收入变化不大。这一阶段的主要特点是由原来政府可支配收入占国民可支配收入偏高的比例急速下降，由于国有制企业的改制，企业可支配收入比重也稍有下调，而国民可支配收入比重持续上升。

第二阶段：1996—2008年。宏观收入分配继续向政府和企业倾斜，而居民收入比重急剧下降。政府可支配收入比例从1996年的14.6%上升到2008年的19.0%。提高政府可支配收入的比例，是与当时期的财税体制改革有关，通过改进税收征管水平和优化部分税种的税率使得财政收入大幅提升，从而政府可支配收入也提高。同时期经济增长率进一步上升，企业可支配收入从1996年的15.3%上升到2008年的22.7%。随着国有企业改革的深入和非公有制企业的快速发展，企业盈利能力显著提高，因此企业经济效益显著提高，企业可支配收入占比显著提高。相应地，国民可支配收入比重从1996年的70.1%迅速下降到2008年的58.3%，下降11.8个百分点，年均下降0.98个百分点。总体来看，经济的发展带动了企业的发展，但是国民收入的比重不高，居民总体收入不是很乐观。

第三阶段：2009年至今。此阶段，三者收入分配关系发生了新的变化，突出表现为政府可支配收入和企业可支配收入比重整体上处于稳定，但是比重略有所下降，两者的下降带来的是居民可支配收入比重有所上升。2016年，政府可支配收入比重为18.9%，比2009年上升了0.6个百分点；企业可支配收入比重为19.0%，比 2009 年下降了 2.2 个百分点；居民可支配收入比重为 62.1%，比 2009 年上升了 1.6 个百分点，平均每年上升 0.2 个百分点。可见，国民收入分配的格局中开始向居民分配倾斜了。

对居民可支配收入与初次分配收入相比（见表 2－3），政府在收入分配中总体上处于有利的地位，具体表现为政府可支配收入占国民可支配总收入的比重大于政府初次分配收入占国民收入的比重，这与政府在市场中的关系是一致的，政府通过取得初次收入分配的结果，一方面用于公共管理的需要，另一方面根据其特殊地位发挥出再分配的作用；企业在再分配过程中一直处于净损失地位；而居民在 2001 年以前处于净得益地位，此后净得益逐渐缩小，2002—2010 年居民已由再分配中的净得益方变为净损失方。因此，收入再分配过程中一直存在着向政府倾斜的现象，这主要是由于我国是政府主导经济投资增长从而要求政府的财权不断扩大，也说明居民从政府取得的转移性收入要少于向政府交纳的所得税和社会保险收入。但是国家对政府财政的倾斜，随着财政实力的增强同时又通过财政转移性支出补偿给居民，因此居民的可支配收入在不断增加，同时，居民的收入份额也随着经济的发展在增强。

表 2－3　可支配总收入与初次分配总收入结构之差（%）

年份	政府	企业	居民
1978	0.10	－0.30	0.20
1988	0.00	－0.20	0.20
1990	0.10	－0.20	0.10
1992	1.92	－4.57	2.56
1993	1.57	－3.87	2.29
1994	1.26	－3.25	1.99
1995	1.74	－3.56	1.82
1996	1.79	－3.60	1.81
1997	1.77	－4.14	2.36

续表

年份	政府	企业	居民
1998	1.31	-3.05	1.74
1999	1.07	-1.57	0.50
2000	1.40	-1.78	0.38
2001	2.33	-2.47	0.14
2002	2.29	-2.23	-0.06
2003	2.46	-2.34	-0.12
2004	2.69	-2.61	-0.09
2005	3.35	-2.92	-0.43
2006	3.68	-3.20	-0.48
2007	4.27	-3.56	-0.72
2008	4.25	-3.86	-0.38
2009	3.70	-3.54	-0.26
2010	3.42	-3.32	-0.10
2011	3.81	-3.92	0.11
2012	3.70	-4.10	0.40
2013	3.70	-4.30	0.60
2014	3.70	-4.20	0.50
2015	3.70	-4.40	0.70
2016	2.90	-4.00	1.1

数据来源：中国财政年鉴。

第二节　我国财政转移性支出的规模及结构分析

一、我国财政转移性支出的总体规模分析

我国财政转移性支出因其无偿性的特性，其在我国财政总支出

平均占比为20%左右，所占比例不及购买性支出，数据来自《中国财政年鉴》。通过测算得出，财政转移性支出在我国的每个阶段随着经济社会的发展阶段不同，占比也不尽相同。

通过对表2－4数据的分析可以清楚地表明，总体上转移支出占财政支出的比例波动上升，仅在1996—2000年有所下降，但随后又恢复了上升趋势（见表2－4）。由此可以说明，一方面，我国财政转移性支出随着我国经济体制和经济发展背景，不同阶段支出的总量不一致，并未呈直线上升的趋势；另一方面，购买性支出的比重不断下降，而转移性支出的比重不断上升，两者是此消彼长的关系，整体上构成财政体制的一种平衡关系。从表2－4提供的数据分析可以看出，随着我国市场经济的发展，财政支出逐渐退出一般领域和竞争领域，财政支出的重心已经转移到农业、科技、教育和医疗。公共物品和公共服务提供的重点是卫生、就业、社会保障和环境保护。因此，转移性支出的比例不断增加，占财政总支出的比重不断提高。财政政策应注重通过不同的支出方式调节宏观经济，如购买性支出方式影响总需求，转移性支出方式影响收入分配。

表2－4　　财政转移性支出与购买性支出所占比例

年份	财政总支出（亿元）	购买性支出所占百分比（%）	转移性支出所占百分比（%）
1976—1980	5311.0	93.28	6.24
1981—1985	7712.5	75.77	24.23
1986—1990	13334.5	65.22	34.78
1991—1995	26791.4	75.52	24.48
1996—2000	57043.5	74.67	26.33
2001—2005	128022.9	82.40	17.60
2006—2010	318970.83	81.82	18.18
2011—2015	703076.01	81.67	18.33

资料来源：中国统计年鉴。

本书以北京市为例，依据政府信息公开申请，收集到北京市财政转移性支出的数据，包括社会保障和财政补贴两部分的内容。根据研究的需要，北京市社会保障的数据是2007—2017年社会保障和就业支出中的财政拨款收入，即财政资金用于社会保障和就业支出（社会保障和就业的收入包括基金收入和财政拨款收入两部分，申请的数据是财政拨款收入这部分）。北京市财政补贴支出，根据研究的需要，主要是居民补贴，即财政对家庭和个人的补助。北京市财政局年度决算表按照预决算的编制要求，从2016年起开始编制，因此数据局限于2015—2017年（见表2-5和图2-1）。

表2-5　北京市财政转移性支出数据　单位：万元

年份	社会保障和就业支出	同比增长率	年均增长率	居民补贴	同比增长率	年均增长率
2007	1792.806			\	\	
2008	2093.285	0.17		\	\	
2009	2342.924	0.12		\	\	
2010	2758.992	0.18		\	\	
2011	3548.827	0.29		\	\	
2012	4243.122	0.20	0.16	\	\	-0.016
2013	4691.317	0.11		\	\	
2014	5090.079	0.09		\	\	
2015	7004.823	0.38		6737.974	\	
2016	7162.056	0.02		6390.878	-0.052	
2017	7953.805	0.11		6532.432	0.022	

数据来源：中国统计年鉴。

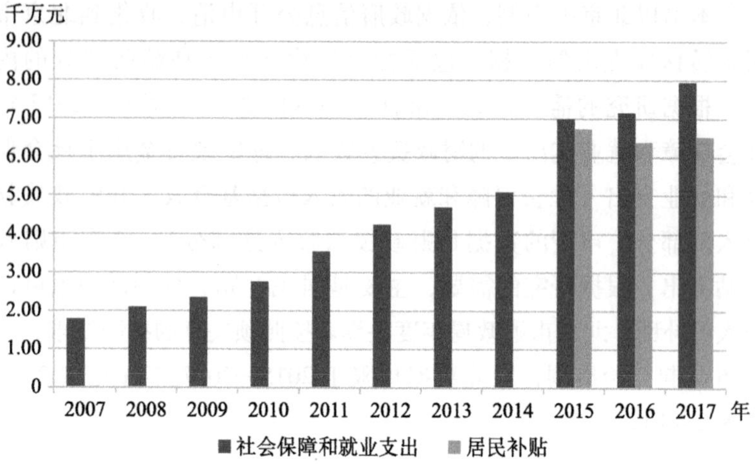

图 2－1　北京市社会保障和就业支出与财政补贴

从表 2－5 可以看出，北京市社会保障和就业支出中的财政拨款收入每年都在稳定增长，从 2007 年的 1792.806 万元增长到 2017 年的 7953.805 万元，增长近 4 倍，年平均增长率为 16%。北京市财政补贴的数据分为物价补贴、居民生活补贴、企业亏损补贴、财政贴息、税收补贴等。为了研究的需要，本次申请的数据是居民生活补贴。而北京市财政补贴的决算数据是从 2016 年开始编制，因此只有近三年的数据。财政补贴的数据与社会保障和就业支出的数据成反比趋势，每年的总量都在微减，年平均增长率呈现的是负值为 －1.6%，递减的速度不快，总量保持稳定。可以看出，地方政府财政转移性支出的总体数据每年都在增长，社会保障的财政支出随着经济的发展，保持稳定增长的状态，而财政补贴的数据相反每年有增或有减，根据地方政府经济的发展适宜补贴。

我国财政转移性支出的结构随着经济的发展一直在变化，但与我国的经济发展程度进行合理性比较，发现我国财政支出中政府自身的消费量过大，而转移性支出，特别是社会保障、社会福利支出跟发达国家相比明显不足。因此，我国财政支出未能很好地体现其公共性，这正是现代公共财政制度的基本要求。

二、我国财政转移性支出的结构分析

财政转移性支出进行结构分解，可分为社会保障支出和财政补贴支出。

（一）我国财政社会保障支出体系建设

从表2-6可以得知，我国财政对社会保障支出的总额每年都在增加，从2010年的9130.6亿元增长到2017年的24612.0亿元，8年间增长了2.7倍。财政社会保障支出占公共财政支出的比重平均保持在12%，从2010年的10.16%到2017年的12.10%，增长了约2个百分点，每年都在增长但是增速不是很快。一方面说明财政对社会保障支出的总额随着我国财政支出总额的增长也随之增长；另一方面财政对社会保障支出的总额增长速度高于财政社会保障支出占公共财政支出的比重的增速，说明我国财政对社会保障支出的地位一直没有变，保持在一个稳定的地位。

表2-6　　我国财政对社会保障支出的总额

项目	2010年	2011年	2012年	2013年	2014年	2015年	2016年	2017年
财政社会保障支出（亿元）	9130.6	11109.4	12585.5	14490.5	15968.6	19018.7	21591.0	24612.0
占公共财政支出的比重（%）	10.16	10.17	9.99	10.33	10.52	10.80	11.50	12.10

数据来源：中国统计年鉴。

我国财政一直重视对社会保障体系进一步健全的工作，财政对社会保障支出的资金包括企业职工基本养老保险、城乡居民基本养老保险、职工基本医疗保险、居民基本医疗保险基金、工伤保险基金、失业保险基金和生育保险基金七部分。自2009年起，在部分县（市、区、旗）开展新型农村社会养老保险试点，以下简称“新农保”，并逐步扩大试点范围。自2011年7月1日起，开展城镇居民社会养老试点，以下简称“城居保”。2012年，基本实现新农保和城居保两项制度覆盖。2014年，将新农保和城居保两项制度合并实施，在全国范围内建立了统一的城乡居民财政转移性支出。2014年10月，实施了机关事业单位财政转移性支出改革。通过上述政策，社会保障政策已全面实现，基本形成覆盖各类群体、满足各种需求的社会保障体系。社会保障水平明显提高，与经济社会发展阶段基本适应。社会保障体系的完善为促进社会和谐，维护收入分配稳定大局发挥了重要作用。

从表2－7和图2－2可知，2005—2017年，各项保险基金比例都呈上升趋势，以企业职工基本养老保险为例，近十年间以8倍左右速度增长，2014年因经济形势和相关制度改革要求，稍有回落，但在下一年迅速回升。企业职工基本养老保险在社会保障资金中占据很大比例。工伤保险，失业保险和生育保险所占份额也在2011年之后有很大突破。

表2－7　　　　我国社会保障资金构成　　　　单位：亿元

年份	企业职工基本养老保险	城乡居民基本养老保险	职工基本医疗保险	居民基本医疗保险基金	工伤保险基金	失业保险基金	生育保险基金
2017	4955.130	2319.190	103.530	4918.680	11.340	100.230	43.660
2016	4290.866	2092.087	75.053	4611.554	12.527	0.018	6.339
2015	3893.000	2044.000	66.418	4213.000	12.769	0.020	6.083
2014	4547.270	1661.210	390.360	3634.160	48.180	94.920	23.770
2013	4063.691	1541.011	341.522	3187.860	42.375	87.889	19.596
2012	3273.000	1356.000	322.000	2659.000	34.000	58.000	12.000

续表

年份	企业职工基本养老保险	城乡居民基本养老保险	职工基本医疗保险	居民基本医疗保险基金	工伤保险基金	失业保险基金	生育保险基金
2011	2750.420	910.067	259.677	2127.200	30.088	47.154	8.633
2010	2190.000	—	217.000	—	12.000	30.000	11.710
2009	1871.795	—	188.696	—	10.084	27.027	9.678
2008	1453.256	—	14.192	—	5.518	4.626	2.065
2007	1177.679	—	10.892	—	4.216	3.730	1.519
2006	948.212	—	8.597	—	3.102	3.175	1.129
2005	648.155	—	6.665	—	2.222	12.171	8.902

数据来源：中国统计年鉴。

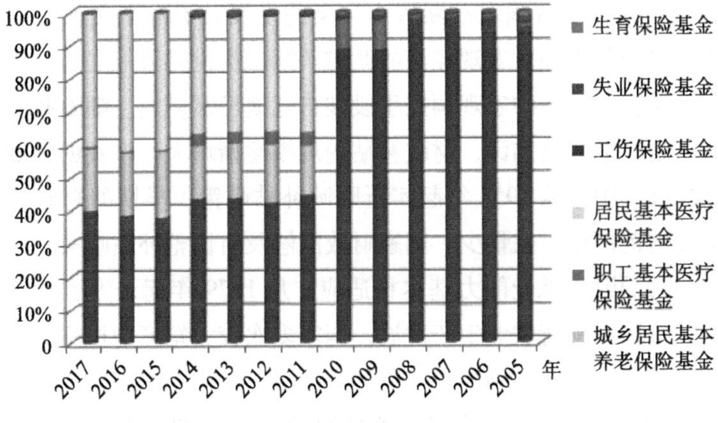

图 2－2　各项保险基金所占比例柱状图

财政部公布的 2018 年数据显示，全国财政社会保障和就业累计支出 16482.18 亿元，具体支出情况是：财政对基本养老保险基金补助支出 6416.86 亿元，比上年同期增长 12.7%。企业职工基本养老保险补助资金 4330.51 亿元、城乡居民基本养老保险补助资金 1137.69 亿元。行政事业单位离退休支出 4736.88 亿元，比上年同期增长15.2%。就业补助支出407.47亿元，比上年同期下降7.8%。最低生活保障支出865.1亿元，比上年同期下降6.4%。拨付困难群众救助补助资金1400.9亿元，支持各地统筹用于最低生活保障等五个支出方向。退役安置支出345.32亿元，比上年同期增长5.6%。[①] 从社会保障的具体结构来看，除了就业补助支出和最低生活保障支出略有下降，财政对社会保障的其他支出每年都是上升，因此社会保障制度对于财政补助资金的依赖程度比较高。

（二）不断改进的财政补贴政策

1. 财政补贴政策

财政补贴是政府向企业和个人无偿转移财政资源的经济行为。由于早期资本主义国家政府一般不去主动影响企业和个人的经济活动以及市场机制的运行，财政补贴手段只被偶然且小规模地使用。20世纪以来，随着国家垄断资本主义的发展，资本主义国家的政府逐渐参与并加强对宏观经济的调控。第二次世界大战之后，包括财政补贴在内的各种宏观调控手段被自觉地经常使用。随着政府干预经济运行的程度加深，财政补贴的规模逐渐增大，涉及的领域也逐渐扩展。中国从1953年起实行财政补贴政策。早期的财政补贴政策实施范围小、数量少，国家财政能够及时调整补贴政策，使补贴与当时的财政承受能力基本相适应。从1979年起，为了改革不合理的价格和支持农业生产发展，国家多次较大幅度地提高了农产品收购价格，但考虑到稳定人民群众生活，对主要农产品的销售实行了“价格基本稳定，购销价差由财政补贴”的政策，同时，对一些与人民日常生活相关的工业消费品以及煤炭石油等基础工业产品也实行了亏损补贴政策，致使财政补贴总额猛增。1978—1989年，国家财政负担的价格补贴和企业政策性亏损补贴由135.99亿

---

① 曾金华. 上半年财政社保和就业支出增长11.3%［N］. 经济日报，2018-09-05（004）.

元增加到972.43亿元，增长了6.2倍，平均每年递增19.6%，明显快于同期财政收入只增长1.5倍、年平均增长8.6%的速度。中国国家预算中对财政补贴在预算收支两方面均列有类级科目。收入中列有“国营企业计划亏损补贴”，即通过收入退库形式拨补由于价格因素造成的政策性企业亏损。其中主要有工业、商业、粮食、邮电、农牧等各类企业的计划亏损。在支出中列有“价格补贴支出”，包括粮油加价款、农业生产资料价格补贴、市镇居民的肉食价格补贴等20多个款项。在各类事业行政经费支出科目中，还列有给职工的主要副食品价格补贴等各项支出。此外，在其他支出类中还列有财政贴息支出。①

据政策性补贴支出年度统计表可得，1990—2006年其波动在299.3亿—1042.3亿元，波峰与波谷间隔近3.5倍。最低值出现在1993年的299.3亿元，最高值则是2000年的1042.3亿元。据此可看出财政补贴支出金额也依据不同年份的经济发展水平和政策不同而参差不齐。但以2000年为分界点，2000年之前近10年的补贴金额及增幅明显低于2000年之后的6年，总体上呈上升趋势（见图2－3）。

我国财政补贴的政策是随着时代的变迁而不断的变化，对居民的财政补贴一直都有，但并不是直接补贴到居民个人的。如2019年出台的《我国调整新能源汽车财政补贴政策》，对补贴标准做了新的规定。虽然是对新能源汽车的财政补贴，但是很多居民对此非常关注。因为居民的财政补贴都是依托相关的政策补贴到个人的。

通过对2015—2017年这三年中央财政支出对个人和家庭的补助金额表2－8分析，财政补贴的数额是逐年增多。其中退休费和相关住房补贴占比明显，助学金上涨幅度最大，救济费同其他的科目相比所占比例小且逐年下降，占总比例的1‰。从决算数执行的

① 财政补贴－商务百科　来源于网络（http：//baike. aliqq. c）.

情况来看，财政补助的金额往往是超过预算数的。可以看出，现实中对财政补贴的需求较大，而财政在这方面的转移性支出也是竭尽全力。改革开发后中国经济正在迅猛发展，从解决温饱满足基本生活需要上升到对美好生活的需要，在满足物质需要的同时加强精神需求，因此财政对个人和家庭的补贴尤其重要，是提升整体人民生活品质重要的环节（见表2－8）。

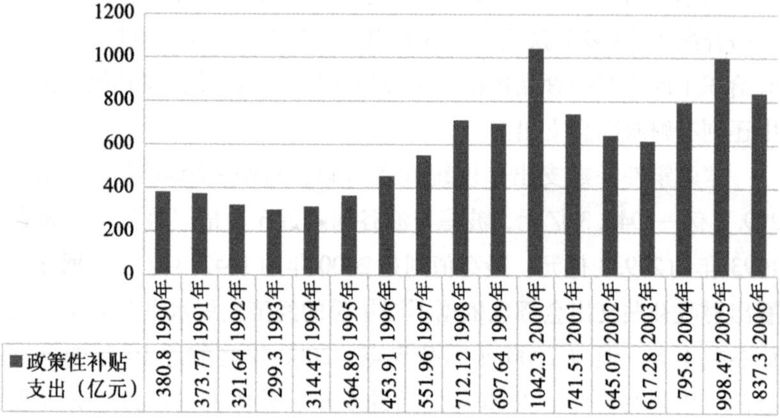

图2－3　政策性补贴支出年度统计

表2－8　　中央财政基本支出对个人和家庭的补助　　单位：万元

项目	决算数			决算数为预算数的%		
	2015年	2016年	2017年	2015年	2016年	2017年
对个人和家庭的补助	2264.38	2663.57	2490.52	103.10%	102.10%	83.9%
其中：离休费	151.97	97.89	115.87	164.50%	105.00%	104.2%
退休费	524.56	549.93	751.10	135.40%	109.20%	114.6%
退职（役）费	172.28	214.31	248.79	87.80%	107.90%	100.5%
抚恤金	29.07	30.88	33.29	110.70%	113.50%	113.2%
生活补助	11.73	7.97	10.72	100.40%	94.40%	80.6%
救济费	1.38	1.31	1.13	104.50%	118.00%	111.0%

续表

项目	决算数			决算数为预算数的%		
	2015 年	2016 年	2017 年	2015 年	2016 年	2017 年
医疗费	29.37	29.84	32.12	137.30%	129.00%	125.3%
助学金	37.93	124.30	124.75	76.40%	104.40%	103.8%
奖励金	4.09	4.49	2.00	584.30%	176.80%	173.9%
住房公积金	145.68	179.11	193.21	104.90%	103.60%	101.9%
提租补贴	7.51	7.97	8.29	120.20%	124.70%	126.4%
购房补贴	77.74	97.20	107.16	91.70%	88.50%	97.8%
采暖补贴	2.20	9.38	12.02	\	117.10%	114.6%
物业服务补贴	1.81	7.13	10.24	\	122.90%	141.8%
其他对个人和家庭的补助	1067.09	1301.81	839.83	90.50%	97.90%	58.3%

数据来源：中国财政年鉴。

2. 社会保障的财政补贴性质

首先，与普惠制财政补贴相比，财政转移支出中对某些特殊群体的补贴机制的再分配效应更为明显。例如，为了缩小职工与事业单位之间的养老金缺口，国家连续 15 年提高了离退休职工的养老金。适当提高企业退休群体的工资水平，并向基本养老金较低的军队离退休干部补贴。这种形式的补贴缩小了高收入者和低收入者之间的收入差距，实现了正向再分配。

其次，对于特殊工种的提前退休制度，特殊工种的收入水平普遍较低。由于长期繁重的体力劳动，健康状况不容乐观，容易因病致贫。允许这些雇员中的一些人提前退休实际上是一种补贴，用于将养老基金转移给低收入者。

三、财政转移性支出存在的主要问题分析

（一）财政转移性支出对收入分配格局的影响

随着收入分配制度改革的不断深化，财政转移支出继续发挥再

分配的调节能力，这与当前政府、企业和居民合理的收入分配格局密切相关，总体上有利于效率提高、经济发展和社会进步。具体表现在三大方面：一是增强了政府调控能力。在建立和完善社会主义市场经济体制的过程中，保持政府财政转移支出的适当份额，是克服市场失灵、加强宏观调控、支持社会主义市场经济发展的内在要求，对低收入群体的扶持有利于社会稳定。二是财政转移支出促进了企业的自我发展，进而促进了经济增长，形成了扩大再生产的良性机制。企业不断扩大生产，是保持我国经济持续、快速、健康发展的主要动力。三是转移支出提高了劳动生产率，促进了经济发展。在市场经济条件下，以按劳分配为主体、多种分配方式并存的收入分配制度正在逐步形成居民收入渠道的增多和收入水平的快速增长。转移性支出更是使居民的收入水平进一步提升，同时也表明随着市场经济的成熟，转移性支出的比例用在居民份额上越来越重。

通过前文的数据分析，1996—2008 年，国民收入分配明显向政府和企业倾斜，居民可支配收入占比持续下滑。从 2009 年开始，宏观收入分配格局出现了积极变化，突出表现为财政转移性支出的上升，国民可支配收入占比止跌回升。但财政转移性支出对收入分配的影响仍然存在着不少问题，主要表现为：（1）我国国民可支配收入占国民可支配总收入的比重下降趋势这对扩大居民消费需求产生负面影响。国民可支配收入低代表居民可支配收入低，低收入群体扩大，制约了市场开拓和消费需求扩大，影响了国民经济的良性循环。（2）收入初次分配和再分配过程中存在明显向政府倾斜的趋势。近年来，政府在经常转移净收入中获得的收入税和社会保险缴款等转移收入增长远快于社会补助等转移支出，导致政府经常转移净收入占国民可支配总收入比重持续上升。① 出现这种现象的

① 信卫平. 促进民富国强的思考——基于提高劳动报酬的视角［J］. 江汉论坛，2010（09）：26－29.

直接原因是：我国财税体制不完善，主要以生产税特别是增值税为主，居民直接税比重高，间接税负担低，居民表面上财政负担不重，对居民的转移性收入也不高，政府过度注重经济的发展。而政府财政收入的快速增长在一定程度上挤压了居民收入增长的空间。(3) 政府再分配调节力度不够。目前，虽然我国已初步建立覆盖城乡居民的社会保障体系，但社会保障覆盖面和保障水平不够。因此居民仍要考虑医疗养老金、教育等方面的支出，造成居民储蓄动机增强，影响了居民当前的消费增长。

(二) 财政转移性支出发挥分配职能存在的问题

第一是公平性问题。我国财政转移性支出水平首先从总量上转移性总支出在 GDP 中所占的比重不高，同发达国家相比，我国财政转移性支出的总量明显不够。其次发现我国财政转移性支出结构分布不合理：一是城乡差距大，城乡间财政转移性支出的资金也存在较大的差距；二是东部、中部和西部的财政转移性支出存在较大差距。财政资源发展中存在着不平衡的趋势，部分发达地区聚集了优良的财政资金。因此，我国财政转移性支出因其总量和结构上的差异，在发挥再分配职能时难以兼顾全面的公平。

第二是效率性问题。财政转移性支出受到经济发展水平、城镇化水平以及财政分权等因素的制约，其发挥再分配的效率会受到影响。如社会保障制度再分配效果越好，缴费率、缴费基数和缴费上下限的设定，取决于当前经济发展状况和参保人的承受能力。[①] 财政转移性支出再分配效应会受到通货膨胀的影响，通常是负向影响。如果财政转移性支出不能跟随物价调整，就会产生退休人群和工作人群的逆向再分配。

第三是可持续性问题。在财政转移支出的实际运行中，仍有许多具体因素会对再分配效应产生影响。例如，如果财政转移支出资

① 申小菊．我国城镇养老保险再分配效应研究［D］．首都经济贸易大学，2016.

金是从低收入群体中筹集的，即使是分配给低收入群体，也不会起到调节收入差距的作用；财政转移支出率过高，将对劳动力市场产生扭曲效应。此外，如果允许地方政府自行决定财政转移支出的比例，是否会导致居民取得财政转移收入地区间的差距进一步加大。因此，只有形成财政转移性支出政策的制度化，在转移性支出的收付、补助和待遇分配形成一个有效、良好的运行机制，才能有效地发挥再分配效应。我国财政转移性支出制度的建设应该与我国财政预算体制建设同步化，财政的可持续性一直是一个值得研究的问题。

第三章

我国居民收入分配的现状分析

福利经济学家阿特金森曾说“没有任何一个问题比收入分配更令人感兴趣，但也没有任何一个经济问题像收入分配一样那么缺少科学研究”。很显然，收入贫富差距过大容易造成社会的不稳定，而收入分配过于均衡不利于调动劳动者积极性。为了研究一个给定国家的居民收入分配的现状，一些衡量不同福利或者收入差距的指数是必需的。① 本部分的内容先是科学考察了如何判定居民收入公平分配，利用大量数据分析了我国居民收入分配的现状，最后提出了我国财政转移性支出在居民收入再分配调控中存在的问题。

第一节 我国居民收入公平分配程度的测量

一、洛伦兹曲线与基尼系数的选取

（一）洛伦兹曲线

1907 年，美国著名统计学家洛伦兹率在对国家居民收入配置问题进行研究的过程中，提出了洛伦兹曲线。详情见图 3－1。其中，横轴 *OH* 表示人均收入的叠加后的百分比，按照由低至高的收

---

① 史晨昱，阿特金森．把社会价值引入对分配的度量［N］．上海证券报，2007－06－18（010）．

入顺序排列，纵轴 OM 为叠加后的国民收入的百分比之和，弧线 OL 表示洛伦兹曲线，用来描述是国民收入百分比与收入人群由低至高累计百分比之的相关性。观察图中的曲线变化可以发现：若 OL 的状态为对角线，则表明国民收入配置达到了绝对公平的状态，即对应比例的收入与对应比例的人口达到一致，如从国民收入50%中获得收入分配的人口数量占到国民人数的50%，即可认定收入分配达到了均衡。如果 OL 对角线的偏离越大，收入分配的不公平程度会随之变大。

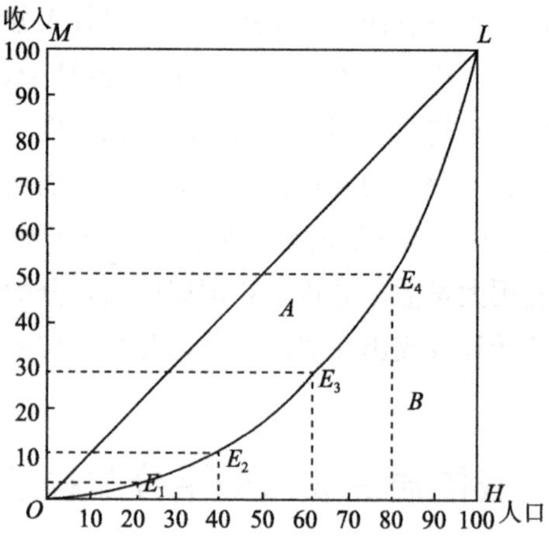

图 3-1　洛伦兹曲线图

（二）基尼系数（Gini coefficient）的构建与计算

Gini 是意大利著名经济学家，他分别在 1912 年、1914 年、1922 年多次对收入分配差异程度问题进行了研究，给出了能够准确反映现实问题的差异性指标，而学术界将其称之为基尼系数。基尼系数是反映收入分配差异的主要指标即全部居民收入中用于不平均分配的百分比。基尼系数最小等于 0，表示收入分配绝对平均，这种情况下的洛伦兹曲线会呈现出直线状态，即 OL 直线；最大系数越接近 1，则收入分配的不公平性就越大，洛伦兹曲线在这种情

况下会呈现出 OM 折线状态；真实情况下的基尼系数大于 0 且小于 1。基尼系数值越大，则收入分配的公平性越低；基尼系数值越小，则表明收入分配的公平性越高。

基尼系数的描述方面，使用较多的方法为：

1. 几何描述法

观察图中面积 A、B 相加后的和与面积 A 之间的比例后，我们可以采用 $G=\frac{A}{A+B}$来描述对比的结果。如果收入分布呈现出离散状态，则应当将其描述为 $G=\frac{n}{n+1}-\frac{2}{(n^2)\cdot\mu y}\sum_{n=1}^{i}(n+1-i)\cdot yi$。1974 年，美国学者 Fei 和 Rains 与 Fei、Rains 和 Ku 运用 $G=\frac{2}{n}\mu y-\frac{n+1}{n}$，对基尼系数的计算过程进行了描述。

2. 平均方差法

一是在收入分散的条件下，基尼系数的计算公式为：

$$G=\frac{1}{\mu y\times n^2}\sum_{i=1}^{n}\sum_{j\leqslant 1}(yi-yj)=\frac{1}{\mu y\times n^2}\sum_{i=1}^{n}(i\cdot yi-\sum_{j=1}^{1}yj)$$

二是在收入连续分布的情况下，该公式表示为：

$$G=1-\frac{1}{\mu y}\int_{1}^{b}[1-F(y)]^2dy$$

平均方差法与几何法相同的是，该公式的计算同样很烦琐，因此在经济分析中应用性不大。

3. 协方差法

首先，如离散分布的条件得到满足，即可采用以下公式对基尼系数进行求解。

$$G=\frac{2\mathrm{cov}(yi,i)}{n\mu y}=\frac{2}{\mu y\cdot n^2}\sum_{i=1}^{n}i\cdot yi-\frac{n+1}{2}$$

其次，当收入分布存在较强的连续性，可以将该公式简化为：

$$G = \frac{2\text{cov}[y, F(y2)]}{\mu y} = \frac{2\text{cov}[y, F(y)]}{\mu y}$$

这种简化过程可以在计算机上完成，能够有效提高计算的效率，在经济分析过程中具有良好的效用。

4. 矩阵法

Silber 和 Pyatt（1976）通过构建矩阵分析模型对基尼系数的现实意义进行了描述：

$$G = \left[\frac{1}{n}\frac{1}{n}\frac{1}{n}\cdots\frac{1}{n}\right]\begin{matrix} 0 & -1 & -1 & \cdots & -1 \\ 1 & 0 & -1 & \cdots & -1 \\ 1 & 1 & 0 & \cdots & -1 \\ \cdots & \cdots & \cdots & \cdots & \cdots \\ 1 & 1 & 1 & \cdots & 0 \end{matrix}\begin{bmatrix} L1 \\ L2 \\ L3 \\ \cdots \\ Ln \end{bmatrix}$$

式中：G 是一个 $n \cdot n$ 矩阵，对于分量 Gij，如果 $i<j$，其值为 -1，如果 $j<i$，则表明基尼系数等于 1，若 $j=i$，则表明基尼系数值等于 0；如果 L 中集成了 n 个维度序列的向量参数，则其中包含的分量 L 即可被描述为第 i 个居民在国民总收入中所占的比重，并产生 $L1 \geqslant L2 \geqslant L3 \geqslant \cdots \geqslant Ln$，的收入分配排序，而排序的规则主要是按照由高至低的顺序依次进行。

5. 基尼系数的福利经济学表达式

Atkinson 和 Koml，以及众多经济学家在计算基尼系数的过程中引入了大量的社会福利内涵，以最大化平均分配后产生的平均收入 $EDEI$ 对基尼系数的内涵进行了定义。从而得出了更加简洁的基尼系数表达公式：

$$G = 1 - \frac{EDEI}{\mu y}$$

从式中可以看出：G 值的选取范围大于 0 但小于 1，当 $EDEI$ 与 μy 相等，则表明 G 与 0 相等，反映出国民的收入非常平等；当 $EDEI$ 小于 μy，那么 G 会大于 0，表明国民收入存在差异，但不平等的程度非常有限，当 G 值变大时，国民收入的不平等问题随之产生。按照这种思路对该公式进行补充后可以得出：

$$G = 1 - \frac{1}{\mu y \cdot n^2} \sum_{i=1}^{n} (2n - 2i + 1) \cdot yi$$

该公式能够详尽的阐述基尼系数相关的社会福利配置结构。当 G 值为 0.4 时，意味着收入差距的存在导致整个社会的福利水平在与社会总收入中所占的比重仅为 60%，这也进一步表明在收入分配较为公平的情况下，如果收入分布状态对应的基尼系数值较低，说明人们从社会福利中获得的福利要显著大于基尼系数中的最高收入。

因为基尼系数主要是通过一个数字的变化来描述收入差别的形成结构，从而成为多个国家在优化收入分配常用的指标依据。例如，世界银行在较早时期对多个国家的基尼系数进行了测算，并通过对不同国家基尼系数的对比分析来探讨收入差距的相关因素。我国经济在不断发展的同时，国民收入差距不断扩大，并在最近几年呈现出两极化的发展趋势，我国学者为找出这种现象的形成原因，开始运用基尼系数来研究我国居民收入的分配结构。

国内学者在运用基尼系数进行收入差距问题研究时，首先开展了以下研究：第一，基尼系数的计算方法。2006 年，陈奇志和陈家鼎对国内外现有文献中基尼系数的概念定义进行了研究，发现大部分文献对基尼系数的定义较为狭窄，使基尼系数的内涵无法被完整的解读，为改善这一问题，他们对洛伦兹曲线、基尼系数进行了重新定义，并通过大量的实证研究对基尼系数与洛伦兹曲线之间的相关性进行了探讨，发现两者在相同样本数据的支持下，表达的概念高度一致。此外，他们还在假定条件得到简化的情况下，对居民收入结构发生改变后的基尼系数值进行了计算，并有力说明了政府制定的财政政策在基尼系数的调节方面具有较强的适用性，因为财政政策能够有效缓解贫富差距问题，使居民的收入差距缩小。第二，基尼系数在我国的实践研究。在该方面，学者提出了三种观点，具体为：一是基尼系数有自身的缺陷，我国的收入分配公平度衡量采用基尼系数意义不大；二是认为基尼系数可以用于中国现实的研究，测量后对我国及部分地区的收入分配情况进行分析；三是以上两种观点都存在，但产生的效果并没有那么显著。其次，基尼系数不能够作为居民收入公平分配的最佳评估指标，但贫富差距较大必定会引发居民的收入不平等问题，而基尼系数的相关概念在收入差距问题的验证与求解方面具有较强的参考作用。由于基尼系数是一个综合度较高的收入分配状况指数，可以对总收入和分项收入进行分解分析，因此要根据具体情况进行具体分析。

二、我国学者对基尼系数的客观描述及拓展

我国学者徐宽（2003）在研究国外基尼系数发展历程的同时，对基尼系数的相关概念进行了分析，对基尼系数在不同收入结构中的描述方法进行了综述，例如，几何描述法、平均化插值法、斜方差描述法、矩阵描述法等。同时，他们还对基尼系数所包含的社会福利含义、收入渠道、收入群体、收入模式等进行了分解，详细阐述了基尼系数在收入不均衡问题优化方面产生的作用，这为本书的研究方向提供了重要的指引。熊俊（2003）首先对目前使用较为广泛的基尼系数估算方法的计算步骤进行了总结，最终发现了不同方法在计算方面存在的误差范围以及可控的程度，从而得出了这些基尼系数估算方法的最佳选择路径。胡祖光（2004）在研究中得出的结论，对我国城乡一体化发展中的基尼系数测算与相关性因素分析提供了有效的参考，并为城乡居民收入差距的基尼系数测算提供了新的思路与方法。谢萌和丁勇（2004）通过对不同基尼系数计算方法的对比分析，发现几何计算法在该方面具有极高的效用，不仅计算的步骤较少，还具备较高的准确性；平均差求解法为协方差法的应用提供了理论基础，不但可以准确的反映出收入分配不均

衡的程度，还能实现对各种收入分配问题、收入平衡程度、收入结构问题等方面的解析；协方差法是目前在收入分配问题的求解方面最简便的计算方法；矩阵法虽然不能直接实现对基尼系数的描述，但能够有效简化基尼系数的分解步骤。徐万坪（2004）通过对基尼系数计算方法的研究，发现基尼系数在应用的过程中必须考虑两种关系：一是个体收入与累计性收入之间的相关性。二是个体收入与家庭收入之间的相关性。宋青梅和梁纪尧（2007）通过对各种基尼系数估算方法的论述，发现基尼系数的估算方法选择必须以确保估算的科学性、合理性为原则。洪兴建（2008）在《基尼系数理论研究》一文中，对基尼系数的性质描述、数值计算、含义分解，以及收入差距问题等方面的应用规则进行了阐述，并对基尼系数的相关理论进行了深入的研究，这为其他学者对基尼系数适用性的论证提供了重要的指导。洪兴建和何帮强（2016）在大量实证研究中对基尼系数计算方法与分解方法进行了总结，解读了基尼系数研究在最近几年获得的理论成果，如基尼系数计算步骤、基尼系数分解原则、基尼系数的描述、基尼系数中包含的深层含义，以及基尼系数的未来优化方向与实践的效用。

三、基尼系数在中国的应用

结合国外的研究，我国基尼系数最早的测算是分城乡分开计算的。如最早进行理论研究的学者李金昌和洪兴建（2005）指出：在基尼系数测量方面，我国统计部门应当将国家统计局发布的数据作为主要的计算依据，并提出计算基尼系数应首选离散方法，数据分组对真实基尼系数的影响不容忽视，应以家庭为单位的人均收入作为计算基尼系数的对象。曾宪初（2007）认为：首先进行区别然后再加权不仅会导致算法失去准确性，还会使计算的流程变得更加复杂。这种算法规则下我国不同地区的统计数据会被分割开来，得出的运算结果与基尼系数的原则相悖。如果将这种算法作为主流的运算规则，必定会导致我国基尼系数存在严重的错误。习明和洪兴建（2007）对基尼系数的协方差公式计算规则进行了分析，发现该公式与Excel进行组合使用会产生更高的效率。同时，他们还利用这种运算规则对2003—2004年的国内居民收入结构进行了测算，并提出了我国基尼指数的最佳参数。郭平（2009）基于基尼系数理论，对经济的关键平均增长节点进行了阐述。他认为基尼系数线达到均衡的状态下，收入的平均增长点横向坐标数值会随之变大，代表的收入分配将更加均衡。同时，他还通过对我国多个城镇居民收入分配状况的实证研究，对基尼系数平均增长点在实践应用中的有效性进行了论证。张学新和徐映梅（2011）在研究我国1978—2007年的居民平均可支配收入数据的过程中，运用主流基尼系数运算规则得出了城乡居民可支配收入的基尼系数预警值，分别为0.41、0.36。田卫民（2012）以我国7个省级地区在1995—2010年的城乡居民收入数据为运算依据，计算出了城乡居民的收入基尼系数，并以各个城乡所在省份的居民收入基尼系数为依据，对居民收入基尼系数的测算与变化规律进行了分析；发现我国省级地区的居民收入基尼系数存在密度大，区域特征显著等特点，总体上呈现出由东向西的省际递增趋势。此外，他还以收入水平与基尼系数对不同省份的经济分布状况进行了对比和分析，从而明确了不同区域的经济收入结构特征，发现我国中西部地区与东部地区在居民收入结构上高度一致，但收入分配水平呈现出自西向东逐步下降的趋势。高远和陈建东（2012）以《中国劳动统计年鉴》中的相关数据，结合基尼系数分解原则，对我国不同行业收入结构进行了研究，并指出各个行业之间的收入差距问题。最终得出结论：我国不同行业在收入方面的差距呈现出逐年扩大的态势，流动人口的数量不断增加使这种现象得到了缓解。同时，研究还表明垄断性经营是造成行业收入差距的关键因素。如果想要解决这些问题，就必须对各个产业结构进行优化调整、加大人力资源供给力度。岳希明

（2016）在对收入分配公平程度进行阐述的过程中，借助我国税收制度与收入分配的基尼系数时间序列数据对相关变量因素进行了分析。同时他还通过对我国税收制度与居民收入分配差异的相关性研究，分析了现行税收制度的实践效果，发现税收制度的存在使收入分配的差异变得大，税收结构的设计不合理，制度不够科学，细则不完善，税务管理效率低下等问题非常突出，是我国税收体制改革的主要目的。

还有部分学者对基尼系数理论在我国国民收入分配研究中的适用性持有怀疑态度，认为我国国情与发达国家存在本质上的差异，基尼系数并不能实现对我国收入分配不平衡问题的全面解读。刘吉和张五常（2007）认为基尼系数主要是用来衡量国家居民之间的贫富差距，而中国国情与其他国家不同，具有典型的二元结构性特征。因此，基尼系数在我国并不适用。张五常对基尼系数在我国的算法规则具有诸多的质疑，例如，基尼系数在我国该怎么推导出来？该由什么样的人去使用？丁冰（2007）认为基尼系数在阶级分析方面并不能准确反映资产的结构问题，无法实现对贫富差距的深度解析，基尼系数在实践应用方面存在诸多的局限。汤灿晴和董志强（2010）运用计算机技术构建了收入波动系数与基尼系数的相关性模型，并对基尼系数在不同收入变化状态下的波动性特征进行了研究，发现基尼系数值会随着不平等收入的扩大而增大。最后指出：在我国经济波动性不断增加的状态下，将基尼系数作为评估居民家庭收入差距的主要依据会导致评估的结果失去真实性。李实（2011）通过对两极分化的收入分配问题进行研究，发现解决贫富差距问题的根本在于提高分配的满意度，且收入分配满意度能够作为基尼系数的替代性参考指标；社会民众对收入差距的满意度越高，则收入分配不平衡的程度就越低，相较于传统指标，以此来研究和分析收入差距的因素更加合理。此外，部分国内学者在研究中发现我国收入差距问题的相关数据存在收集困难的现象，这是导致基尼系数实用性较差的主要原因。

四、居民收入公平分配衡量指标的选取

在已知基尼系数能够用来评估收入不平等、消费不均衡、财富配置结构不合理等问题的情况下，基尼系数能够作为收入不平等问题的主要分析依据。收入不平等问题的根源在于不同家庭之间的收入与个人之间的收入均在不平等现象，在选择研究目标的过程中可以根据研究的需要来抉择。为简化对该问题的描述，本书将收入不平等问题的研究对象设定为个人。

从基尼系数的功能上看，其不仅能够评估一个国家或地区的收入差异程度，还能够实现对促进财政政策在贫富差距问题上的功能发挥起到调节作用①。在我国经济发展不断提速的背景下，国民收入差距不断扩大，采用何种方式方法才能将基尼系数更好的应用在我国居民收入差距的运算方面，是学术界主要的研究方向。需要指出的是：当原始调查数据比较充分的情况下，基尼系数的计算难度将大幅降低，我们可以在后续文章中通过数学公式来论证这一观点。本书采用的基尼系数是评估收入差距的主要依据，该指标的应用遵循了收入分配在各种状态下对经济发展的影响作用，是从整个社会收入分配的角度对收入分配的数值进行界定。之所以要把基尼系数理论上的最佳参数设定为一个具有规范性的概念主要是基于两个方面的原因：第一，由于现实经济中的收入分配在客观上存在最佳参考值，虽然值的大小与国民收入的分配格局并不存在显著的相关性，但仍具备反映一些表面问题的能力。第二，从不同部门与不同收入阶层的财富配置效应上看，政府部门要想改变贫富差距问题就必须通过对收入分配政策的调整来实现对相关性因素的优化。因为社会收入分配在得不到控制下会自动将社会民众的收入划分为多个阶层，

① 厉以宁，秦宛顺．现代西方经济学概论（第二版），北京大学出版社，1992.

从而引发居民可支配收入存在显著的差距。基尼系数理论中提出的最佳值一旦得到确定，即可促进政府为各个时期的收入分配格局设置出一个相对真实的基准参数，进而为宏观经济政策的调整提供指导。衡量居民收入差距是基尼系数的主要功能，个人的收入是基尼系数研究的主要目的，由于很多不具备收入能力的人群会被纳入基尼系数的计算体系中，使基尼系数的计算结果失去了实际的研究意义。实际上，对居民收入差异问题进行深层的研究也是对收入不均衡影响居民消费能力的问题研究。基于此，我们在运用基尼系数对居民收入问题进行分析的过程中，应当将居民的支出与消费能力的相对性纳入关注的重点范围。我国居民的消费能力都是以家庭收入为支撑，个人的需求可以被视为家庭需求的主要构成部分，从该理念上看，家庭收入是分析收入差距的主要参考。实际上国家统计局在收集国民收入数据时已经将微观的家庭数据纳入其中。从前文提出的相关概念中我们可以看出基尼系数仅能够反映社会中不同个体在收入方面存在的差距现象，但我们研究的目的主要是为了掌握每一个居民在收入上的差距。因此，本书将探讨的重点集中在如何利用基尼系数来明确不同收入群体的不平等收入问题对国家经济配置产生的不平等影响。此外，基尼系数也能够对不同收入来源方面的差异问题进行研究，并以此找出收入不平等问题的相关因素。基于此，本书将以居民收入中的转移性收入基尼系数作为重点探讨的问题。

国外不少学者在基尼系数的研究方面主要以收入的来源为依据。例如，最早开展相关研究的学者 Fei（1978）在研究中按照不同收入来源对收入的要素进行了分解①，并将不同的收入要素与总收入之间的相关性以不同的符号进行标定，当相关性低于 0 时，将基尼系数的取值设定为负数；Pyatt（1980）运用集中率对基尼系

① Fei, J., Ranis, G., Kuo, S. Growth and the Family Distribution of Income by Factor Components [J]. The Quarterly Journal of Economics, 1978, 92.

数中的各项要素进行了分解优化，将基尼系数中的要素成分权重系数符号设定为 0 以上的数值，基尼系数的总量等于不同分量基尼系数的权重平均值①；Shorrocks（1982）以无规则排序的基尼系数来构建出了伪基尼系数，并运用分量伪基尼系数的加权平均值来描述总基尼系数的构成要素②；Lerman 和 Yitzhaki（1985）在基尼系数要素协方差分解形式的描述方面以协方差基尼系数为主要依据。③以上学者对基尼系数的分解均是从不同个体的收入来源数据、收入分配数据中抽取的关键性参考指标。Chankravary（1990）对不同收入群体与收入来源的构成要素进行了分解。通常情况下，不平等收入的要素分解可以采用不同的收入要素作为参考。对收入群体要素的分解可以帮助我们更加深刻认识不同社会群体在收入方面的不平等问题对社会总体不平等产生的影响。而收入来源要素的分解能够帮助我们了解不同收入来源的构成要素是否存在不平等问题，以及这些问题与总收入不平衡问题之间的相关性。

因此，本书通过分析居民收入来源中的转移性收入不平等如何影响总体不平等来探索降低基尼系数的方法，主要从两个方面考察，一是居民转移性收入内部构成对不平等的影响，二是比较居民收入中各项收入来源，其中转移性收入对改善不平等是否有影响及影响的贡献值有多大。近年来，中国的基尼系数逐年增加，表明中国的收入差距并没有随着经济增长而逐步缓解，而是呈现出恶化的趋势，经济发展的福利成本也在增加。因此，迫切需要找到一种降低基尼系数的方法。降低基尼系数的传统方法是基于庇古 - 道尔顿

---

① Pyatt, G. Chen, C. N., Fei, J. The Distribution of Income by Factor Components [J]. The Quarterly Journal of Economics, 1980, 95.

② Shorrocks, A. F. Inequality Decomposition by Factor Components [J]. Econometrica, 1982, 50.

③ Lerman, R. I., Yitzhaki, S. Income Inequality Effects by Income Source: a New Approach and Applications to the United States [J]. The Review of Economics and Statistics, 1985, 67.

转移支付原则。庇古－道尔顿转移支付原则（Dalton，1920）认为，如果社会中有穷人和富人群体，富人的财富将转移给穷人，而不会改变他们的相对地位。假设是使两者完全平等，那么整个社会的不平等将会减少。基尼系数理论是基于基尼相对平均差的一半，因为相对平均差异符合转移支付原则，因此基尼系数降低也符合庇古－道尔顿转移支付原则。本书讨论的居民转移收入是外生的。我们研究如何分配这种外生财富以减少基尼系数，并分析这种外生财富分配给不同群体时造成的不同影响。

第二节　居民收入分配存在的问题

一、居民收入分配的变化情况

从总体上分析，截至2018年，城镇居民家庭人均可支配收入年均增长13.3%，扣除价格变动，实际增长6.5%；农村居民家庭人均纯收入年均增长12.7%，扣除价格变动，实际增长7.3%。按收入来源分，2018年全国居民人均工资性收入14620元，增长8.7%，占可支配收入的比重为61.3%；人均经营净收入4502元，增长6.7%，占可支配收入的比重为12.1%；人均财产净收入2107元，增长11.6%，占可支配收入的比重为10.0%；人均转移净收入4744元，增长11.4%，占可支配收入的比重为16.7%。[①] 当前城乡居民收入变化呈现如下主要特点。

（一）工资性收入成为居民家庭收入第一来源

当前，按照收入来源来看，工资性收入为居民家庭纯收入的主要来源，占一半以上，并且工资性收入成为带动居民收入稳定增长

① 数据来源：国家统计局网站。

的主要因素之一。从1983年家庭承包责任制开始全面推开之后，家庭经营纯收入迅速取代工资性收入成为农村居民家庭纯收入的主要来源。1990年，家庭经营纯收入占农村居民家庭纯收入比重达到历史的最高点75.6%，与此同时，工资性收入占比达到历史的最低点20.2%，之后随着越来越多的农民工进城务工，工资性收入占比逐步回升，而家庭经营纯收入占比则稳步下降。2013年，在农村居民家庭纯收入构成中，工资性收入比重为45.3%，比1983年提高26.7个百分点，再次成为农村居民家庭收入第一来源；而工资性收入一直是城镇居民收入的第一来源，随着社会主义市场经济体制的完善和经济的高速发展，市场中涌现了更多的效益高的经济体，创造就业的能力得到增强，再随着劳动力成本逐年提高，工资性收入不断增长，从而支撑城镇居民收入不断增长。

（二）居民收入结构呈“三升一降”态势

2018年，在中国居民总收入构成中，工资性收入比重为61.3%，稳居第一位，与2015年比较，从2015年的62.2%比重下降0.9个百分点；转移性收入比重为16.7%，从2015年的15.6%上升了1.1个百分点，是所有收入中增速最快的；家庭经营净收入比重为12.1%，经营性收入结构一直处在浮动不大的变动之中，原因是其收入来源受到市场环境的影响变得不稳定；财产性收入比重为10.1%，比2015年的9.6%提高0.5个百分点。累计来看，2018年居民人均总收入增加的28030.9元中，工资性收入的贡献率为63.4%，转移性收入的贡献率为23.9%，家庭经营净收入的贡献率为9.9%，财产性收入的贡献率为2.8%。可见，在居民的可支配收入构成中，工资性收入贡献最大，但是收入结构占比处于下降的趋势，而其他三类收入在收入结构中处于上升的趋势，尤其是居民的转移性收入增速最快。

（三）居民收入东西部差距仍很大

根据国家统计局公布的各省份居民人均可支配收入数据显示，

从地区差异来看，东西部差距仍很大。2018 年北京和上海人均可支配收入超过 6 万元大关，在各省份中遥遥领先，浙江位居第三。而倒数前七名的省份是新疆、广西、青海、云南、贵州、甘肃、西藏，全部来自西部地区，排名最后的 3 个省份的居民人均可支配收入不足 2 万元。这也说明，西部地区当前仍是我国经济最落后的地区，仍需要加快发展，缩小东西部之间的差距。

二、城乡居民收入情况

（一）城乡居民收入总量之间的差距

根据城乡居民人均收入和相应的年均人口数，可以测算出城乡居民收入总量。从表 3－1 中的数据可以看出，城镇居民收入总量在 1993 年超过农村居民收入总量，从此之后，城镇居民收入总量在居民收入总量中的比重一直是持续上升，与此相反的是农村居民收入总量在居民收入总量中的比重一直是持续下降的。从 2014 年的数据可以看出，城镇居民收入总量是农村居民收入总量的 3.6 倍，城镇居民收入占比为 78.2%，农村居民收入占比为 21.8%。城镇居民收入总量在总收入中占有绝对的优势。究其原因，一是我国城镇化建设进一步推进，市民化率进程加快，农村居民人口稳步下降而城镇人口急速上升。二是随着市场经济体制的完善，城镇居民取得收入的方式多样性，收入增长速度要快于农村居民。

表 3－1　城乡居民收入总量

年份	总量（亿元）	城镇（亿元）	农村（亿元）	构成（%）	
				城镇	农村
1978	1633	582	1051	35.7	64.3
1980	2416	899	1517	37.2	62.8
1985	5018	1815	3203	36.2	63.8
1989	8982	4003	4978	44.6	55.4

续表

年份	总量（亿元）	城镇（亿元）	农村（亿元）	构成（%）	
				城镇	农村
1990	10251	4510	5741	44.0	56.0
1991	11199	5220	5979	46.6	53.4
1992	13071	6422	6649	49.1	50.9
1993	16271	8421	7849	51.8	48.2
1994	22213	11772	10441	53.0	47.0
1995	28389	14850	13539	52.3	47.7
1996	31992	15521	16471	48.5	51.5
1997	37492	19803	17689	52.8	47.2
1998	40075	21987	18088	54.9	45.1
1999	43240	24984	18256	57.8	42.2
2000	46502	28151	18351	60.5	39.5
2001	51208	32230	18979	62.9	37.1
2002	57383	37850	19533	66.0	34.0
2003	63791	43457	20334	68.1	31.9
2004	72643	50245	22398	69.2	30.8
2005	82423	57971	24452	70.3	29.7
2006	93814	67323	26491	71.8	28.2
2007	111918	81971	29947	73.2	26.8
2008	130856	97080	33775	74.2	25.8
2009	144888	108986	35902	75.2	24.8
2010	165899	125635	40264	75.7	24.3
2011	194687	148369	46318	76.2	23.8
2012	223683	172273	51410	77.0	23.0
2013	251042	194471	56571	77.5	22.5
2014	28130	220111	61198	78.2	21.8

数据来源：中国统计年鉴。

（二）城乡居民人均收入差距

改革开放以来，我国城乡居民人均收入之间的差距经历了从缩小到逐渐扩大再到高位缓慢缩小的一个变化过程。虽然城镇人均收入一直高于农村人均收入，收入差距逐步扩大，到2007年城乡收入比达到历史最高峰3.33∶1；2009年又达到历史最高位，从2010年开始又逐步缩小，但平均起来保持在3倍的差距；2015年我国农村居民人均纯收入为10772元，而同期全国城镇居民人均可支配收入为31790元，后者为前者的2.95倍，与2009年相比两者之间缩小了0.38倍（见表3-2）。

表3-2　　城乡居民人均收入差距

年份	人均收入（元）		城乡收入相对差	城乡收入绝对差
	城镇	农村	现价（元）	现价（元）
1978	343	134	2.57	210
1980	478	191	2.50	286
1985	739	398	1.86	342
1989	1374	602	2.28	772
1990	1510	686	2.20	824
1991	1701	709	2.40	992
1992	2027	784	2.58	1243
1993	2577	922	2.80	1656
1994	3496	1221	2.86	2275
1995	4283	1578	2.71	2705
1996	4839	1926	2.51	2913
1997	5160	2090	2.47	3070
1998	5425	2162	2.51	3263
1999	5854	2210	2.65	3644
2000	6280	2253	2.79	4027
2001	6860	2366	2.90	4493

续表

年份	人均收入（元）		城乡收入相对差现价（元）	城乡收入绝对差现价（元）
	城镇	农村		
2002	7703	2476	3.11	5227
2003	8472	2622	3.23	5850
2004	9422	2936	3.21	6485
2005	10493	3255	3.22	7238
2006	11760	3587	3.28	8173
2007	13786	4140	3.33	9645
2008	15781	4761	3.31	11020
2009	17175	5153	3.33	12022
2010	19109	5919	3.23	13190
2011	21810	6977	3.13	14833
2012	24565	7917	3.10	16648
2013	26955	8896	3.03	18059
2014	29381	9892	2.97	19489
2015	31790	10772	2.95	21018

数据来源：中国统计年鉴。

城乡居民内部收入差距的变化，具有明显的政策原因。我国一直实行二元经济，造成城镇人口和农村人口身份的差异，获取劳动报酬不平等。在市场经济改革过程中，城市改革的进展比较快而农村改革进展比较慢，两者之间的经济差距越来越大，再加上城市收入分配制度比农村具有很多优势，如城市人口都有养老保险，城市居民收入的快速增长与农村居民收入增长的困难形成了鲜明的对比。2010 年以后，随着政府出台的一系列惠农政策（如多次上调粮食保护价、加大种粮补贴力度、建立农村养老制度等）力度的加大和最低工资的多次上调等，城乡收入差距再度有所缩小。

（三）城镇居民内部收入差距

城市居民内部收入差距呈现先扩大后缩小的趋势。收入增长率随着收入水平的提高而逐步提高。也就是说，群体收入越高，收入增长越快，表现出典型的“富人越富，穷人越穷”的特征。1990—2017 年，20% 低收入户人均可支配收入年均增长 11.3%，而 20% 高收入户人均可支配收入年均增长 15.9%，导致 2017 年高收入户与低收入户的收入比高达 5.62 倍（见表 3-3），比 1990 年扩大了 2.98 倍。分阶段看，2001—2008 年，20% 低收入户人均可支配收入年均增长 10.7%，而 20% 高收入户人均可支配收入年均增长 17.5%，导致 2008 年高收入户与低收入户的收入比高达 5.71 倍（见表 3-3），创历史新高，比 1990 年扩大了 3.76 倍。2009 年以后，随着我国收入分配制度改革的深化，低收入户收入增长持续快于高收入户，高收入户与低收入户收入之间的差距在逐步缩小。2009—2017 年，20% 低收入户人均可支配收入年均增长 13.5%，比 20% 高收入户人均可支配收入年均增长快 3.3 个百分点，导致 2017 年高收入户与低收入户的收入比降至 5.62 倍，比 2008 年缩小 0.98 倍。

表 3-3　　按五等份分组的城镇居民家庭人均可支配收入

年份	全国平均（元）	低收入户（元）	中低收入户（元）	中等收入户（元）	中高收入户（元）	高收入户（元）	最高与最低的绝对差距（元）	最高与最低的相对差距（倍）
1990	1387	974	1150	1359	1607	1899	925	1.95
1995	4283	2775	3360	4069	4955	6032	3257	2.17
2000	6280	3132	4624	5898	7487	11299	8167	3.61
2001	6860	3320	4947	6366	8164	12663	9343	3.81
2002	7703	3032	4932	6657	8870	15460	12428	5.1
2003	8472	3295	5377	7279	9763	17472	14177	5.3
2005	10493	4017	6711	9190	12603	22902	18885	5.7
2007	13786	5364	8901	12042	16386	29479	24115	5.5
2008	15781	6075	10196	13984	19254	34668	28593	5.71

续表

年份	全国平均（元）	低收入户（元）	中低收入户（元）	中等收入户（元）	中高收入户（元）	高收入户（元）	最高与最低的绝对差距（元）	最高与最低的相对差距（倍）
2009	17175	6725	11244	15400	21018	37434	30709	5.57
2010	19109	7605	12702	17224	23189	41158	33553	5.41
2011	21810	8789	14498	19545	21420	47021	38232	5.35
2012	24565	10354	16761	22419	29814	51456	41103	4.97
2013	26955	11434	18483	24518	32415	56390	44956	4.93
2014	28843.9	11219.3	19650.5	26650.6	35631.2	61615.0	60395.7	5.49
2015	31194.8	12230.9	21446.2	29105.2	38572.4	65082.2	52851.3	5.32
2016	33616.2	13004.1	23054.9	31521.8	41805.6	70347.8	57343.7	5.41
2017	36396.2	13723.1	24550.1	33781.3	45163.4	77097.2	75724.9	5.62

数据来源：中国统计年鉴。

（四）农村居民内部收入差距

农村居民家庭收入差距在波动中呈现不断扩大的趋势。农村居民内部收入的绝对差距没有城镇居民那么大，但就相对差距而言，却大大超过城镇居民。根据按五等份分组的农村居民家庭人均纯收入数据，高收入户与低收入户的收入差距呈逐渐扩大的趋势，从1990—2017年，20%高收入户人均纯收入与20%低收入户人均纯收入绝对差距由1083元上升到了27997.4元，而相对差距由4.65倍扩大到8.48倍（见表3－4）。

表3－4　　按五等份分组的农村居民家庭人均纯收入

年份	全国平均（元）	低收入户（元）	中低收入户（元）	中等收入户（元）	中高收入户（元）	高收入户（元）	最高与最低的绝对差距（元）	最高与最低的相对差距（倍）
1990	686	297	464	609	806	1380	1083	4.65

续表

年份	全国平均（元）	低收入户（元）	中低收入户（元）	中等收入户（元）	中高收入户（元）	高收入户（元）	最高与最低的绝对差距（元）	最高与最低的相对差距（倍）
1995	1578	592	1004	1364	1880	3423	2831	5.78
2000	2253	802	1440	2004	2767	5190	4388	6.47
2001	2366	818	1491	2081	2891	5534	4716	6.77
2002	2476	857	1548	2164	3031	5903	5046	6.89
2003	2622	866	1607	2273	3207	6347	5481	7.33
2004	2936	1007	1842	2579	3608	6931	5924	6.88
2005	3255	1067	2018	2851	4003	7747	6680	7.26
2006	3587	1182	2222	3149	4447	8475	7293	7.17
2007	4140	1347	2582	3659	5130	9791	8444	7.27
2008	4761	1500	2955	4203	5929	11290	9790	7.53
2009	5153	1549	3110	4502	6468	12319	10770	7.95
2010	5919	1870	3621	5222	7441	14050	12180	7.51
2011	6977	2001	4256	6208	8894	16783	14783	8.39
2012	7917	2316	4808	7041	10142	19009	16693	8.21
2013	9429.6	2877.9	5965.6	8438.3	11816	21323.7	18445.8	7.4
2014	10488.9	2768.1	6604.4	9503.9	13449.2	23947.4	21179.3	8.65
2015	11421.7	3085.6	7220.9	10310.6	14537.3	26013.9	22928.3	8.43
2016	13233.74	3006.5	7827.7	11159.1	15727.4	28448	25441.5	9.46
2017	14374.28	3301.9	8348.6	11978	16943.6	31299.3	27997.4	8.48

数据来源：中国统计年鉴。

三、不同地区居民收入情况

改革开放以来，在我国东部、中部、西部和东北地区经济都得到迅速发展的同时，四大地区之间的收入差距经历了先快速扩大后缓慢缩小的过程。

（一）城镇居民收入的地区差距

不同地区城市居民收入差距呈现先扩大后缩小再扩大的趋势。1985—2006 年，东部、中部、西部、东北地区城镇居民人均可支配收入比为 1.54∶1.02∶1.00∶1.01（以西部地区为 1）。随着经济的发展，四大区域城市居民收入差距迅速扩大，而从 2007 年以来，四大地区城市居民收入差距逐步缩小。2013 年东部、中部、西部和东北地区城镇居民人均可支配收入比例为 1.43∶1.00∶1.00∶1.01（以西部为 1）。并于 2014 年达到最高点，东部、中部、西部、东北城镇居民人均可支配收入之比为 1.58∶1.20∶1.00∶1.30。2014—2017 年，四大地区的城镇居民人均可支配收入总体呈增长趋势，但收入差距也在缓慢缩小，东部地区人均可支配收入稳居第一位，中西东北三地大致向持平趋势发展。与 2013 年比较，东部、中部和东北部居民收入水平都有所上升，收入差距从总体看缩小近 1 个百分点。但是自 2013 年以后东部地区城镇居民收入水平一枝独秀，与其他地区的收入相比较差距比较大，高于其他地区 43% 左右，而中部、西部和东北地区同居民收入水平十分接近（见表 3－5）。

表 3－5　　四大地区城镇居民人均可支配收入比较

年份	东部地区（元/人）	中部地区（元/人）	西部地区（元/人）	东北地区（元/人）	东中西东北比较（西部为 1）
1985	796.8	610.9	570.8	685.8	1.40∶1.070∶1.00∶1.20
1990	1777.4	1342.9	1401.1	1349.0	1.27∶1.96∶1.00∶0.96
1995	5472.2	3786.3	3799.1	3459.9	1.44∶1.00∶1.00∶0.91
2000	8232.0	5324.9	5642.3	5071.9	1.46∶0.94∶1.00∶0.92
2005	13374.9	8808.5	8783.2	8730.0	1.52∶1.00∶1.00∶0.99
2006	14967.4	9902.3	9728.5	9830.1	1.54∶1.02∶1.00∶1.01
2007	16974.2	11634.4	11309.5	11463.3	1.50∶1.03∶1.00∶1.01

续表

年份	东部地区（元/人）	中部地区（元/人）	西部地区（元/人）	东北地区（元/人）	东中西东北比较（西部为1）
2008	19203.5	13225.9	12971.2	13119.7	1.48∶1.02∶1.00∶1.01
2009	20953.2	14367.1	14213.5	14324.3	1.47∶1.01∶1.00∶1.01
2010	23272.8	15962.0	15806.5	15941.0	1.47∶1.01∶1.00∶1.01
2011	26406.0	18323.2	18159.4	18301.3	1.45∶1.01∶1.00∶1.01
2012	29621.6	20697.2	20600.2	20759.3	1.44∶1.00∶1.00∶1.01
2013	32472.0	22736.0	22710.0	22875.0	1.43∶1.00∶1.00∶1.01
2014	13144.6	10011.1	8295.0	10802.1	1.58∶1.20∶1.00∶1.30
2015	14297.4	10919.0	9093.4	11490.1	1.57∶1.20∶1.00∶1.26
2016	15498.3	11794.3	9918.4	12274.6	1.56∶1.19∶1.00∶1.24
2017	16822.1	12805.8	10828.6	13115.8	1.55∶1.18∶1.00∶1.21

注：1. 1985年、1990年、1995年数据分别用各省城镇居民人均可支配收入和综合司提供的1986年、1990年、1995年分地区年末非农业人口数据推算。

2. 2000年数据是用分省数据和人口推算的，年鉴中没有1999年和2001年的分省城镇人口数据，所以这两年数据也用2000年人口推算。

3. 2002—2017年数据用分户资料计算得出，分户资料计算的西部数据与年鉴中（按省简单平均）的数据存在差异。

数据来源：各省城镇居民人均可支配收入和综合司提供的1986年、1990年、1995年分地区年末非农业人口数据。

（二）农村居民收入的地区差距

东西部地区农村居民收入差距先扩大后缩小。随着市场经济的发展，东部、中部、西部、东北地区四大地区农村居民收入差距扩大。并于2006年达到最高点，东部、中部、西部、东北部地区农村居民人均纯收入比为2.00∶1.27∶1.00∶1.45；从2007年开始至今四大地区农村居民收入差距又缓慢缩小。2013年东部、中部、西部、东北农村居民人均纯收入之比为1.76∶1.23∶1.00∶1.45，呈现明显的由东向西阶梯式下落的特点。与2006年的2.00∶

1.27： 1.00：1.45 比较，东西部地区间农村居民收入差距缩小了 0.24 倍（见表3－6），而在2013 年之后，下落趋势虽然依然存在，但差距在逐渐缩小。以 2017 年为例，相比 2013 年四大地区农村居民人均纯收入之比 1.76：1.23：1.00：1.45，2017 年的处于最高值的东部比处于最低值的西部高 0.55 倍，比 2013 年缩小了 0.21 倍。东北部由 2013 年的 1.45 下降到 2017 年的 1.21，也缩小了 0.24 倍。可见农村居民人均纯收入将持续爬升，四大地区之间的差距也将持续缩小，西部地区发展速度将会逐渐增大。

表 3－6　　　　四大地区农村发展居民人均纯收入比较

年份	东部地区（元/人）	中部地区（元/人）	西部地区（元/人）	东北地区（元/人）	东中西东北比较（西部为 1）
1980	217.9	172.1	172	223	1.26：1.00：1.00：1.35
1985	470.7	374.2	316	423	1.49：1.18：1.00：1.34
1990	876.2	607	552	796	1.59：1.10：1.00：1.44
1995	2243.9	1368	1116	1718	2.01：1.22：1.00：1.54
2000	3271.3	2007	1661	2177	1.97：1.25：1.00：1.33
2005	4720.3	2956	2378	3397	1.98：1.24：1.00：1.24
2006	5188.2	3283	2588	3744	2.00：1.27：1.00：1.45
2007	5855.0	3844	3028	4348	1.93：1.27：1.00：1.44
2008	6598.2	4453	3517	5101	1.88：1.27：1.00：1.45
2009	7155.5	4792	3816	5456	1.87：1.26：1.00：1.43
2010	8142.8	5509	4417	6434	1.84：1.25：1.00：1.46
2011	9585	6529	5246	7790	1.83：1.24：1.00：1.48
2012	10871.5	7435	6026	8846	1.79：1.23：1.00：1.47
2013	12052	8377	6834	9909	1.76：1.23：1.00：1.45
2014	13144.6	11011.1	8295.0	10802.1	1.58：1.33：1.00：1.30

续表

年份	东部地区（元/人）	中部地区（元/人）	西部地区（元/人）	东北地区（元/人）	东中西东北比较（西部为1）
2015	14297.4	10919.0	9093.4	11490.1	1.57：1.20：1.00：1.26
2016	15498.3	11794.3	9918.4	12274.6	1.56：1.19：1.00：1.24
2017	16822.1	12805.8	10828.6	13115.8	1.55：1.20：1.00：1.21

注：1. 1985年、1990年、1995年数据分别用分省城镇居民人均可支配收入和综合司提供的1986年、1990年、1995年分地区年末非农业人口数推算。

2. 2000年数据是用分省数据和人口推算的。年鉴中设有1999年和2001年的分省城镇人口数，所以这两年数据也用2000年人口推算。

3. 2002—2017年数据用分户资料计算得出，分户资料计算的西部数据与年鉴中的数据存在差异。

（三）职工平均工资的地区差距

从改革开放后的40多年间，四大地区间职工平均工资绝对差额由负变正。在1989年恢复到零差额，也正是从1989年改革开放开始中国东部地区打起了翻身仗，从1995年开始差距逐渐拉大，在2008年以后又出现缓慢回升，差距逐渐缩小。大致可分为1990年和2008年两个分界点。1990年之前，东部地区发展势头较小，落后于西部和东北部，随着经济特区的建立，东部地区经济以其良好的地理位置和政策优势逐步成长，从而拉动了就业，人均工资也水涨船高，1990—2008年，四大地区之间差距更加明显，东部、西部地区的平均工资较高，中部地区工资处于较低水平。2008年之后，四大地区又在努力缩小平均工资间的差距，从而也可由此来缩小贫富差距。以2017年为例，（东部为100）东部和东西部间平均工资差额近2.5万元，东北部在2013年之后至今工资水平一直被中部地区赶超，绝对差额波动较大，但总体呈上升趋势，部分年份仍有回落。这受经济政策，人口迁移，人才引进等很多因素的限制（见表3－7）。

表 3-7　　东部、中部、西部地区职工平均工资差距

年份	职工平均工资（元）				中部、西部和东北地区职工平均工资占东部地区职工平均工资的比例（%）				东部、西部地区职工平均工资绝对差额（元）
	东部	中部	西部	东北	东部	中部	西部	东北	
1978	592	605	694	680	100	102.2	117.1	114.8	-102
1980	734	732	828	788	100	99.8	112.9	107.4	-95
1985	1121	1032	1257	1095	100	92.1	112.1	97.7	-136
1989	1949	1697	1949	1819	100	87	100	93.3	0
1990	2294	1886	2233	1973	100	82.2	97.3	86	62
1991	2526	2032	2373	2162	100	80.5	94	85.6	152
1992	2988	2312	2653	2439	100	77.4	88.8	81.6	335
1993	3718	2749	3123	2889	100	74	84	77.7	595
1994	4913	3515	4274	3770	100	71.5	87	76.7	638
1995	6104	4395	4980	4484	100	72	81.6	73.5	1124
1996	7118	4974	5823	5068	100	69.9	81.8	71.2	1295
1997	8000	5284	6214	5381	100	66	77.7	67.3	1786
1998	9296	6088	7019	6650	100	65.5	75.5	71.5	2277
1999	10540	6755	7819	7382	100	64.1	74.2	70	2721
2000	11910	7413	8864	8190	100	62.2	74.4	68.8	3047
2001	13823	8487	10679	9275	100	61.4	77.3	67.1	3143
2002	15574	9698	12307	10525	100	62.3	79	67.6	3267
2003	17679	10952	13691	11709	100	61.9	77.4	66.2	3988
2004	20082	12577	15516	13303	100	62.6	77.3	66.2	4569
2005	22750	14737	17077	15399	100	64.8	75.1	67.7	5673
2006	25880	16976	19712	17571	100	65.6	76.2	67.9	6168
2007	30305	20536	24294	21034	100	67.8	80.2	69.4	6011
2008	35229	24019	28005	24754	100	68.2	79.5	70.3	7224
2009	38799	27170	31273	27956	100	70	80.6	72.1	7526

续表

年份	职工平均工资（元）				中部、西部和东北地区职工平均工资占东部地区职工平均工资的比例（%）				东部、西部地区职工平均工资绝对差额（元）
	东部	中部	西部	东北	东部	中部	西部	东北	
2010	44260	31169	35366	31353	100	70.4	79.9	70.8	8893
2011	49509	36150	39948	35471	100	73	80.7	71.5	9561
2012	55071	40906	44747	40064	100	74.3	81.3	72.8	10324
2013	53663	37473	46221	36118	100	69.8	86.1	67.3	7442
2014	59477	40748	50174	39936	100	68.5	84.3	67.1	9273
2015	65306	44607	53625	42462	100	68.3	82.1	65	11681
2016	71193	48972	62382	47334	100	68.8	87.6	66.5	8811
2017	78134	52642	66639	51320	100	67.4	85.3	65.7	11495

数据来源：中国财政统计年鉴。

可以看出我国地区间居民收入差距是多方面因素共同决定的。首先从地理环境来看，我国东部大部分地区水资源充足，气候宜人，土壤肥沃，产品丰富，地处沿海地区，对外贸易更加便利，区域优势带来更多的经济机遇；中西部地区大多是内陆地区和欠发达地区，土地贫瘠，生态环境恶劣，对外贸易联系不方便，经济发展的先天条件较差。其次从行为方式看，历史和自然因素导致中西部地区对外交流少，观念落后。人的观念主导着人们的行为方式，虽然它不是经济发展的直接原因，但却是一个根本性的因素。这种自然地理上的局限造成区域思想文化上的差异，导致中国区域经济发展上的不平衡，加上全国各地区教育资源的落差，也成为区域经济均衡发展的主要瓶颈，在一定程度上影响了区城经济发展的不平衡。经济发展的差异性，直接造成了地区间的居民收入水平的差异。最后，从制度上来看，我国特有的户籍制度，造成生产要素的自由流动的障碍，特别是劳动力择业的自由选择受到不同程度的限制。因此，上述原因造成各地区经济发展不平衡，地区间居民收入差距大。中央政府和地方政府之间的财政分配体制，由于受到地方利益格局的制约，并没有发挥有效的再分配职能，[①] 从而导致地区之间可支配收入差距明显扩大。

四、行业之间的居民收入情况

通过对 1978 年以来各行业平均工资的比较，我们可以发现，我国不同行业收入分配差距经历了从缩小到扩大再到缩小的过程。按行业门类看，在 1978—2017 年，行业收入差距是在逐渐缩小的。最高的行业平均工资与全部行业平均工资的比率，由 1978 年的 1. 38 上升后又下降到 2017 年维持在 1. 79；最低的行业平均工资与全部行业平均工资之比从 1978 年的 0. 64 波动到 2017 年一个相对于较低的点为 0. 49；最高的行业平均工资与最低的行业平均工资的比率，由 1978 年的 2. 17 下降到 1989 年的 1. 71。自 1989 年以后，行业收入差距又开始逐断扩大，最高的行业平均工资与最低的行业平均工资的比率在 2005 年达到最高的 4. 88，从 2006 年开始又有所缩小。2017 年，最高行业平均工资与最低行业平均工资的比值为 3. 65，其差距较 2006 年缩小，而 2017 年绝对差距高达 96646 元，绝对差距额的总体水平在不断增长（见表 3 – 8）。

表 3 – 8　　我国最高最低行业平均工资比较

年份	全行业平均工资（元）	最高的行业平均工资		最低的行业平均工资		最高行业平均工资与最低行业平均工资之间的差距	
		绝对额（元）	与全部行业平均工资的比率	绝对额（元）	与全部行业平均工资的比率	绝对差距（元）	相对差距
1978	615	850	1. 38	392	0. 64	458	2. 17

① 李实. 正确看待我国收入分配问题 [J]. 中国发展观察，2010（12）：11 – 13.

续表

年份	全行业平均工资（元）	最高的行业平均工资		最低的行业平均工资		最高行业平均工资与最低行业平均工资之间的差距	
		绝对额（元）	与全部行业平均工资的比率	绝对额（元）	与全部行业平均工资的比率	绝对差距（元）	相对差距
1980	762	1035	1.36	475	0.62	560	2.18
1985	1148	1406	1.22	777	0.68	629	1.81
1989	1935	2378	1.23	1389	0.72	989	1.71
1990	2140	2718	1.27	1541	0.72	1177	1.76
1991	2340	2942	1.26	1652	0.71	1290	1.78
1992	2711	3392	1.25	1828	0.67	1564	1.86
1993	3371	4320	1.28	2042	0.61	2278	2.12
1994	4538	6712	1.48	2819	0.62	3893	2.38
1995	5500	7843	1.43	3522	0.64	4321	2.23
1996	6210	8816	1.42	4050	0.65	4766	2.18
1997	6470	9646	1.49	4311	0.67	5335	2.24
1998	7479	10633	1.42	4528	0.61	6105	2.35
1999	8346	12046	1.44	4832	0.58	7214	2.49
2000	9371	13478	1.44	5184	0.55	8294	2.60
2001	10870	16437	1.51	5741	0.53	10696	2.86
2002	12422	19113	1.54	6392	0.51	12721	2.99
2003	14040	32244	2.30	6969	0.50	25275	4.63
2004	16024	34988	2.18	7611	0.47	27377	4.60
2005	18364	40558	2.21	8309	0.45	32249	4.88
2006	20856	43435	2.08	9269	0.44	34166	4.69
2007	24721	47700	1.93	10847	0.44	36853	4.40
2008	28898	54906	1.90	12560	0.43	42346	4.37
2009	32244	60398	1.87	14356	0.45	46042	4.21

续表

年份	全行业平均工资（元）	最高的行业平均工资		最低的行业平均工资		最高行业平均工资与最低行业平均工资之间的差距	
		绝对额（元）	与全部行业平均工资的比率	绝对额（元）	与全部行业平均工资的比率	绝对差距（元）	相对差距
2010	36539	70146	1.92	16717	0.46	53429	4.20
2011	41799	81109	1.94	19469	0.47	61640	4.17
2012	46769	89743	1.92	22687	0.49	67056	3.96
2013	51474	99659	1.94	25820	0.50	73839	3.86
2014	56360	108273	1.92	28356	0.50	79917	3.82
2015	62029	114777	1.86	31947	0.52	82830	3.59
2016	67569	122478	1.81	33612	0.49	88866	3.64
2017	74318	133150	1.79	36504	0.49	96646	3.65

数据来源：《1994 年国民经济行业分类标准》。

注：1978—2002 年数据采用的是《1994 年国民经济行业分类标准》，1978—2017 年数据采用的是《2002 年国民经济行业分类标准》，两者不完全可比。

近年来，我国不同行业间和地区间收入差距不断扩大的原因是：一是资本的逐利性，东部地区由于在区位和政策上的优势，吸引和聚集了国内外大量资本，加速了东南沿海地区的经济发展，扩大了东西部地区之间的收入和财富的积累差距。二是垄断行业的经营造成居民收入增幅要大大高于一般竞争性行业。垄断行业凭借在国民经济中的特殊地位及国家给予的优惠条件，较快地获得了高于社会平均利润率的垄断利润和超额收入，把其所垄断的利润以各种形式分配给职工，成为居民间行业收入差距拉大的主要原因。三是现行的户籍管理制度阻碍了再分配的实现。农民工进城务工只是实现了半城市化的进程，农民仍旧不能享受均等的如医疗、教育、社会保障等均等的公务服务，客观上也限制了居民公共福利的分配，造成居民收入差距的加大。改革开放 40 多年来，我国经济体制发生了根本性的变化，市场经济体制已成为资源配置的重要力量。某些短缺的行业需求是强烈的，可以获得超额的利润，员工的收入必然是高的。虽然以长期发展的眼光来看，市场的行为将逐步平衡各行业的发展，但在此过程中形成的居民收入差距是不能忽视的。因此，针对居民收入差距过大的问题，应发挥政府的财政再分配作用。

第三节 居民收入差距过大的影响

一、居民收入差距过大的经济影响

（一）抑制居民的消费需求，对经济的增长产生制约

在凯恩斯理论中，居民消费能力的大小与其自身的经济实力密切相关，而经济实力的大小取决于收入，消费需求的不断增长是促进经济增长的核心要素之一。通常而言，居民收入的不断增长，会使居民的消费能力得到不断的强化。而我国 GDP 中显示出来的居民消费贡献度呈现出了一个上升后缓慢下降的曲线型特征。1978 年，我国居民消费支出总额在 GDP 中所占的比重为 48.8%，在随后的几年里持续上升，在 1988 年达到了巅峰状态下的 51.9%，而在之后的所有年度均呈现出了明显的下降态势，尤其是 2011 年大幅下降至 34.94%。虽然我国 GDP 常年呈现出稳定增长的趋势，但居民消费推动经济增长的速度不断下降。造成这种现象的主要原因在于：经济活动的投资不断上升导致居民之间的收入差距不断扩大，进而引发了消费能力下降的问题，这对消费经济的增长起到了限制作用，也间接导致我国经济发展的动力不足，无法实现可持续增长。

目前，我国高收入人群数量不断增多，在衣食住行的消费方面

逐渐呈现出了高端化、定制化、个性化等特征。收入较低的家庭在消费方面主要以满足生活基本需求为主，虽然部分低收入家庭具有高消费的倾向，但基于消费能力的限制使其无法具有持续性。中等收入人群的衣食住行正处于过渡时期，在消费的能力上明显高于低等收入家庭，但在养老、保险、医疗、健康、教育等方面的危机感较重，从而抑制了这些人群的高消费能力。我国农民人口数量众多，城乡居民之间的收入差距不断扩大必定会对全体居民的消费行为产生影响，即便国民生产总值始终保持着较快的增速，低收入人群消费能力的不足仍会对全国居民消费经济的增长产生负面影响。我国各个行业的产能过剩是全国居民消费能力不足的典型体现，如果这种局面持续下去将导致国家经济失去增长的动力。同时，居民收入差距问题的存在也将导致居民的消费欲望下降，从而对社会的投资需求产生抑制，使国家财政政策的作用难以发挥。

（二）对产品的更新产生负面影响，阻碍产业结构优化

消费结构与收入结构是相对的，消费结构的优化是促进产业结构自我调整的内生性动力。收入差距较大会对社会的消费结构产生影响，间接对产业结构的更新与升级产生制约。社会居民在收入方面存在的显著差距必定会引发两极化问题：一是，收入较低的居民为了提高自身的经济实力会不断囤积大量的财力，其消费的标的主要集中在生活必需品上；二是，高收入人群在生活必需品的消费方面没有任何压力，进而会逐渐将消费的标的扩展至高中档产品上。两种极端消费的结果必定是引发消费结构出现不平衡问题，使中低端的消费群体规模难以扩大，引发产生过剩问题，尤其是高端产品对资金和技术的依赖性较强，在这种限制下难以做大，要想实现产业结构调整极其困难。

从另一个方面来看，城乡居民在收入与消费方面的差距不断扩大导致农村居民对城镇市场的承接能力非常有限，严重阻碍了各个产业的升级和发展，进而导致传统工业产品出现产能过剩的问题，对整个产业结构的转型造成了不利影响。同时，低收入地区通常会将建设性投资的标的集中在对发达地区高附加值产业上，这会引发地区之间的产业竞争，使不同地区的产业结构存在同质化问题，这对各个地区的产业结构协调存在诸多挑战，由此可以看出城乡居民收入差距的不断扩大是导致产业结构升级困难的主要原因。

（三）影响教育投资，阻碍人力资本积累

在人力资本理论的影响下，人们逐渐意识到生命健康、知识技能对经济增长的促进作用要显著大于劳动力与物资的投入数量，加强人力资本的投资是增强经济发展能力的核心。投资是提高人力资本效率的关键，而教育培训是投资的根本。收入差距会对人们在各个方面的投入能力产生影响，甚至对人们的心智发展会产生限制，从而导致人力资本投资积累能力下降。目前，我国城乡居民的收入存在严重的不均衡问题，这主要是人们收入来源和经济发展水平存在本质上的差别所导致的，而引发这些负面影响的主要原因在于教育方面的投入存在显著差异。在当前阶段，我国不少农村地区还存在儿童失学率较高的现象，大量留守儿童因为缺乏父母的关爱，使其存在家庭教育问题。城市的国企改革导致大量人员失去了工作岗位，收入的减少会对这些人群的再教育产生严重的制约。这些现象是造成我国人力资本素质整体水平不高的主要原因。而且，人力资本的不断积累还会产生较强的隔代影响效应，使收入能力越差的居民越难以接受更高质量的教育，进而收入水平不断降低，产生了恶性循环的负面效应。

（四）限制资源配置的公平性，对经济协调发展产生制约

从理论上看，合理的收入差距对于资源结构的优化具有促进作用；而较大的收入差距会引发一系列的负面效应，对资源的配置与社会经济的协调发展带来诸多的不利影响。

观察城乡经济发展的协调性可以发现农村居民收入水平较低不仅对农民的消费能力、农村市场经济结构等产生了不利影响，还间接导致农民在生产和教育方面的投入能力下降，导致农村劳动生产能力不断弱化，大量的资金和优质人才资源逐渐流向城镇地区。这些问题的存在对农村经济的发展造成了严重的阻碍，对农业现代化的实现带来了诸多的挑战。

从区域经济的协调发展上看，我国四个重点经济区域存在居民收入差距较大的问题，并引发了两种负面效应：一是大量的稀缺资源从经济收益较低的地区流向经济收益较高的地区；二是中西部地区的居民收入水平、消费能力、市场规模等不断缩小，而经济收益较高地区的居民收入水平不断提高，消费能力不断增强，进而形成了两极分化。这两种效应的存在是导致我国四大经济区域发展失衡的主要因素，不利于整个国家经济发展的稳定。

二、居民收入差距过大的社会影响

从本质上看，收入差距过大引发的收入分配不均衡问题并不能用经济问题进行总结，因为其还具备较强的社会影响力，是引发各种社会矛盾问题形成的核心要素。世界著名经济学家 Lewis 曾指出：收入分配的变化具有极强的政治意义，是引发各种畸形心理、反社会心理的深层因素。

（一）不公平的收入分配对社会的治理具有负面影响

从国家的发展上看，人们的安居乐业与收入水平的高低密切相关，如果人与人之间的收入差距较大，必定会引发人们在情感上的焦虑，导致人与人之间的信任度降低，从而对人们的身心健康产生影响，甚至会引发各种社会问题。很多国家采用大量的数据对该种观点进行了论证，并发现收入差距较大的地区，人均生存年龄也相对较低，可见社会居民收入的差距对社会秩序的稳定性具有一定的关系。虽然我国学者并未通过数据的调查来验证收入差距与社会问题之间的相关性，但收入差距是各种社会问题产生的根源，是各界学者普遍的共识。胡联合和胡鞍钢（2007）指出：人们对贫富差距问题的关注度较高，对收入差距原因没有达成共识，认为政府部门对贫富差距问题具有不可推卸的责任等是引发社会不满情绪的主要原因。

犯罪是收入不平等现象造成的最恶劣行为，对社会秩序具有极大的破坏性。马克思曾指出：当一个人穷到饭都不能吃饱的时候，就会滋生藐视社会秩序的病态心理，随着这种心理的不断增长，最终会走向犯罪的道路。大量犯罪研究结果显示：如果社会中的所有居民都能够生活在相同的状态，无论贫穷或富裕，犯罪行为的产生概率都非常低；而一旦贫富差距较为显著，犯罪的概率会随之上升。联合国在犯罪刑法系统运行规律方面的调查结果表明：一个国家在收监率方面越高，该国家的居民收入差距就越大。黄少安和陈屹立（2007）以实证研究法对我国 1978—2005 年期间的收入分配不平等比例与犯罪发生几率的相关性进行了研究，发现我国不同城乡地区存在的不平等收入程度越高，则犯罪率就越高，两者之间存在正相关性。

（二）收入分配的不公平影响社会的稳定与和谐

社会体系与规则对社会的发展具有较强的规范性，收入差距较大会导致人们对社会制度的公平性产生质疑，进而引发信任危机。Thompson（1996）曾指出：财富的不平等是社会民众收入不平等造成的主要问题，如果这一问题得不到有效的解决，任何制度或法律都无法实现公正；即使制度体系得到了构建也将难以发挥实质性的作用。收入差距较大不仅会引发大量的社会问题，还会对政府的指正能力带来损害，社会成员对社会制度合法性的质疑是必然会出现的问题，尤其是一些通过不法手段产生收益的现象，对社会制度的公正性与权威性造成了极大的损害，对社会的健康发展具有较强的负面影响。比如，官员腐败问题的存在不仅会拉大收入差距，更会对国家的形象，法律的威严造成损害，导致社会成员不再相信政府。韩建雨（2011）以我国 1978—2008 年期间的经济数据为分析研究的对象，对我国社会收入与社会稳定之间的相关性进行了分析，发现社会不稳定因素的产生根源在于社会的收入差距问题，调整收入分配差距是政府部门在改善社会环境，维护社会稳定时，需要首先解决的问题。田双全和黄应绘（2011）采用回归分析法对我国城乡收入差距对社会稳定的影响作用进行了研究，发现社会稳定与否是城乡收入差距存在必然的联系。文雯（2013）在研究中发现，收入配置的不公平会引发群体间的各种矛盾问题，而在引发这些问题之前会首先引发群体之间的关系问题；当人们的收入分配存在不公平现象，人们对政治参与程度的判定会存在显著的差别，进而产生民主化的诉求，并希望能够引起政府的重视。这一系列的影响都会对政府执政的有效性产生影响。

此外，社会结构的合理性对于社会秩序的稳定性具有决定性影响，收入差距的存在会导致人与人之间存在较大的财富差距，从而引发社会结构走向一种不合理的状态。大量学者在研究中发现，收入差距的增加过程与金字塔的结构非常一致，且引发的社会结构变化也会按照相同的形式出现，不合理社会结构的存在会导致社会各个阶层的物质财富比例出现失衡现象。少部分金字塔顶部的富有人群会掌握大部分的社会财富，而能够占有少量社会财富的低收入人群成为金字塔的基地部分。而原本应当为金字塔中部结构的主体人群会因为人员数量较少，物质财富占有量较少，而无法成为社会的主导阶层。因为中间层的力量较弱，无法对金字塔顶部与底部产生缓冲作用，导致上下两层之间的矛盾冲突不断加剧，并最终形成了对立。如果这种对立状态具有较强的持续性将产生极其严重的危害，在条件满足的情况下会引发社会的动荡。目前，社会的不断发展为大量底层收入人群带来了更多的利益，而这些人群是各种社会问题的主要来源，一旦对社会或政府产生不满情绪，将会对社会的稳定造成极大的损害。比如，拉丁美洲的社会结构具有典型的金字塔特征，社会居民的收入季度不均衡导致社会秩序极其混乱，使拉丁美洲成为社会收入不均衡问题最具代表性的国家。有关研究数据显示，拉美国家在最近20年的人均生产总值达到了3800美元，已经在20世纪70年代的基础上提高了4倍左右，但因为社会财富大部分集中在少数富有阶层受众，而贫困人口总数在全国人口数量中所占的比重达到了44.4%，使拉美国家的犯罪率始终保持在较高的状态，并对政权的稳定造成了十分不利的影响。

从宏观层面上看，收入差距的存在导致国家经济混乱，社会不稳定，甚至发生分裂方面具有助推作用。比如，前南斯拉夫的不同地区在收入方面的差距过大，导致不同民族之间的关系严重恶化，在其他历史矛盾问题的助推下，1991年发生了武装暴乱，导致整个国家分裂。从微观层面看，收入分配的不均衡对社会公众的生活满意度与公平感产生了诸多的负面影响，公正性越高，居民对生活越满意，则社会冲突问题的发生几率越小（李培林等，2005）。

综上所述，收入差距过大会引发财富不均衡配置，在各种问题积累到一定程度时会集中爆发出来，导致整个国家的政治与社会一同进入混乱状态。大量的历史与现实问题已经充分证明了这一概念，任何政权在经济不均衡的状态下都无法实现长期的稳定。

第四节　财政转移性支出影响收入再分配的现实问题

一、收入再分配不均衡

我国改革开放已经历了40多年的发展历史，在经济转型方面积累了大量的经验。对收入分配制度进行改革是中国经济转型的一部分，既有值得肯定的方面，也有需要吸取教训的方面。对中国收入分配制度改革下的居民收入差距变动趋势进行阶段划分后，可以发现其主要经历了两个变动阶段：一是在经济转型之前的 30 年；二是完成经济转型之后的 10 年。国内学者对前 30 年的国民收入差距变化规律与过程的认定较为一致，认为该时期的国民收入差距主要以逐步扩大为主。但在后 10 年的收入差距变化方面存在较大分歧。居民收入再分配是国民收入继初次分配之后在政府、企业和居民之间进行的分配，居民取得的最终可支配收入就是居民收入再分配，而测算基尼系数一般用的就是居民经过再分配后取得的可支配收入。

我国国民经济数据统计部门在 2013 年之前，每年都会对城乡居民收入差距的基尼系数进行计算和研究，但未将全国收入差距基尼系数纳入其中。出现这种现象的主要原因在于城镇居民与农村居民的收入结构、收入渠道、收入途径等方面的认定存在较大差异；城镇居民的收入被定义为可支配收入，农村居民的收入被定义为纯收入，由此实行了城乡收入的分离调查，且并未将两种调查数据进行整合计算。2013 年之后，全国收入差距基尼系数才被纳入计算的范畴，并构建了年度公布机制。从我国统计局发布的历史数据中可以看出：2003—2008 年，我国的经济基尼系数稳步提高，由原来的 0.479 逐渐上升到 0.491。而 2008 年之后，我国基尼系数开始呈现出下降的趋势，从 0.481 降至 0.462。同时，很多民间经济问题研究机构从不同渠道收集了大量的数据，对全国收入差距基尼系数进行了估算，但不同机构得出的结果存在较大差异。① 北京师范大学中国收入分配研究利用 CHIP 数据对 2010 年全国收入差距的基尼系数进行了估计为 0.425。我国金融调查研究机构运用 CHFS 数据，对 2010 年全国收入差距基尼系数进行了计算，得出的数值在 0.610 到 0.722 之间，由于其估计值非常高，这一结果得到了社会各界的广泛注意，并迅速传播，但是也受到了质疑，报告解释

① 本节数据来源：中国家庭动态跟踪调查技术报告系列：CFPS - 16。

CHFS 低收入家庭的收入比其他数据更低，高收入家庭的收入比其他数据更高，这是导致 CHFS 计算出较高基尼系数的主要原因。此外，北京大学社会科学调查中心根据中国家庭追踪调查的 CFPS 数据计算出来的 2010 年全国基尼系数在 0. 499 到 0. 525 之间，具体数值取决于是否作出农业收入调整及样本限定。相对而言，CHFS 主要是通过对数据的抽样分析来实现对收入水平的专业化定义，计算的结果具有较高的可信度。中国人民大学与中国香港、美国的多个大学通过联合研究，对我国近年来的经济基尼系数进行了计算，得出了 2010 年我国国民收入差距的基尼系数值为 0. 555，在 2012 年之后呈现出下降趋势。相较于民间机构的计算结果，统计局计算的数值较低，这主要是因为统计局对高收入数据样本的选择较少造成的。从各个不同数据来源对居民收入再分配测定的结果来看，基尼系数值在近几年是逐渐下降的反映了中国居民收入差距变化是变小的，但是测算的基尼系数值与发达国家相比，还是比较高的，反映了居民收入再分配后差距还是很大的，应该更加关注于中国居民的收入分布，以及富人群与一般人群收入差距的变化。

政府发挥再分配的作用，并使居民收入差距缩小的结果显而易见，尤其是在提高低收入群体中发挥的力量。一是为提高农村居民的收入，通过财政补贴使农产品价格大幅度上升，商品价格的上升带来了农民农业收入的快速增长。二是包括农民工在内的非技术工人或蓝领员工工资的较高幅度的提高，如施行最低工资待遇，同时对于提高城镇中层收入群体与底层收入群体进行规模化调控能够对城乡收入差距的减小起到积极作用。我国政府部门在城乡差距问题的优化方面，出台了大量的惠农政策、税收优惠政策。但是，我们还应考虑一些负面影响。第一，城镇地区的房地产价格不断上升导致高收入人群的财富积累速度不断提升，使高低收入人群之间的财富积累差距日益严重。第二，通货膨胀使各种生活品的价格上涨，使本来就处于低收入阶层的居民实际消费能力大幅下降，且降幅远高于高收入人群。第三，不同行业之间的收入差距稳步扩大，尤其是垄断经营造成了严重的收入失衡问题。例如，在2017年规模以上企业分行业就业人员平均工资排行榜上，软件、信息技术服务业和科学研究、技术服务业这两个行业工资水平超10万元排名最前，有11个行业超过全部规模以上企业工资平均水平。第四，财政转移性支出制度的不均衡配置导致不同人群的收入差距快速扩大。尤其是不同退休金制度的实施导致老年人在退休后的收入方面存在极大的差异性。第五，贪污腐败带来的隐形收入导致社会收入差距问题不断加剧。收入分配的改革依然是紧迫和艰巨的。

二、我国再分配调节收入差距作用发挥不大

我国现行的收入分配政策发挥的作用非常有限。北京师范大学经济研究院对收入再分配政策实施效果进行评估后，发现我国现行的财税政策与转移支付政策虽然能够对收入差距问题具有一定的调节功能，但作用非常有限，尤其是财政指出项目的不断增加导致社会收入结构的不均衡性不断提高。

在居民收入分配问题的解决上，必须将初次分配与再分配进行组合使用。而且，初次分配的责任应当由政府主动承担。首先在市场化改革不断推进的过程中，对现有的市场体系进行优化与完善，使市场机制成为社会资源配置的主要工具，但必须在政府的监管下进行。我国目前已经构建了完整的市场体系，并在市场资源的配置上发挥出了积极的促进作用。但市场中的生产要素不足，大量的行业存在垄断现象，市场分化问题严重，且政府对市场的干预较深。不仅使大量的生产要素得不到有效配置，还导致社会收入分配不平衡问题变得更加严重。其次在资本市场中，国有资本始终占据着主导地位，大量的资源被国有资本牢牢掌握，民间资本要想在经济活动中有所发挥是极其困难的，部分利润较高的行业领域被国有资本所垄断，这对民营化资本的发展产生了极其不利的影响，进而引发

了一系列的市场收入差距问题。我国劳动力市场结构不合理，管理机制缺失，城乡劳动力市场形成了分化局面，就业制度中存在严重的身份歧视与性别歧视问题，甚至存在着隐形关系就业的问题，同样的岗位工作不同的薪酬待遇更是普遍现象。这些问题的存在无疑为收入差距现象产生了助推作用。同时，我国土地市场存在的问题更多，且更加复杂。从严格意义上讲，我国土地市场结构尚处于构建过程中，政府部门牢牢掌控着土地的使用权，这为土地市场的发展造成了极大的束缚。土地市场发展的过程与民众的利益紧密相关，土地买卖活动对增强农民收入能力具有积极作用，对农村收入分配差距的优化具有促进作用。构建有效的土地管理制度，产权保护制度、土地交易监督制度，能够有效确保农民的合法权益。

严格来说，政府部门能够在收入再分配方面发挥出更多的职能作用。党的十九大提出：政府部门应当加大对收入再分配的调节，积极发挥自身的职能。在以往的数十年中，我国政府部门不断加大对再分配制度的改革，并取得了不少成果。第一，2003 年之后，我国政府制定了全国低收入居民生活保障体系，自实施以后到 2014 年的这段期间内，全国共有 7089 万居民享受到了该项政策，其中，城镇居民人数为 1880 万人，农村居民人数为 5209 万人。该项政策的推出，有效缓解了贫困居民的生活压力，提高了贫困居民的收入水平，在乡镇居民收入差距方面起到了一定的改善作用。第二，大量惠农政策得到了实施，有效提高了基层农民的收入水平，为城乡收入差距问题的改善起了积极作用。第三，对税收政策的优化与调整，使农民从农业生产中得到了实实在在的好处，不仅有效减轻了农民的税负压力，还大幅提高了农民的经济能力，缩小了城乡收入差距。

相较于其他国家，我国政府还需要在收入再分配政策的优化方面加大力度，使其能够发挥出更好的调节作用。第一，政府部门应优化收入分配政策结构。首先是我国现行的收入分配制度存在结构性问题，直接税收与个人所得税所占的比例较少，导致间接税收与增值税收所占的比例较多；而个人所得税是调节收入差距的主要途径，增值税与其他间接税收对收入差距问题具有无益作用。基于此（聂海峰和岳希明，2012），政府部门应适当加大个人所得税所占的比重，并设置一些能够在收入分配方面发挥积极作用的税种，例如，加大直接税收比重的同时，减小间接税收所占的比重，间接税如增值税的税率和征税范围的调整；直接税是财产税的完善，值得一提的是完善房产税和开征遗产税，不仅能够提高直接税所占的比重，使政府部门具备更加充足的条件制定出更多的间接税减免措施，还可以大幅提高企业活力。其次是个人所得税的综合改革，当前个人所得税征收效率最高的是工薪收入，而对于那些其他收入来源的人群收入无法起到有效的调节作用。第二，在基层低收入人群与贫困人群的转移支付方面加大力度。我国已经初步构建了居民生活保障制度，但该制度在实践应用中发挥出来的作用非常有限。（李实和杨穗，2009）从我国民政部最近发布的数据上看，2016 年全国享受低保资助的人口数量达到了 6 千万人，而农村地区以 4700 万人的数量占据了大部分份额，而在低保救助制度得到落实的基础上，贫困人口的数量仍有 5 千万人。这就表明我国低保制度的覆盖范围非常有限，尚未达到全国性覆盖的程度，部分贫困地区的低保制度仅能够维持居民的个人口粮。尤其是在经济极其落后的农村地区，由于自身财政困难，使低保保障的标准非常低，甚至不能发挥基本作用。基于此，要不断加大对享有低保资格居民的保障力度，在确保所有符合条件居民能够享受制度的同时，使制度的保障能够更加有效的改善他们的生活质量。此外，我国转移支付的类型非常单一，很多国家实行了儿童教育补贴计划（墨西哥政府推出的 PROGRESA program）、老人补贴计划（南非政府推出的 Older Person's Grant）等对收入分配政策的功能进行了补充，而我国政府尚未提出相关意见。因此，政府部门应针对不同的特殊人群制定出具有针对性的福利项目，从基本生活上改善社会收入差距。第三，健全财政转移支出支付，提高保障制度的公平性。截至目前，我国全民养老保障制度与医疗保障制度已经具备了覆盖全国居民的能力，但这两种保障制度均具有较强的人群针对性，不同人群享受到的保障水平存在显著差异，尤其是在养老制度上，行政事业单位人员可以享有养老金制度，企业员工享有养老制度，农村居民为养老保障制度，这些制度之间的经济差异非常突出；在医疗保障方面，行政事业单位人员享有公费医疗保障，企业员工享有医疗保障，农民享有农村合作医疗，不同制度同样存在着显著的保障水平差异。相同保障制度被划分为了不同的级别与类型，且相互之间存在极大的保障差距，使这些制度的生命力注定是短暂的。政府部门作为这些制度的设计主体，应主动承担这些制度的调整责任。

三、收入再分配存在“逆向”效应

财政转移性支出作为一项财政政策发挥收入再分配的作用，在不同时间段和不同地区发挥的作用也不同。本部分主要从三个视角出发，对不同制度、制度内部支出率、制度外部支出率等方面的问题进行了研究，并分析了财政转移性支出政策在实践应用中的负面问题。

首先，财政转移性支出一方面在同一制度内收入再分配时产生代际间双向逆调节，如代际和两性等之间分配不公；另一方面各地不均等的财政转移支出会导致不同群体之间的收入分配不均衡问题持续扩大，由于我国经济结构具有二元化特征，若国家在城镇养老方面投入的财政资金过大，在农村居民养老制度建设方面的力度不足，会造成城乡居民收入差距的进一步拉大，高收入的城市居民不断获取政府赋予的福利，我国养老金制度在收入在分配方面并不具备积极的调节作用，而是将高低收入人群的福利待遇差异进一步扩大，例如，公务员在享有国内最高薪酬待遇的同时，还享有最高代替率的养老金与退休金，事业单位员工享有的工资待遇和养老待遇排在其次，企业职工最低。在这种结构下，养老金制度为不同群体提供了不同的保障待遇，形成了我国独有的双轨制养老保障模式。

其次，政府部门将大量的财政资金用于制度建设，本质上是为了确保制度参与者能够享受到平等的政策待遇，实现财政收入的正向配置；但由于制度外纳税人身份的存在，使他们无法平等的享受这些财政政策，从而在制度排斥的情况下产生了不公平的财政转移支付问题，制度内的人群得到财政正向转移支付，而制度外人群多为低收入者，不公平将造成更大的收入差距。如我国的养老保险制度将收入相对较低的农村居民挡在养老保险支出之外，形成不平等的逆向再分配，农村的老龄人口由于丧失了劳动能力又因没有财政养老保险的支持，生活质量往往很差，在我国制度内的老龄化人口普遍在收入方面要显著高于制度外老龄人口，如果财政补贴的水平越高，则产生的逆向分配效应就越强。

最后，发达地区与不发达地区之间由于制度的原因从而财政转移性支出率的不同，造成财政转移性支出在不同地区人群之间逆向再分配，大部分经济发达地区在财政转移支出方面的待遇水平较高，而贫困地区的财政转移支出水平较低，两者之间存在显著的差距。在市场经济体制改革的影响下，全国劳动力的流动性大幅提高，流动范围涵盖了全国各个地区，由于地区经济发展的程度不同，一般是经济发达地区成为劳动力流动的重要目的地，经济落后地区人口老龄化日渐严重。经济发展较差地区的劳动力会因为收入水平问题流向经济发达地区，产生的税收也完全被发达地区吸收，而这些被吸收的资金在投入政策转移支出时并不会覆盖这些群体。人均 GDP 越高的城市，外来劳动力在就业人口中的比重越高。

由于外来劳动力的数量不断增加，赡养率会随之下降，经济发达地区的财政资金结余的累计率会不断提高。最终导致的结果为：贫困地区的劳动力为经济发达地区的财政转移性支出作出了巨大贡献，但并不能享受到与当地职工相同的待遇。经济发达地区在各种福利资金的收缴方面并不严格，但抚养的比率相对较低，地方财政部门可以根据实际情况来选择转移性支出待遇水平的上调范围；经济不发达地区在福利基金的收缴方面存在诸多问题，且当地的抚养比率较高，替代率较低，导致财政转移性支出的水平难以提高。在这种情况下，财政转移性支出制度在不同地区之间的失衡程度不断加剧，从而形成了不同地区的财政支出率逆向分配问题。

第四章

财政转移性支出对居民收入再分配影响的实证研究

第一节　财政转移性支出与居民收入差距的核算

一、居民转移性收入替代财政转移性支出核算说明

财政转移性支出是居民收入初次分配与再分配领域联结的重要通道，理论上，财政转移性支出对收入分配的影响体现在宏观和微观两个层面。从宏观层面看，财政转移性支出在政府、企业、住户三大部门之间的流转直接影响各部门可支配收入的形成；从微观层面看，财政转移性支出影响社会各个收入阶层之间的收入对比关系，客观上起着均衡、协调不同收入水平，缩小收入差距的作用。前文已分析我国居民收入存在着差距的事实，而缓解这一问题需要财政发挥收入再分配的调控职能，财政再分配主要是通过财政转移性支出发挥增进社会公平的优势，本章是从微观角度测度财政转移性支出对居民的收入分配的影响，通常是以转移性收入来代表财政转移性支出对收入再分配影响的结果。而转移性收入是收入再分配反映在居民收入上的载体，这种收入本身的分配不平等，显然无法促进社会公平。根据国家统计局的统计指标定义，转移性收入指国

家、单位、社会团体对居民家庭的各种转移支付和居民家庭间的收入转移。包括政府对个人收入转移的离退休金、失业救济金、赔偿等；单位对个人收入转移的辞退金、保险索赔、住房公积金、家庭间的赠送和赡养等。[①] 因此转移性收入来源（见表 4－1）包括两部分：一是来自政府对居民家庭的各种转移性支出，包括离退休金、价格补贴、抚恤和社会福利救济；二是居民家庭内部的收入转移，包括赡养收入、赠送收入、亲友搭伙费和记账补贴。其中第二部分，即发生在居民家庭内部的收入转移，并不属于政府收入再分配的范畴；第一部分中的某些收入，如国有、集体企业离退休金中由企业支付也不是财政专项补助的部分，也不属于政府的收入再分配。从《中国统计年鉴》公布的人均转移性收入数据来看，具有收入再分配功能的政府转移性支付，即养老金或离退休金、价格补贴、抚恤和社会福利救济等，在全部人均转移性收入中占据主导地位。因此从年鉴上的人均转移性收入数据来看，政府的转移支付部分占据主导地位，因而并不影响我们以居民转移性收入替代转移性支出进行分析（杨天宇，2018）[②]。本书用转移性收入代替财政转移性支出的总量来测量对居民收入不平等的影响，考察转移性支出收入再分配的效应。

表 4－1　　住户部门经常转移净收入的构成和计算方法

住户部门经常转移收入	
1. 财政转移性支出	财政社会保障支出
	财政补贴支出
2. 非寿险赔付	
3. 家庭间转移性收入	

① 杨天宇．中国居民转移性收入不平等成因的实证分析［J］．中南财经政法大学学报，2018（01）：42－50＋159.

② 杨天宇．调整我国收入分配关系的财政制度保障［J］．经济理论与经济管理，2008（06）：36－41.

续表

住户部门经常转移收入
4. 来自国外的经常转移收入：侨汇
5. 其他转移收入：家电下乡补贴、以旧换新补贴、国家赔偿费等

资料来源：根据中国统计年鉴和中国财政年鉴整理而得。

二、居民收入的分解及收入差距测算说明

（一）基尼系数测算的发展

对以往的文献进行研究，居民收入差距的测算及分解一般采用的是 MT 指数和基尼系数分解，在先前研究者研究的基础上对两者的差别进行了总结。MT 指数是对收入转移后的基尼系数与收入转移前的基尼系数进行比较，为再分配收入政策提供影响效应。通常情况下，财政转移性支出的服务对象集中在低收入群体，以此发挥了缩小社会收入差距的功能，对转移性支出付出前后的收入根据 MT 指数指标能够判断出再分配政策的效果。但是单独依靠这一指标所提供的信息则是有限的，它给出的判断结果也是比较片面的，如 MT > 0 时，并不表示增加转移性支出就可以降低收入差距系数；有些地区却呈相反的效果，增加转移性支出会让收入的基尼系数增加。与 MT 指数有很大不同，运用基尼系数分解计算方法，能够观察基尼系数变化的情况，它的改变对应结果与 MT 指数改变对应结果完全相反，能够对收入边际效应做出提示，但是对再分配整体效应无法表达。综合对比看，对于 MT 指数或是基尼系数分解，都无法对转移性支出的贡献作出科学验证，围绕这一不足，本书另辟视角对财政转移性支出带来的收入分配效应进行了分析，运用总体效应分析和边际效应分析，以他之长补己之短。

居民收入差距的测算首先要清楚造成差距的原因，分析思路需要从收入来源入手，当前收入差距分解的研究常见方式有两类：一

类是根据人口特征分解，称之为收入不平等人口群组分解；另一类是根据收入来源分解，称之为收入要素来源分解。对于第一类分解研究主要是观察是否存在性别、年龄、民族等歧视现象导致收入不平等；对于第二类分解研究主要是观察收入来源对不平等的贡献程度等。本章节主要是根据第二类分解方法展开了研究。

（二）要素来源的水平分解

对基尼系数的要素来源分解是按照收入来源测算和分解基尼系数的方法进行的。将总收入的基尼系数分解为各要素分项集中率的加权平均。各分项收入的基尼系数，也称之为集中率，它表示收入不平等的程度情况，该项指标越大则表示收入不平等越严重，对应的收入差距贡献率也会越大。分项收入内容对收入差距贡献率的测定与集中率有关系，同时还会受到收入结构的影响，如某项收入占比高，对收入差距贡献率也会影响。因此在收入差距影响程度分析上需要综合集中率和贡献率两项指标。

居民收入是不同类型收入来源的总和，随着市场经济的发展，居民收入中除工资性收入以外，还包括财产性收入、经营性收入和转移性收入。而本书研究的内容是转移性收入，简言之就是我们生活中所涉及的退休金、养老金、医疗保险、失业保险、财政补贴、家庭间转移收入。因此本书一方面从总收入来源分解基尼系数，另一方面从转移性收入内部考察转移性收入各组成部分对收入不平等的影响。一般令 Y_i 为第 i 个个体（$i=1,2,3,\cdots,n$）的收入总和。Y_{ik}表示收入中分为 K 个类型的收入来源。

家庭收入综合分布可以用以下公式表示：

$$Y = Y_1, Y_2, \cdots, Y_n \tag{4-1}$$

k 分项收入分布可以用以下公式表示：$Y_k = Y_{1k}, Y_{2k}, \cdots, Y_{nk}$。假设各要素来源互不相容，且各要素来源之和为总收入。由此可知：

$$Y = \sum_{K=1}^{K} Y_K \tag{4-2}$$

运用 Fei、Ranis 和 Kuo（1978）提出的基尼系数分解方法，得到如下计算结果：

$$G = \sum_{k=1}^{K} S_k C_k \tag{4-3}$$

其中，G 表示总收入 $Y = \sum_{k=1}^{K} Y_k$ 的基尼系数，S_k 表示分项收入 Y_k 在总收入 Y 中的占比；C_k 表示根据综上收入仍 Y 为基准，运用排序计算后得到的分项 Y_k 集中率。

随后研究发展，学者 Lerman 和 Yitzhaki（1985）将上述计算方法进行优化，$C_k = G_k R_k$，计算公式如下：

$$G = \sum_{k=1}^{K} S_k G_k R_k \tag{4-4}$$

其中，G_k 表示分项收入 Y_k 的基尼系数，R_k 表示分项收入 Y_k 与总收入 Y 之间的相关系数，计算公式是：

$$R_k = \mathrm{cov}(Y_k, F) / \mathrm{cov}(Y_k, F_k) \tag{4-5}$$

上述公式中：F 表示总收入分布函数；F_k 分别分项收入分布函数。若分项收入排序和总收入排序是相同的，则 $R_k > 0$，结果表示分项收入增大了收入差距；反之则表示分项收入有助于缩减收入差距，对应的分项收入对总收入基尼系数的贡献值则用 $S_k G_k R_k$ 表示。

第二节　背景分析、研究方法和数据来源

一、背景分析

在党的十九大政府报告会议中，中央政府强调了我国社会当前的主要矛盾，政府要在收入方面，尤其是在收入再分配方面解决发展不平衡和不充分的矛盾，而本书研究的居民转移性收入不平等正

是财政转移性支出对居民收入再分配的影响。当前，我国地区与地区之间，地区与城乡之间经济发展存在较大差距，在这些不同地区之间政府投入财政资源也存在较大差距，居民转移性支出大多数依托政府财政支出获得，若是政府迫于财政压力，财政资源存在缺口，将不可避免地导致养老金离退休金、养老保险、医疗保险、失业保险、财政补贴、家庭间转移收入等标准在不同地区和城乡之间存在差距。不同所有制企业的社会保障标准存在很大差异。例如，国有企业普遍交养老保险的基数高，企业年金制度在大型国营企业中已经实行，但是一些民营企业中当前还没有涉及，这就会带来转移性收入的不公。虽然国家经济水平自改革开放后得到快速发展，但群众共享经济的目标还没有实现，如教育程度高的家庭会获得更高比例的财政转移收入，而教育程度较低的家庭无法享受这些收入。再如，住房公积金、失业金等只能为缴纳五险一金的社会成员提供，而农村贫困家庭则无法获得。这些方面都说明我国居民取得转移性收入资源是不平等的。综上分析可以看出：财政转移性收入存在失衡问题，它集中倾向了居民转移性收入和家庭特征，基于此本书从收入结构和收入来源入手，对形成转移性收入失衡问题的原因进行了全面剖析。

二、研究方法

（一）居民收入分解及收入差距测算

对居民收入分配情况的测算主要是考察分配后收入差距的变化情况，对以往的文献进行研究，居民收入差距的测算及分解一般采用基尼系数分解，本书主要是基于转移性收入的来源分解基尼系数的测算方法进行的。居民收入是不同类型收入包括工资性收入、财产性收入、经营性收入和转移性收入各收入来源的总和。研究的对象转移性收入所涉及的是退休金、养老金、医疗保险、失业保险、财政补贴、家庭间转移收入。因此本书一方面从转移性收入内部考察转移性收入各组成部分对收入不平等的影响，另一方面从总收入来源分解基尼系数考察转移性收入对再分配不平等的贡献。一般令 Y_i 为第 i 个个体（$i=1,2,3,\cdots,n$）的收入总和。Y_{ik} 表示收入中分为 K 个类型的收入来源。运用学者 Lerman 和 Yitzhaki（1985）提出的基尼系数分解方法，进一步整理得出计算公式如下：

$$G = \sum_{k=1}^{k} S_k G_k R_k \tag{4-6}$$

其中，G 表示总收入的基尼系数，S_k 表示分项收入在总收入 Y 中的占比；G_k 表示分项收入 Y_k 的基尼系数，集中率 G_k 就是运用伪基尼系数的方法计算得到的，将总收入按升序排列，总收入中第 K 种收入来源的集中率；R_k 表示分项收入 Y_k 与总收入 Y 之间的相关系数。上述基尼系数的分解公式是将某项收入 Y_k 对总收入不平等的影响分解为三个因素：该项收入来源规模在总收入中的比重 S_k、该分项收入本身的不平等程度 G_k 和该分项收入和总收入的分布关系 R_k。R_k 是收入来源 Y_k 是否具有均等化效应及程度如何的决定因素，R_k 越大表示某项收入的非均等化程度越高；R_k 越接近 -1，表示某项收入的均等化程度越高。

此外，该公式还可以计算出某一收入来源的变化对总收入不均等影响的边际效应。如果用 E_k 表示某项收入 Y_k 的百分比变化，第 k 项收入的变化对总收入基尼系数的边际效应。

$$\text{收入 } Y_k \text{ 边际效} = (\partial G / \partial E_k)/G = \frac{S_k G_k R_k}{G} - S_k \tag{4-7}$$

该边际效应能够反映某项收入每增加百分之一对整体收入不平等的影响。边际效应为正，表明该项收入的增加将加剧总收入的不平等，反之则表明该项收入的增加将缩小总收入的不平等。因此，上述理论可以应用于测算某一项收入是否对总收入差距有影响及这一项收入对总收入差距贡献值的程度。

（二）政府转移支出再分配效应的分解

本书应进一步研究政府转移支出的再分配效应。目前研究方法主要是由 RE 指数研究发展进一步丰富起来的，由 Musgrave 和 Thin（1948）提出的测度收入再分配效应的方法。RE 指数只是简单的衡量居民转移后收入和转移前收入基尼系数的变化。后来有 Atkinson（1979）、Plotnick（1981）提出了包括纵向效应和再排序效应的 APK 模型，其公式如下：

$$RE = G_B - G_A = \frac{g}{1-g}(C_T - G_B) - (G_A - C_A)$$
$$= V^{APK} - R^{APK} \qquad (4-8)$$

其中，G_B为转移前的居民收入基尼系数，G_A 为转移后的居民收入基尼系数，C_T 为转移前收入的集中度指数，C_A 为转移后收入的集中度指数，g 表示转移收入占居民总收入的平均比例。在 APK 模型中缺少横向效应的分析，Aronson 和 Lambert（1994）进一步改进推出了 AJL 模型，其公式如下：

$$RE = G_B - G_A = \frac{g}{1-g}(C_T - G_B) - \sum_K \alpha_K G_K - R^{AJL}$$
$$= V^{AJL} - H^{AJL} - R^{AJL} \qquad (4-9)$$

其中，α_k 表示第 K 组转移收入前人口占总人口比重与第 K 组转移收入后收入占总收入比重的乘积。G_K 表示 k 组人口转移后收入排序的基尼系数。R^{AJL}表示再排序效应，即 $G_A - C_A$。而 AJL 模型没有包括组内和组间再排序效应。借鉴 Urban 和 Lambert（2008）提出的较为完善的收入 UL 再分配度量模型，其表达公式如下：

$$RE = V^{UL} - H^{UL} - R^{UL} \qquad (4-10)$$

其中，V^{UL}代表纵向效应，H^{UL}代表横向效应，R^{UL}代表再排序效应，并且 $V^{UL} = V^{AJL} + R^{EG}$，$H^{UL} = H^{AJL} - R^{WG}$，$R^{UL} = R^{APK}$，$R^{WG}$和$R^{EG}$分别表示组内和组间的再排序效应。模型反映的结论是，当 V^{UL}结果为正时，表示纵向效应平等；当 H^{UL}结果为负时，表示横向效应平等；当 R^{UL}结果为负时，代表再排序效应平等。如结果相反时，则代表不平等。鉴于UL模型对收入再分配效应的衡量研究比较成熟，本书实证采用UL模型对政府转移支出的收入分配效应进行测度。

三、数据来源

本书使用的数据主要来自北京大学中国社会科学调查中心国家庭追踪调查（CFPS2008－2018），该数据库比较全面的提供了转移性收入来源数据，可获取的样本量和时间长度是最好的，可以提供详细的及时间上更新最快的数据，因此本书选择此数据库的数据。本部分的实证分为两部分进行考察，第一部分是从静态来考察，居民的转移性收入对基尼系数的影响；第二部分是从动态来考察，从收入来源看导致基尼系数变动的程度，对转移性支出的再分配效应进行动态研究。

第三节　居民转移性收入影响居民收入差距的实证

一、单年度基尼系数分解

（一）转移性收入内部构成分解结果

本书首先测算了转移性收入各组成部分的基尼系数分解结果。考虑到数据的可获取性，CFPS2014年的数据对居民转移性收入的内部构成进行了区分，将转移性收入分为三部分：一是家庭全部养老金含退休金；二是政府补助总收入含现金与实物；三是捐助或补偿。本书根据此分类对转移性收入内部构成不平等程度进行分解。

由表4－2可知，居民转移性收入的最主要来源是家庭养老金和离退休金，占总收入的比例是72.37%，2014年转移性收入的基尼系数是0.5454，而养老金和离退休金集中率大于总收入的基尼系数，这说明增加养老金和离退休金会扩大转移性收入差距。根据边际效应测算可知，养老金和离退休金收入每增加1%，转移性收入基尼系数将增加1.96，因此，养老金和离退休金并没有贡献转移性收入不平等的作用。养老金和离退休金的对转移性收入不平等的贡献率高达80.70%，说明其已成为转移性收入不平等的主要形成原因。捐助或补偿占总体转移性收入的20.64%是转移性收入第二大来源，其边际效应为−0.0348，说明捐助或补偿收入的增加可以缩小转移性收入不平等。政府补助总收入在转移性收入中占的比重不大，仅占6.99%。体现的是政府对低收入人群和残疾人群的转移支付，其边际效应为−0.0096，因此具有缓解转移性收入不平等的作用，但其收入占转移性收入的比重较低，其覆盖面较小对转移性收入不平等的影响并不明显。

表4－2　　居民转移性收入内部构成不平等程度的分解结果

	占转移性收入的比重	收入集中率	分项收入对总差距的贡献	边际效应
1. 家庭养老金、离退休金	0.7237	0.7230	80.70	0.0196
2. 政府补助总收入	0.0699	0.5762	1.52	−0.0096
3. 捐助或补偿（包括社会捐助、征地补偿金、住房拆迁补偿金）	0.2064	0.6018	17.78	−0.0348

（二）居民转移性收入的再分配效应

借鉴前文的理论分析，采用UL模型对居民转移性收入的再分配效应进行测度，因UL模型在测算时要计算居民收入间的带宽，而我国二元化经济的现状造成我国农村及城镇居民转移性收入的差距较大，考虑到数据的可获取性本书主要采用CFPS2014年的数据分别对城镇和农村居民的转移性收入再分配效应进行测算。使用Stata15.0软件的DASP模块来测度居民的基尼系数和集中度指数等。

1. 城镇分析

先以城镇居民转移性收入测算收入再分配效应，并对其进行分解，如表4-3所示。测算结果说明了居民转移性收入正向调节了收入的再分配，对城镇居民的收入分配起到了改善作用，这一结论与学者郭庆旺（2016）的分析结果一致。

表4-3　城镇居民转移性收入的再分配效应

项目	绝对值	相对值
再分配效应 RE	0.0187	
转移前收入基尼系数 G_B	0.4249	$RE/G_B=4.4$
转移后收入基尼系数 G_A	0.4062	
纵向效应 V^{UL}	0.0368	$V^{UL}/RE=196.8$
横向效应 H^{UL}	-0.0109	$H^{UL}/RE=-58.3$
再排序效应 R^{UL}	0.0016	$R^{UL}/RE=8.6$
组内再排序 R^{WG}	0.0029	
组间再排序 R^{EG}	0.0000	
边际效应 ME	0.1578	

结果显示，城镇居民的再分配效应 RE 指数是0.0187，说明转移性支出再分配使在市场中未参与再分配所引起的收入不平等程度降低了4.4。此外，从三种效应及总效应的贡献来看，正的横向效应和负的纵向效应，都对收入分配起到了正向作用；而正的再排序效应，却是恶化了居民收入再分配。从相对值来分析转移性收入的贡献度，纵向效应的贡献力量最大，居于中间的是再排序效应，而

横向效应的贡献值最小，即转移性收入对城镇居民收入再分配的主导作用主要表现为纵向公平的改进。组内再排序效应为正且大于零说明是影响再排序效应的主要因素，而组间再排序效应为零说明对收入再排序效应没有影响。从边际效应来分析，在居民其他收入不变的条件下，转移性收入的增加带来的是基尼系数值提高，说明造成了居民收入不平等的情况恶化。因此一味盲目的增加城市居民转移性收入，会使居民不平等程度恶化。

2. 农村分析

表4－4对农村居民转移性收入测算的结果来看，再分配效应 *RE* 指数是0.0275，说明转移性支出再分配使在市场中未参与再分配所引起的收入不平等程度降低了6.9，其对收入分配的正向调节作用比城镇的要大，这一结论与学者郭庆旺（2016）的分析结果不一致，原因是郭庆旺研究数据采用的是2007年，而本书的研究数据是2014年。自2014年开始，我国实施新农村的建设及农村社会保障制度和精准扶贫制度的完善，使农村居民转移性收入提高，因此研究结果有了新的发展。此外，从三种效应及总效应的贡献来看，正的纵向效应和负的横向效应，都对收入分配起到了正向作用；而正的再排序效应，恶化了居民收入再分配。从相对值来分析转移性收入的贡献度，纵向效应的贡献力量最大，居于中间的是再排序效应，而横向效应的贡献值最小。组内再排序效应为正值且大于零说明是影响再排序效应的主要因素，组间再排序效应为零说明对收入再排序效应没有影响。从边际效应来分析，在居民其他收入不变的条件下，转移性收入的增加1%带来的是基尼系数值提高0.01，比城镇居民的情况要好。因此，总体来说农村居民转移性收入对收入再分配的作用更大，政府转移性支出的效果在农村要比城镇好。

表4-4　　农村居民转移性收入的再分配效应

项目	绝对值	相对值
再分配效应 RE	0.0275	
转移前收入基尼系数 G_B	0.3997	$RE/G_B=6.9$
转移后收入基尼系数 G_A	0.3722	
纵向效应 V^{UL}	0.0498	$V^{UL}/RE=181.9$
横向效应 H^{UL}	-0.0167	$H^{UL}/RE=-60.8$
再排序效应 R^{UL}	0.0034	$R^{UL}/RE=12.4$
组内再排序 R^{WG}	0.0018	
组间再排序 R^{EG}	0.0000	
边际效应 ME	0.0001	

二、不同年度基尼系数差值的分解

横向比较分析得出总收入的基尼系数比分项收入基尼系数低（见表4-5），说明居民收入差距的降低是依靠各收入来源共同作用的结果。在2011—2018年全国基尼系数经历了先升后降的过程，仅凭借分解单个年度的基尼系数还不足以看出各收入来源在全国基尼系数上升段和下降段的作用是否有区别。因此需要进一步对各收入来源不同年度基尼系数差值进行分解，本部分从不同年度居民收入来源进一步测算对不平等的影响，并将居民所有收入来源对不平等的影响进行比较。

表4-5　　全国居民收入基尼系数及份额

年度	总收入基尼系数	转移性收入		经营性收入		财产性收入		工资性收入	
		基尼系数	贡献率（%）	基尼系数	贡献率（%）	基尼系数	贡献率（%）	基尼系数	贡献率（%）
2018	0.46423	0.4431	18.2	0.6743	24.6	0.6611	4.0	0.5355	53.2
2016	0.45674	0.4425	17.4	0.6362	26.9	0.6650	4.9	0.5285	55.6

续表

年度	总收入基尼系数	转移性收入		经营性收入		财产性收入		工资性收入	
		基尼系数	贡献率（%）	基尼系数	贡献率（%）	基尼系数	贡献率（%）	基尼系数	贡献率（%）
2014	0.46341	0.4454	23.1	0.5530	14.4	0.6601	2.0	0.4960	58.4
2012	0.48040	0.4554	14.4	0.5279	17.07	0.6642	2.5	0.5157	66.1
2011	0.54946	0.6301	7.9	0.4279	29.8	0.6705	1.6	0.4457	59.9
2010	0.48763	0.4557	11.6	0.4936	26.9	0.6780	1.8	0.4746	59.8
2009	0.50218	0.4936	16.4	0.5315	21.4	0.6111	5.0	0.4994	57.3
2008	0.56450	0.5297	13.5	0.5930	22.9	0.6564	5.4	0.4894	56.4

从表4－5可以看出是从居民收入的来源即转移性收入、经营性收入、财产性收入、工资性收入四部分测算基尼系数及份额。工资性收入代表居民的劳动要素收入，2008—2016年的平均贡献程度为60%左右，其不平等对全国总收入基尼系数的贡献最大。经营性收入和财产性收入的基尼系数和贡献率在整个样本期间一直呈上升趋势，说明两者不平等的上升是造成居民收入不平等的因素，经营性收入的贡献率占比在25%左右，其作用是比较大的。财产性收入不平等对基尼系数的贡献率最低，仅3%左右，但其自2010年后唯一保持上升趋势的，这说明财产性收入不平等已成为收入差距恶化的来源之一。

从整体考察总收入的基尼系数和转移性收入基尼系数的关系，测算结果从整体上来分析，转移性收入的基尼系数都比总收入的基尼系数小，说明我国居民的转移性收入的分配缩小了居民最终取得总收入的差距，转移性收入具有收入再分配的作用，发挥了一定公平分配的作用。而转移性收入对收入差距的贡献值一直在20%左右，与转移性收入占总收入的比重成正比例，政府转移支出的投入是有效的。从其具体数值分析总收入的基尼系数和转移性收入的贡献率在整个样本期间一直呈反向变动的趋势，说明转移性收入不平等的下降是缓解居民收入不平等的力量，而且该因素的贡献率是上升的，这意味着进一步推动转移性收入不平等的下降，有助于改善全国性基尼系数。表中 2011 年的数据变动很大，这可能跟样本数据有关，因 2011 年实行的是基线调查跟 2012 年全样本调查相比，样本数据量比较小，各阶层收入统计的不够周全。

前文是根据各个年度的各收入来源的贡献对基尼系数进行分解的结果，而反之在多个年度里的各收入来源的贡献与基尼系数差值的分解也是有影响的。借鉴 Fluckiger 和 Silber（1995）的方式，将引起基尼系数差值的因素分解到以下三个层面来研究居民收入基尼系数变化的原因：

$$I_{G,t}-I_{G,T}=\sum_{K=1}^{K}\frac{S_{K,t}+S_{K,T}}{2}(AG_{K,t}-AG_{K,T})+\sum_{K=1}^{K}\frac{PG_{K,t}+PG_{K,T}}{2}(S_{K,t}-S_{K,T})+\sum_{K=1}^{K}\frac{S_{K,t}+S_{K,T}}{2}(\Delta_{K,t}-\Delta_{K,T}) \quad (4-11)$$

其中，$I_{G,t}$代表 t 年度基尼系数，$I_{G,T}$代表所有年度平均基尼系数，基尼系数的差值通过两者测算，引起差值的变化是被将总收入分为 K 种收入来源的影响，每种收入来源又可以分解为三项：公式等号右边第一项称为不平等效应，是各项收入的真实基尼系数差值引起的总收入基尼系数差值；第二项称为份额效应，是各项收入所占比重的差值而引起的总收入基尼系数差值；第三项称为相关效应，是各项收入来源的伪基尼系数与真实基尼系数的差值引起的总收入基尼系数差值。后文的经验分析均以式（4－11）为基础，表 4－6 给出了各收入来源的不平等效应、份额效应和相关效应对总收入基尼系数差值的贡献率。

表 4－6 从时间趋势来看，经营性收入总体对总收入基尼系数具有弱化效应。从分项来看不平等效应在上升，而份额效应和相关效应在下降，这说明经营性收入对总收入基尼系数的弱化效应主要是通过份额效应和相关效应的下降来实现的。总体来分析，经营性

表 4－6　　收入来源对基尼系数差值的影响

项目	年份	总效应	贡献率（%）	不平等效应	贡献率（%）	份额效应	贡献率（%）	相关效应	贡献率（%）
经营性收入	2018	－0. 04563	32. 7	0. 01986	57	－0. 02455	10. 3	－0. 12842	－25. 6
	2016	－0. 05764	48. 9	0. 02520	74. 4	－0. 08228	－26. 3	－0. 00055	0. 8
	2014	－0. 05281	－73. 7	0. 01118	－27. 0	－0. 03647	－21. 2	－0. 02752	－25. 5
	2012	－0. 05163	－143. 5	0. 00664	－101. 2	－0. 03919	－17. 7	－0. 01908	－24. 6
	2011	0. 06194	156. 4	－0. 02134	23. 9	0. 06833	58. 9	0. 01495	73. 6
	2010	－0. 02231	95. 7	－0. 07550	55. 3	0. 00989	12. 1	0. 04331	28. 3
	2009	－0. 04445	64. 5	0. 00815	9. 4	－0. 01636	9. 5	－0. 03624	45. 6
	2008	0. 22946	349. 6	0. 03372	152. 0	0. 13530	125. 1	0. 06044	72. 5
财产性收入	2018	－0. 01847	－1. 2	0. 00055	0. 1	－0. 01678	－1. 0	－0. 00224	－0. 3
	2016	－0. 00807	－2. 3	0. 00028	0. 2	－0. 01175	－1. 1	0. 00340	－1. 4
	2014	－0. 02010	－2. 2	0. 00007	0. 0	－0. 01826	－1. 9	－0. 00191	－0. 3
	2012	－0. 01747	－2. 0	0. 00022	－0. 5	－0. 01521	－1. 0	－0. 00248	－0. 5
	2011	－0. 02251	－1. 2	0. 00040	0. 0	－0. 02102	－0. 8	－0. 00189	－0. 4
	2010	－0. 01886	－1. 7	0. 00067	0. 0	－0. 02211	－1. 8	0. 00258	0. 1
	2009	－0. 01165	2. 2	－0. 00235	－0. 6	0. 00028	0	－0. 00959	2. 8
	2008	0. 12721	51. 2	0. 00005	0. 1	0. 10233	38. 9	0. 02483	12. 2

续表

项目	年份	总效应	贡献率（%）	不平等效应	贡献率（%）	份额效应	贡献率（%）	相关效应	贡献率（%）
工资性收入	2018	0. 08067	288. 6	0. 01233	88. 2	0. 05667	66. 7	0. 01167	133. 7
	2016	0. 04403	332. 8	0. 00424	72. 7	0. 05812	108. 1	-0. 01833	152. 0
	2014	0. 02353	273. 6	-0. 01418	144. 1	0. 02581	75. 2	0. 01190	54. 3
	2012	0. 08519	428. 8	-0. 00341	201. 3	0. 06615	115. 5	0. 02244	112. 0
	2011	-0. 00816	148. 6	-0. 04284	76. 2	0. 03082	42. 2	0. 00386	30. 2
	2010	0. 05197	200. 0	-0. 02644	43. 1	0. 03363	91. 7	0. 04477	65. 2
	2009	-0. 12252	302. 3	0. 07184	106. 3	-0. 13409	99. 1	-0. 06027	96. 9
	2008	-0. 08353	-100. 6	-0. 01432	-52. 3	-0. 08519	-63. 8	0. 01598	15. 5
转移性收入	2018	0. 16786	37. 3	0. 0002	0. 3	0. 04432	12. 6	0. 12334	24. 4
	2016	0. 14427	-79. 4	-0. 00883	-47. 3	0. 06327	19. 3	0. 01983	-51. 4
	2014	0. 10150	123. 7	0. 00405	-16. 3	0. 05526	63. 8	0. 04218	76. 2
	2012	0. 02039	6. 7	-0. 00003	0. 4	0. 00832	3. 2	0. 01209	13. 1
	2011	-0. 04808	-3. 9	0. 00587	-0. 1	-0. 02065	-0. 4	-0. 03330	-3. 4
	2010	0. 01356	6. 0	-0. 00516	1. 6	-0. 00388	-2. 0	0. 02259	6. 4
	2009	0. 04927	-69. 0	-0. 01704	-15. 1	0. 01930	-8. 6	0. 04701	-45. 3
	2008	-0. 04774	-0. 3	0. 00663	0. 2	-0. 02505	-0. 2	-0. 02932	-0. 3

收入由于其比例比较小，意味着不是造成总收入基尼系数变大的最主要的因素；财产性收入的三种效应的值相对来说较低，对总收入基尼系数的贡献值不大。但由于总效应基本是负的，因此我们需要重视财产性收入对总收入基尼系数的恶化作用；工资性收入导致总收入基尼系数差值的变化，在 2010 年前后为负数，而在其他年份为正数。这种作用表现出两大特征，一是说明工资性收入在 2010 年前驱动总收入基尼系数下降，主要是不平等效应造成的，而在 2010 年后驱动总收入基尼系数上升的作用，主要是不平等效应和份额效应共同作用带来的。二是工资性收入对基尼系数影响的贡献率比较高，这说明工资性收入差距的缩小已越来越成为总收入基尼系数下降的重要驱动力量，这证实了表 4 –5 推测的结果，即工资性收入不平等的下降是全国基尼系数下降的主要推动力。

重点考察转移性收入对总收入基尼系数的影响，总效应以 2011 年为转折点其他年份基本是正的，说明了转移性收入驱动了总收入基尼系数的下降。而份额效应的变动趋势与总效应的趋势一致。相关效应和不平等效应的变动正好相反，两种效应的作用方向相反，正好造成总效应的波动趋势与份额效应变动一致，这也说明转移性收入驱动总收入基尼系数下降，不平等效应和相关效应也是有影响的。从整体发展趋势来看，转移性收入的不平等效应和份额效应都在下降。份额效应的下降暗示转移性收入的不平等程度降低了，但不平等效应的下降则表明转移性收入不平等的下降已经趋缓，需要进一步采取措施缩小转移性收入的不平等程度。

三、实证结论

前文利用居民转移性收入和居民总体收入中其他来源对基尼系数差值的影响和贡献值进行比较分析，可以发现以下结果：第一，居民转移性收入比重的大小与基尼系数值和对总差距的贡献变化一致。因此加大对政府转移支出的投入，可以起到公平居民收入分配的结果。居民转移性收入内部主要来源是家庭养老金和离退休金，其份额的增加会扩大转移性收入对不平等的影响。城镇居民盲目的增加居民转移性收入，会使居民不平等程度恶化；农村居民转移性收入对收入再分配公平的作用更大。可见政府转移支出自身的结构改革应该进一步重视，不能一味的增加政府转移支出中的财政社会保障基金，还应重视财政补贴资金或者其他方式。第二，从动态分析政府转移性支出对改善居民收入分配的效果大大强于提高居民经营收入和财产收入，而工资性收入基于市场初次分配劳动报酬的结果对改善居民收入差距贡献率也是很高的。转移性收入不平等的下降是缓解居民收入不平等的力量，进一步推动转移性收入不平等的下降，有助于改善全国性基尼系数。而转移性收入总的贡献率每年都在波动，可能受到搜集数据的影响，同时也说明了居民的转移性收入政策不够稳定和缺乏可持续性。应该充分利用各收入来源对不平等的影响有差别的作用，通过改善各种收入不平等和优化收入结构来降低居民总收入基尼系数。

第四节　居民转移性收入与居民收入差距的回归分析

一、模型设定与数据说明

前文用居民转移性收入替代政府转移支出进行了实证研究，为了进一步说明我国政府转移支出再分配后对收入不平等的影响，本部分对其与居民收入差距进行回归分析验证。由于居民收入差距可能具有惯性，即当前的收入差距将受到先前收入差距的影响，本书采用动态面板回归模型，即系统广义矩估计进行了进一步的分析。为了完整展现我国的各地区经济中政府转移支出的结构对居民收入的影响，本书使用中国2000—2016年的省际面板数据。计量模型设定为固定效应模型如下：

$$y_{it} = \alpha_i + X_{it}\beta + Z_{it}\delta + \varepsilon_{it} + \mu_{it} \tag{4-12}$$

模型中 y_{it} 表示 i 省在 t 年的居民收入差距，用各省测算的基尼系数表示，基尼系数根据区域经济年鉴数据 Excel 测算；i 表示随着省个体变化，但未观测到的因素对解释变量的影响；X_{it} 为解释变量，表示 i 省在 t 年的政府转移支出，β 为解释变量 X_{it} 的系数；Z_{it} 表示与居民收入差距相关的控制变量；ε_{it} 为扰动项，μ_{it} 为误差项，其均值为零且与 X_{it} 不相关。本书所有模型均加入了双向固定效应以剔除不同地域和特殊年份对回归结果产生的影响。

本书根据前文的理论分析，利用《中国区域经济年鉴》和《中国省市经济发展年鉴2016》中各省的收入测算出全国各省2000—2016年的基尼系数。本书测算出各省基尼系数（GINI）为被解释变量，基尼系数表示省级居民人均收入不平等程度，是衡量居民收入差距的变量。以各省历年的政府转移支出（trans）为核心解释变量，政府转移支出根据数据的可获取性用各省居民的转移性收入总量来衡量，居民取得的社会保障和就业财政补贴收入（security）代表政府转移支出中的社会保障部分。国有企业计划亏损补贴（subsidies）可以代表政府转移支出中的财政补贴。

在控制变量中，地区生产总值（GDP）反映了各地区的发展规模与发展阶段；生产税净额（TAX）代表了政府对初次分配的影响，即对生产要素的课税；医疗卫生支出（Medical）所代表的是政府行政性的转移支出的外部性影响，与整体的转移性支出一样对居民收入差距产生影响，借鉴（G. Tullock，1997；陆铭，2007）的研究，以医疗和教育为代表的行政性转移支出可能会产生“寻租”的行为，影响到居民的收入分配；选择第一产业占GDP比重（primary），第二产业占GDP比重（secondary），第三产业占GDP比重（tertiary）代表着各产业对居民收入的影响；人均地区生产总值（PGDP）代表的是地区经济发展对居民收入的影响；财政赤字（deficit），代表政府的运转情况；全国居民消费水平（consumption），代表着地区经济体的消费状况；货物进出口总额（TMX），代表对外开放的程度对居民收入的影响；城乡储蓄（savings）代表居民的个人经济爱好对收入的影响。以上变量的描述性统计结果如表4-7所示。

表4-7　　变量描述统计

VARIABLES	N	mean	sd	min	max
GINI	512	0.134	0.0630	0.0190	0.352
Trans	512	8.066	0.656	5.408	9.763
Subsidies	512	10.97	2.040	0	14.42
security	512	10.01	0.846	6.987	11.27
GDP	512	11.65	1.199	7.387	13.85
TAX	512	8.773	1.236	4.766	11.20
Medical	512	6.820	1.359	1.520	9.275
primary	512	2.387	0.782	0	3.635
secondary	512	3.824	0.209	2.984	4.119
tertiary	512	3.672	0.167	3.353	4.343
PGDP	512	9.767	0.785	7.887	11.51
deficit	512	-14.11	4.832	-17.79	12.64
consumption	512	8.738	0.669	7.383	10.58
TMX	512	14.10	1.888	9.137	18.51
savings	512	8.384	1.197	3.916	10.87

二、实证结果分析

（一）基本结果分析

本节重点考察财政支出中的财政转移性支出、财政补贴、社会保障财政支出对居民收入差距的影响，使用Stata15.0软件对其分别进行回归分析。通过F检验验证是否存在个体效应，结果显示F检验值为51.80，相应的伴随概率为0.00，说明模型存在个体效应，不应采用混合效应模型。Hausman检验值等于56.16，相应的伴随概率为0.00，说明应采用固定效应模型进行相关估计。结果如表4-8所示。

表4-8　政府转移支出对居民收入差距影响的实证估计结果

	(1)	(2)	(3)	(4)
VARIABLES	y	y	y	y
Trans	0.0121***	0.0402***	0.0153***	0.0140***
	(-5.379)	(-3.300)	(-2.643)	(3.181)
Subsidies	-0.00156***	-0.00173**	-0.00107	-0.000695***
	(-2.421)	(2.015)	(1.007)	(-1.654)
security	0.0141***	0.0228***	0.0118***	0.0332***
	(3.390)	(7.488)	(3.943)	(7.475)
GDP		-0.00989***	-0.0139***	0.00412***
		(-3.265)	(-4.998)	(4.291)
TAX		-0.0559***	-0.0504***	0.00709
		(-3.084)	(-4.995)	(0.979)
Medical		0.0271	0.0275***	-0.00653
		(1.497)	(2.974)	(-0.977)
primary			0.0491***	-0.00969
			(7.857)	(-1.381)
secondary			0.0755***	0.0373*
			(3.432)	(1.898)
tertiary			0.126***	0.0434**
			(3.914)	(2.049)
PGDP				-0.0218**
				(-2.040)
deficit				-0.0245***
				(-5.230)
consumption				-0.00393**
				(-2.088)
TMX				-0.0112**
				(-2.448)
savings				-0.0316***
				(-3.144)
Constant	0.108***	0.631***	-0.324	-0.323**
	(2.914)	(5.534)	(-1.531)	(-2.349)
Observations	433	433	433	433
R-squared	0.897	0.571	0.643	0.935

注：Robust t-statistics in parentheses，*** p<0.01，** p<0.05，* p<0.1。

模型（1）是对三个核心解释变量做了固定效应的回归，结果均显著，模型（2）、模型（3）、模型（4）在模型（1）的基础上依次加入控制变量进行回归。从固定效应模型回归结果的整体上分析，我国政府转移支出与基尼系数之间呈正相关关系，且在1%的显著性水平下通过检验，说明政府转移支出的提高有助于降低我国居民收入差距。从分项上分析，财政补贴与居民的基尼系数之间呈负相关关系，且在1%的显著性水平下通过检验，说明财政补贴对居民的收入差距的影响是负效应，这与我国的现实情况一致，财政补贴制度不完善，我国虽然有各种补贴，但是对收入分配公平的影响不大；财政社会保障支出与居民的基尼系数之间呈正相关关系，且在1%的显著性水平下通过检验，说明我国财政社会保障支出有效的发挥了收入再分配的作用，促进了收入公平。

从控制变量来分析，地区生产总值（GDP）、财政赤字（deficit）和城乡储蓄（savings）这三个变量的系数为正且在1%的显著性水平下通过检验，地区生产总值（GDP）变量是正效应说明了地区经济质量发展的水平对居民收入的提高有促进作用，越是经济发达的地区其基尼系数越低；财政赤字（deficit）变量代表的是地方财政水平，反映了地方政府运转的情况，政府发行赤字是为了满足经济的发展代表了当地的发展速度，推动居民收入水平的增长，也有助于居民收入分配公平；城乡储蓄（savings）代表的是居民个人的经济情况，对居民基尼系数的影响也是正效应。

（二）稳健性检验

为了力求实证结果的稳健性，本书将进行安慰剂检验。本书根据模型和数据情况，采用设置虚拟变量和增加控制变量的方法进行稳健性检验。首先，我们针对全样本总体模型，通过设置区域虚拟变量进行检验。将全国居民来自不同省份划分为三大区域即东部、中部、西部，并将西部省份作为参照组建立虚拟变量，回归结果表明核心解释变量政府转移支出、财政社会保障投入及财政补贴的回归系数的方向和显著性未发生改变，只是在拟合的数值上有小幅变化；在控制变量如地区生产总值（GDP）、财政赤字（deficit）和城乡储蓄（savings）的回归系数的方向和显著性几乎没有变化，这表明本书基于全样本的实证结果具有较好的稳健性（见表4-9）。在此，在基于前文的模型中，增加了控制变量即引入户籍（registration）变量，我们发现户籍变量的回归系数为负值，并且统计检验效果优良，这表明户籍变量导致居民间收入差距扩大。该变量的引入，也并未导致其他核心解释变量和个体特征变量回归结果的方向和显著性发生变化，因此也表明原模型的拟合结果具有较好的稳健性。回归结果如表4-9所示。

表4-9　　　　稳健性检验结果

VARIABLES	y	y
registration	-0.0002***	-0.00011***
	(0.0002456)	(0.000097)
Trans	0.0035***	0.00602***
	(-0.0997)	(-2.460)
Subsidies		-0.0057**
		(1.316)
security		0.1612***
		(2.439)
西部（参照组）		
东部	0.0017***	0.0765***
	(-0.0032)	(-0.7681)
中部	0.0012***	0.0094***
	(-0.0051)	(-0.0332)
GDP	YES	YES
TAX	YES	YES
Medical	YES	YES

续表

VARIABLES	y	y
primary	YES	YES
secondary	YES	YES
tertiary	YES	YES
PGDP	YES	YES
deficit	YES	YES
consumption	YES	YES
TMX	YES	YES
savings	YES	YES
Constant	YES	YES
Observations	433	433
R - squared	0.897	0.571

三、研究结论与政策启示

（一）主要结论

从回归结果分析来看，政府转移性支出对居民收入差距的影响是正向的，与前文的理论分析一致说明对收入不平等影响是正效应；而财政补贴对居民收入差距的影响是负向的，说明我国财政补贴的政策不够完善，财政补贴占总体政府转移性支出的比例一直不高，政策没有连续性，这是今后值得关注的一个问题；社会保障支出对居民收入差距的影响是正向的，说明其有效的发挥了收入再分配的公平作用，这也与我国现实的情况一致，我国现行的社会保障制度不断深入改革，居民的社会保障待遇不断提升，推动了社会公平。

将回归结果和前文的实证结果结合来分析，转移性收入驱动总收入基尼系数下降，政府转移支出再分配后使居民的收入差距缩小，而中国目前居民收入差距进一步缩小的难题主要在于具有调节收入作用的再分配手段未全面设置，政府转移支出的再分配效应无论是纵向还是横向比较的结果，都显示出对居民收入平等的贡献有限，转移性支出内部结构中的养老金和离退休金对收入不平等效应显示是恶化作用，因此全面启动具有调节收入分配功能的政府转移性支出政策是缩小我国收入差距的关键。

（二）政策建议

中国经济高质量发展中使收入差距从不均等变为相对均等是必然要求，也是我国从中等收入发展阶段走向中高收入发展阶段提供的制度需求。为了进一步发挥财税政策的再分配功能，本书政策建议如下。

第一，科学管理再分配资金的收入和支出。政府转移支出的出发点是解决居民收入差距，但是最终会影响居民收入份额即居民收入合理的增长。财政再分配资金主要来源与初次分配收入相关，因此一方面解决中国目前收入差距问题的重点强调在初次分配中如何消除分配不公平现象，堵住不合理收入和非法收入的来源和漏洞，使各要素收入来源尽可能的公平。另一方面是要应该注意发挥再分配的调节作用，规范政府转移支出预算的制度，全面实施绩效管理，应建立与成熟市场经济相配套的具有调节收入再分配功能的科学完善的财政机制。

第二，完善民生保障制度体系。根据政府转移支出结构的优先度来考察，社会保障支出是政府转移支出中发挥作用最大的政策工具，因此要进一步发挥财政对社会保障的支持。社会保障支出中所占比例最大的是养老保险，我国应加快实现基础养老金全国统筹公平。从长期来看，还应实现社会保障制度覆盖的全民统一，当前我国尤其是以城乡为界限，针对不同人群出台不同的财政社会保障项目，随着城市化进程的加快，最终需要将其整合起来。除了传统意义上的社会保障制度体系的完善，还应进一步完善相关民生制度的体系，如健全幼有所育、学有所教、劳有所得、病有所医、老有所养、弱有所扶等制度保障，最终使经济制度的优势转化为社会治理效能提高的优势，真正的保障经济主体的目标实现可以兼顾效率与公平相协调。

第三，改革财政补贴领域为经济发展赋能。当前我国财政补贴体系的保障水平与经济发展水平是适度的，但与发达国家相比较，我国大部分财政补贴项目的水平还较低。随着经济的持续发展，财政补贴体系的待遇水平在充分吸取发达国家财政补贴体系发展历程中的经验教训基础上，以适度为原则合理确立财政补贴项目的待遇水平。针对我国不同人群补贴待遇水平差距较大的现实，应避免民粹主义思维，避免因盲目重视补贴待遇水平而不充分考虑其背后的筹资问题。政府应在衡量财政资源平衡的背景下，采取“逆向公平”的心态即对弱势群体给予更多的财政补贴，对中低收入群体给予一定的财政补贴，明确制定对各类补助项目的财政补助标准。并高度重视财政补贴项目的人力资本投资功能，将为人力资本的提升起到重要的推动作用，为国家竞争力的持续提升打下了坚实基础。

第五章

财政转移性支出结构对收入初次分配影响效应研究

从宏观层面看，财政转移性支出在政府、企业、住户三大部门之间的流转直接影响各部门可支配收入的形成。财政转移性支出结构影响国民收入初次分配环节，体现政府通过财政收入的模式收取居民初次收入中本应该获取的部分，并且政府通过财政支出的模式对取得初次收入的要素进行外部介入或干预，进而以此影响居民可支配收入在国民总收入的占比。本节主要研究了财政转移性支出结构影响国民收入再分配和初次分配的环节，即从财政转移性支出结构影响要素分配再到影响居民收入份额间的关系。

居民是要素的拥有方，但是居民对于要素注意的方向并不是要素初次分配产生的方案，其注意的是要素最后分配的方案，就是说财政转移性支出影响初次分配以及再次分配的这一过程中，会对居民可支配收入产生影响。所谓初次分配指的是居民通过自身生产要素在国民生产总值或国民收入总值中进行分配，所以其又名原始收入分配。所谓再次分配，就是指通过政府为主导以国民产出为构成，而后经过财政转移性支出对其进行介入后所产生的的居民可支配收入。本节以宏观财政转移性支出的两大指标为基点，通过深入研究这两大指标对于居民可支配收入的影响的过程，最终为大家展现居民真实收入与可支配收入分配的真实现状。

第一节　初次分配财政参与度影响居民可支配收入

总体而言，居民收入分配情况是受劳动要素所占比例的影响的。即劳动要素所占比例上升，居民收入在国民总收入的占比也会上升，最终会使居民可支配收入上升，以此类推其下降，居民最终可支配收入也会下降。因此本书研究对以下三点进行深入考察：一是财政转移性支出在两次分配中的占比对于居民最终可支配收入的影响；二是初次分配中，政府要素所得对于居民劳动要素所得的影响；三是再次分配中，财政转移性支出结构对于居民可支配收入的影响。

一、居民可支配收入高度依赖初次分配要素所得

居民可支配收入是由居民按要素收入取得的初次分配所得和转移所得组成，这是目前我国通行界定方法。而居民收入初次分配所得主要源于投入生产要素后所获得报酬，常见分类有两种：一是通过劳动所得获得报酬；二是通过投资要素获得财产收入。从投入要素的视角来看，劳动要素所得的部分就是劳动报酬，资本要素所得的部分就是资本所得，而居民劳动要素所得以及资本要素所得也是居民最终可支配收入的来源部分，可见初次分配后的居民收入只是居民最终可支配收入的构成部分。对于初次分配居民收入的劳动者分为政府机构、金融机构、企业等部门的劳动者报酬，还包括了居民内部相互支出的报酬。因此在整个原始收入中，净劳动者报酬是整个收入的源头及运用的差值。根据统计年鉴数据显示，在对国民经济核算中，居民报酬核算就是按照上述原理完成的，中国居民投资所获取的收入则是根据财产收入的来源、运用情况完成统计的，

如表 5－1 所示：摘录了 2000—2021 年居民原始收入的数据，同时还对这些收入类型做了二次划分，不同类型收入占比不同，数据皆来源中国统计年鉴《资金流量表（非金融交易）》。根据表 5－1 可以看出从 2000—2021 年居民原始总收入中劳动所得收入占比达到了一半以上，这也表示在居民初次收入分配中还是以劳动所得为主，发展至 2011 年该项所得占比出现了“增—降—增”的发展变化，但是份额占比依然保持在 50% 以上。可以判断出在居民初始收入中至少有一半以上源于劳动报酬所得，劳动者报酬是居民可支配收入的主要来源，保持劳动者报酬的较高增速有利于改善居民在国民收入分配格局中的地位。由表 5－1 可以看出自 2000—2021 年资本要素份额一直挤占劳动要素所得，劳动要素所得下降趋势明显。发展至 2021 年居民原始收入源于投资所得的占比提升至 7.93%，这也从正面反映了收入分配的市场资源配置进一步完善，劳动要素所得和资本要素所得都在增长。

另外，以 2008 年“刘易斯拐点”为分水岭，中国宏观收入分配格局经历两个阶段。1992—2008 年，收入分配向企业、政府倾斜；2008 年后，收入分配开始重新向居民倾斜。根据资金流量核算结果，2019 年全国居民初次分配收入占国民总收入比重为 61%，比 2008 年的 57% 提高了 4.2 个百分点；再分配后，居民可支配收入占国民可支配总收入比重为 59.91%，比 2008 年的 55.48% 提高 4.4 个百分点。受制于居民收入来源较单一、且财产性收入偏低等原因，中国居民可支配收入占国民可支配收入的比重，在世界主要经济体中处于中等偏低水平。目前我国居民收入占比与加拿大、德国等国家比较接近，但明显低于美国、英国等发达国家，仍有提升的空间。实际上经济发展所创造的财富是在政府、企业和居民三大经济主体中分配，居民收入份额代表的是居民这一主体所取得的收入，也是居民在国民收入分配过程中所取得的可支配收入，大致可以看成是中国统计年鉴《资金流量表（非金融交易）》中统计的可

表5－1　居民原始收入中劳动、资本要素所得及其份额　单位：亿元

年份	初次分配收入					再分配收入		
	劳动收入		资本收入		初次分配总收入	转移收入	占比	可支配总收入
	收入额	占比	收入额	占比				
2000	33525	52.00%	1948.78	3.00%	65811	727.67	1.09%	66538.67
2001	36829.16	52.00%	1919.32	3.00%	71248.72	616.62	0.86%	71865.34
2002	41478.27	54.00%	2041.19	3.00%	76801.57	621.75	0.80%	77423.32
2003	45777.7	53.00%	2244.96	3.00%	86512.46	755.99	0.87%	87268.45
2004	51303.48	53.00%	2711.18	3.00%	97489.67	1019.24	1.03%	98508.92
2005	58927.95	52.00%	3267.11	3.00%	112517.1	393.1	0.35%	112910.2
2006	67215.41	51.00%	5231.6	4.00%	131114.9	311.49	0.24%	131426.4
2007	81310.31	51.00%	7138.27	4.00%	158805.3	-246.65	-0.16%	158558.6
2008	95789.17	52.00%	8129.97	4.00%	185395.4	530.87	0.29%	185926.3
2009	106771.4	52.00%	7863.99	4.00%	206544	758.34	0.37%	207302.4
2010	122338.5	51.00%	8270.89	3.00%	241864.5	1257.23	0.52%	243121.7
2011	142038.4	50.00%	10523.66	4.00%	284282.9	1489.65	0.52%	285772.6
2012	162896.1	51.00%	13083.19	4.00%	319462.4	1936.78	0.60%	321399.2
2013	197550.8	56.00%	14168.1	4.00%	353759.9	3353.48	0.94%	357113.4
2014	218672.3	56.00%	15148.68	4.00%	387473.1	3636.84	0.93%	391110.0

续表

年份	初次分配收入					再分配收入		
	劳动收入		资本收入		初次分配总收入	转移收入	占比	可支配总收入
	收入额	占比	收入额	占比				
2015	239752.8	57.00%	14692.62	4.00%	417992	4637.26	1.10%	422629.2
2016	260011.9	57.00%	17291.83	4.00%	453842	5692.77	1.24%	459534.7
2017	305286.6	61.47%	30627.8	6.00%	496672.4	1855.7	0.37%	498528.1
2018	350973.6	62.74%	39900.1	7.00%	559446.5	-16145.6	-2.97%	543300.9
2019	376938	62.38%	44429.9	7.30%	604241.6	-10528.9	-1.77%	593712.7
2020	392820	62.98%	49135.8	7.88%	623738.1	2060.4	0.33%	625798.5
2021	438412.5	62.94%	55242.8	7.93%	696584.9	-14979.1	-2.20%	681605.8

数据来源：《中国统计年鉴》资金流量表（2000—2021年）。

支配收入。从前文的表 5－1 可以看出，国民收入在初次分配和再分配中随着经济的发展在向居民倾斜，居民收入份额在国民收入分配中所占的比例越来越大，但是企业、政府无论是初次分配还是再分配环节，其收入占比都在上升。居民收入份额的增长意味着居民可支配收入亦增长，但是如果居民可支配收入是由于政府再分配过程而达到增长目的，说明政府有可能对经济干预过多。相反，应该重视居民初次分配所得，然而决定其初次分配的是居民原始收入内容。

居民收入再分配过程中，2011 年前转移性收入占比变化幅度与劳动份额变化幅度没有明显的相关关系，自 2011 年起转移性收入占比幅度与原始劳动收入份额占比呈同步增长的幅度。转移性收入主要来源财政转移支出，财政支出是来源公共管理所需收入，可见政府部门通过公共管理要素取得的所得对居民劳动报酬的挤占也是有影响的。实际上劳动要素所得承担了政府税收收入的部分，而资本要素份额少因此承担的较少，发展逻辑上进一步说明居民最终报酬所得与居民转移性收入有关，转移性收入的高低是通过居民初次收入转换过来的，居民最终可支配收入由初次分配和再分配两部分构成，又高度依赖劳动报酬所得。

二、财政再分配影响居民最终可支配收入

对表 5－1 居民可支配收入结构的研究可以得出：在初次分配中各个要素占比对居民收入起着重要作用。为了改变初次分配后收入不公平的现象，居民最终可支配收入会过分依赖政府政策，如依托政府的财政政策，这就会给政府做出财政支出政策调整的压力，对居民收入干预度也会提高。

基于以上深层次分析，从财政支出角度考察可以判断出居民最终收入分配结果与财政转移支出政策有相关关系，财政转移支出的结构安排影响居民再分配收入格局，同时会对居民初次收入结构产

生冲击效应。内在政策所产生的影响主要有两方面：一是财政转移支出来源财政收入，财政收入在各部门的财政汲取能力影响到要素投入量，如财政转移支出额度的高低会影响资本要素投入量增加及减少或劳动要素投入量增加及减少。劳动要素所得税增加，一个单位的劳动要素所获得收入就会减少；同样对于资本要素所得税增加，一个单位的资本要素所获得收入也会随之减少，要素效率也会受其影响，这就是财政转移支出结构对要素投入结构产生的替代效应。二是到了再分配阶段，直接对居民所给付的补贴、福利等会冲击投入要素的收益，财政转移支出比例增加或减少都会对要素投入净收益带来影响，这一变化称之为财政性支出结构对要素分配的收入效应。

综上两点分析可得：财政转移支出影响了居民初次分配和再分配，同样也会改变各种要素的投入，影响居民收入最终可支配收入，反过来看在初次分配或再次分配过程中，对财政转移支出战略同样会带来传导影响，本书将会对其做详细分析和论证。

三、初次分配所得是居民收入份额的关键

经济发展所创造的财富在政府、企业和居民三大经济主体中分配，居民收入份额代表的是居民这一主体所取得的收入，也是居民在国民收入分配过程中所取得的最终收入，大致可以看成是中国统计年鉴《资金流量表（非金融交易)》中统计的可支配收入。从前文的表 5 –1 可以看出，国民收入在初次分配和再分配中随着经济的发展在向居民倾斜，居民收入份额在国民收入分配中所占的比例越来越大。居民收入份额的增长意味着居民可支配收入亦增长，但是如果居民可支配收入是由于政府再分配过程而达到增长目的，说明政府有可能对经济干预过多。相反，应该重视居民初次分配所得，然而决定其初次分配的是居民原始收入内容。

综上所述，通过对居民可支配收入结构、国内外居民可支配收

入结构的研究可以得出：一是劳动要素所得占我国居民原始收入的半壁江山，这部分收入的占比额度相对较稳定；二是初次分配的劳动报酬所得影响了最终分配的情况，但是从原始收入结构特征看，过度依赖劳动要素投入，资本收入占比较小，可支配收入过分依赖政府政策，这样的发展现状最终带来的结果则是劳动报酬多寡对居民份额的重要影响，因此在初次分配中各个要素占比对居民收入额度起着重要作用。依托政府的财政政策，这就会给政府做出财政支出政策调整的压力，对居民收入干预也会提高。

从财政性支出角度分析，可以判断出居民收入分配结果与财政性支出政策有绝对关系，支出结构中确定了收入要素分配结构，就会对居民收入结构产生冲击效应，内在影响所产生的效应主要有两种：一是财政支出中的支付结构会影响到要素投入量，如资本要素投入量增加或减少、劳动要素投入量增加或减少，财政支出额度越高，劳动要素所得税也会随之变化，一个单位的劳动要素所获得收入就会减少；同样对于资本要素所得税增加，一个单位的资本要素所获得收入也会随之减少，要素效率也会受其影响，这就是财政支出结构对要素投入结构产生的替代效应。二是到了再分配阶段，直接对居民所给付的补贴、福利等会冲击投入要素的收益，财政转移性支出比例增加或减少都会对要素投入净收益带来影响，这一变化称之为财政性支出结构对要素分配的收入效应。

综上两点分析可得：财政转移性支出影响了居民初次分配和再次分配，同样也会改变各种要素的投入，影响居民收入份额，反过来看在初次分配或再次分配过程中，对财政性支出战略同样会带来传导影响，本书将会对其做详细分析和论证。

第二节　财政转移性支出结构对居民收入份额冲击的实证分析

一、影响机理与假设命题

（一）影响机理

由上述研究论述并归纳前面财政转移性支出结构影响要素收入进而影响居民可支配收入份额的经济运行机制，可以描述为以下内在影响机理图，如图 5－1 所示。

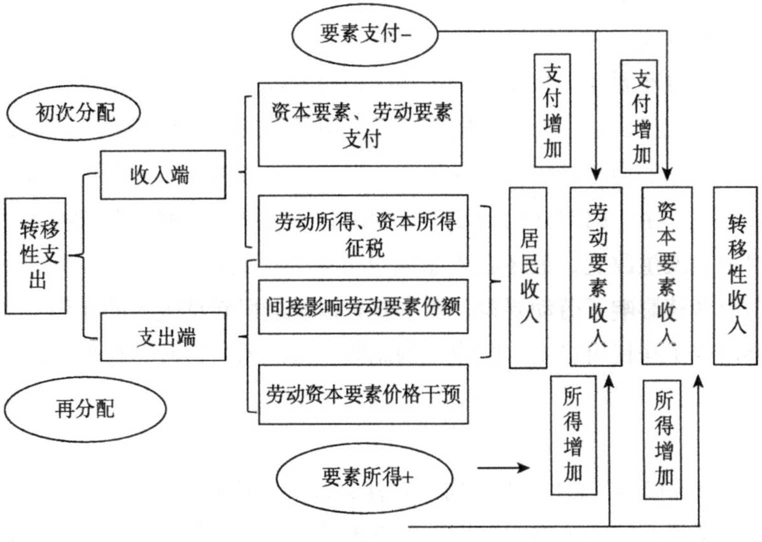

图 5－1　财政转移性支出结构影响居民可支配收入份额的经济运行机制

结合理论机理和我国现实分析，研究财政转移性支出结构对居民收入分配的影响，本书提出两大传导机制：宏观上财政转移性支出结构通过要素分配影响居民收入份额，微观上财政转移性支出结构通过居民间财政分担影响居民收入差距，并以此作为分析框架展开研究。

1. 财政转移性支出结构影响居民收入份额的传导机制

从宏观层面上看，财政转移支出就是根据各种生产要素所有权的分布情况，结合初次分配和再次分配的过程，运用国家公共权力实施的财政分配。财政转移支出是为了调整生产要素分配的结果，降低社会收入贫富差距，从而能够保证整个收入分配支出格局的平衡发展。在整个分配过程中，公共管理要素是从居民、私人机构及公共机构中共同提取出来的，这也会影响到整个要素的支出格局，同时还会制定一些干预机制、征税机制等，从影响到居民的收入及支出，这样最终获取的可自由支配收入会在国民收入格局中发生比重改变。本书认为财政转移支出结构是根据要素分配影响居民收入的一种方式，它基于传导机制是财政支出后变成居民的收入，影响居民的生产要素，从而影响了整个社会的收入结构和支出结构，保证了社会经济的平稳和谐发展。因此财政转移性结构势必会影响到居民收入的内在结构，主要体现在以下两个方面：首先在初次分配过程中，由于财政支出的参与，国民收入份额及关键性要素投入所得都会发生改变，最终收入总额也会改变；其次在再分配过程中，财政转移影响了劳动要素、资本要素以及居民转移收入的比例，最终改变了居民可自由支配收入的总额。最后通过财政转移性支出重新生成新的财政支出结构，进而影响到税收机制、资金调节机制等。

2. 财政转移性支出结构影响社会贫富的传导机制

从微观层面上看，财政转移支出就是以具体的某一种形式，向某一对象实施转移财政资金的制度，它体现了财政支出的落脚点是将资金无偿转移到受益者，并影响到受益者最终收入的经济手段，故此本书提出财政转移性支出结构会改变受益者实际收入，影响了社会贫富差距，对收入高和收入低者均衡调节，利用支出结构让居民实际收入和收入差距都能保持在合理范围中，这是第二种传导机制的功能体现。

3. 财政转移性支出对劳动要素收入的影响

从要素收入分配层面上看，国外学者层表示收入要素的份额一旦确定了将不会轻易改变，此结论在卡尔多（kaidor，1948）和库兹涅茨（kuznets，1971）研究中用经济增长典型化来总结，该结论早在20世纪70年代就提出，它是基于发达国家经济的增长现状提出的，发展至90年代后，更多发展中国家经济格局中出现了劳动要素所得下降的现象，这对该理论无疑是一种挑战。随后学者研究中也从另外一个视角展开了批判性研究，如（Blanchard，1997）、（Harrison，2002）对欧洲、拉丁美洲等地区国家居民收入变化进行观察分析，劳动要素所得并非稳定，在贫穷地区这一份额占比开始下滑，此外国内学者白重恩等（2009）、安体富等（2009）、李稻葵（2010）等也表示：我国作为发展中大国，居民收入占国民收入的比重也是出现了大幅度降低，在工业化发展的影响下，劳动报酬所得占比开始下浮。基于分配导向影响，国内劳动要素所得占比下降还与国内效率目标分配结构有关系，初次分配存在不公问题，影响了劳动要素的收入总额。为了降低这种差距，实现公平发展，政府运用干预政策对收入进行再次分配，对劳动要素份额就会产生影响。

（二）假设命题

财政转移性支出进行结构分解，可分为社会保障支出和财政补贴支出。我国的社会保障支出可以根据各省的财政支出中的社会保障和就业支出来测算，财政补贴支出对居民的个人直接补贴支出数据很难全面收集到，对居民的财政补贴投入力度和投入时间一般根据经济发展情况具有周期性的特点，由于我国预算制度实施时间比较晚，居民补贴的财政支出统计不规范，因此本书用各省国有企业计划亏损补贴表示，这一概念是指受到外部市场或价格等因素影响导致了企业亏损，亏损者可以获得相应补贴，以度过企业困难时期，亏损补贴的主要影响是在生产方面但补贴的对象是多属亏损企业的低收入阶层，这项补贴固然也直接改变了国民收入的分配状况。本书从理论分析和实践考察的两个视角，预测了财政性转移支出对居民收入分配差距会有相关性，并提出假设二者是正相关关系，探讨了财政性支出结构对初次分配机制、社会环境带来的影响。

因此本书提出：

假设1：财政转移支出与居民收入呈正相关，财政转移支出的约束作用，代替了转移支付缩小社会贫富差距的功能。即随着政府财政转移性支出的增加，居民收入差距将随之减小。

假设2：政府财政转移性支出通过影响居民的要素所得，即居民的转移性收入用于提高劳动要素所得或资本要素所得，进而提高了居民的收入份额。

假设3：政府财政转移性支出通过影响居民收入份额影响初次收入分配，居民收入份额的提高促进居民劳动报酬提高或资本收入增加，进而缩小了收入分配差距，但政府财政转移性支出对收入分配差距整体上仍为缩小效应。

假设4：政府财政转移性支出对收入差距的扩大效应会在欠发达程度省份被削弱。

财政转移性支出是政府通过保障机制、优抚机制等将资金通过间接方式或直接方式转移给低收入者，以此提高低收入的收入额度，同时借助税收机制等，提高高收入者的税收额度，以此保证社会收入水平稳定平衡，确保收入差距控制在合理范围中。需要提出的是：政府制定的补贴政策能够帮助低收入者提高收入份额，保证他们获得福利待遇，逐步过渡生活困难期，降低社会负面影响，实现社会和谐发展。高收入群体的边际收入效应相对较低，低收入群体的边际收入效应相对较高，利用财政转移性支出政策虽然能够平衡收入差距，但是对于经济发展良好的沿海地区，也会带来福利损失的问题，尤其是在成本收益不对等的发达地区，这一弊端更为凸显。两次分配环节的财政转移性支出结构影响了净收入的结构，最终反映到居民可自由支配的收入上。本章节运用定量分析法，研究了在不同分配阶段财政转移性支出结构带来的影响，以此解释财政转移性支出结构对居民最终收入的影响。

二、研究指标构建及数据说明

（一）变量选取与数据来源说明

本书以人均可支配收入（PGDI）为被解释变量，前文已经说明，本书采用人均可支配收入来衡量财政转移性支出对初次收入分配的影响。人均可支配收入可以从数值上量化的反应我国居民收入分配差距的现状，也可以清晰地表现出我国居民收入份额的变化情况进一步衡量收入差距的变化情况。同时该指标还有计算简便的特点，人均可支配收入变化越大则表示居民收入份额越大，对初次分配的影响越大；人均可支配收入变化越小则表示居民收入份额越小，对初次分配的影响越小。以各省历年的财政转移性支出（Trans）为核心解释变量，财政转移性支出结构根据数据的可获取性用各省居民的转移性收入总量来衡量，社会保障和就业支出（security）可以代表社会保障财政支出，国有企业计划亏损补贴（Subsidies）可以代表财政补贴。

在控制变量中，选择医疗卫生支出（Medical）所代表的是政府行政性的转移支出的外部性影响，与整体的转移性支出一样对居民收入差距产生影响，借鉴（G. Tullock，1997；陆铭，2007）的研究，以医疗和教育为代表的行政性转移支出可能会产生“寻租”的行为；分配法地区生产总值（GDP）是直接利用原始资料计算增加值的各个构成部分，然后加总得出增加值计算出的地区生产总值，反映了各地区的发展规模与发展阶段；生产税净额（TAX）

代表了政府对初次分配的影响，即对生产要素的课税；选择第一产业占 GDP 比重（%，primary），第二产业占 GDP 比重（%，secondary），第三产业占 GDP 比重（%，tertiary）代表着各产业对居民收入的影响；人均地区生产总值（PGDP）代表的是地区经济发展对居民收入的影响；财政赤字（deficit）代表政府的运转情况；全国居民消费水平（consumption），代表着地区经济体的消费状况；货物进出口总额（TMX），代表对外开放的程度对居民收入的影响；城乡储蓄（savings）代表居民的个人经济爱好对收入的影响。控制变量主要是对一地区经济社会发展的刻画，控制了各地区间不同的经济发展特征。

中介变量劳动者报酬（PAY）反映了财政转移性支出结构再分配影响了居民的生产要素，居民的初次分配获取的劳动者报酬成了中介变量，对居民的收入份额即可支配收入的变化，分类变量发达程度（development），将全国 31 个省份按东部、中部、西部分类，东部城市一般比较发达记为 1，中部城市居于中间程度记为 2，西部欠发达记为 3。

本书数据主要来自国泰安数据库、历年《中国统计年鉴》《中国区域经济统计年鉴》《中国社会保障统计年鉴》，以及《中国财政统计年鉴》，其中个别缺失数据使用线性插值法填补。本节主要被解释变量为人均可支配收入，主要解释变量为财政转移性支出，本书第二章分析了财政转移性支出结构包括社会保障支出和财政补贴支出，在此不再赘述。变量描述性统计见表 5 - 2。

表 5 - 2　　变量描述性统计

变量名称	样本数	平均值	标准差	最小值	最大值
PGDI	434	9.224	0.527	8.265	10.63
Trans	434	13.72	1.316	9.820	16.05
Subsidies	434	-11.07	1.391	-14.42	-6.677

续表

变量名称	样本数	平均值	标准差	最小值	最大值
security	434	13.60	1.362	9.283	15.94
Medical	434	13.11	1.209	10.07	15.56
GDP	434	8.609	1.191	4.766	11.04
TAX	434	6.642	1.308	1.520	9.172
primary	434	13.39	6.861	0.600	37.91
secondary	434	46.67	8.207	19.76	61.50
tertiary	434	39.95	7.699	28.60	76.90
PGDP	434	9.767	0.785	7.887	11.51
deficit	434	-14.84	1.437	-17.79	-9.677
consumption	434	8.738	0.669	7.383	10.58
TMX	434	14.10	1.888	9.137	18.51
savings	434	8.384	1.197	3.916	10.87
PAY	434	8.031	1.176	4.380	10.48
development	434	2.032	0.862	1	3

由表5-3的相关系数矩阵可以看出，第一列显示各变量显著性水平高，财政转移性支出与居民的可支配收入是正相关，财政补贴与居民的可支配收入是负相关，财政社会保障支出是负相关，财政转移性支出、转移性支出中的社会保障支出、医疗卫生支出、人均地区生产总值和货物进出口总额与居民的可支配收入相关度比较高。分配法地区生产总值（GDP）、生产税净额（TAX）、全国居民消费水平（consumption）、城乡储蓄（savings）与居民的可支配收入中度相关；第一产业占GDP比重、财政赤字与居民的可支配收入中度负相关；第二产业占GDP比重、第三产业占GDP比重与居民的可支配收入一般相关。

表 5 - 3　主要变量的统计特征

VARIABLES	PGDI	Trans	Subsidies	security	Medical	GDP	TAX	primary
PGDI	1							
Trans	0.733***	1						
Subsidies	-0.501***	-0.742***	1					
security	0.732***	0.995***	-0.693***	1				
Medical	0.846***	0.903***	-0.725***	0.892***	1			
GDP	0.695***	0.788***	-0.680***	0.774***	0.868***	1		
TAX	0.692***	0.786***	-0.666***	0.774***	0.861***	0.984***	1	
primary	-0.633***	-0.389***	0.213***	-0.396***	-0.489***	-0.504***	-0.521***	1
secondary	0.178***	0.390***	-0.274***	0.394***	0.358***	0.488***	0.496***	-0.490***
tertiary	0.374***	-0.0690	0.102**	-0.0670	0.0540	-0.0710	-0.0640	-0.369***
PGDP	0.959***	0.676***	-0.405***	0.681***	0.773***	0.679***	0.675***	-0.720***
deficit	-0.752***	-0.744***	0.625***	-0.732***	-0.843***	-0.962***	-0.961***	0.579***
Consump	0.633***	0.642***	-0.491***	0.638***	0.662***	0.482***	0.470***	-0.204***
TMX	0.758***	0.578***	-0.465***	0.568***	0.730***	0.872***	0.867***	-0.645***
savings	0.687***	0.780***	-0.641***	0.771***	0.856***	0.983***	0.978***	-0.539***

续表

VARIABLES	secondary	tertiary	PGDP	deficit	Consump	TMX	savings
secondary	1						
tertiary	-0.629***	1					
PGDP	0.267***	0.357***	1				
deficit	-0.392***	-0.099**	-0.743***	1			
Consump	0.155***	0.0160	0.546***	-0.451***	1		
TMX	0.315***	0.239***	0.782***	-0.918***	0.380***	1	
savings	0.460***	-0.0100	0.670***	-0.967***	0.455***	0.881***	1

注：***、**、*分别表示1%、5%、10%的显著性水平。

（二）计量模型的假设与设定

本书使用中国2000—2016年的省际面板数据，构建全国以及分地区的面板数据计量模型实证检验上述假设命题，探究财政转移性支出结构对居民收入份额的影响方向和影响程度，具体模型分析和参数估计运用Stata15.0软件。

根据假设，设定基准回归模型如下：

$$PGDI_{it} = \alpha_0 + \alpha_1 Trans_{it} + \alpha_n X_{it} + \eta_i + \varepsilon_t + e_{it} \tag{5-1}$$

其中，Trans包括Subsidies、security两个财政转移性支出结构变量。X_{it}为加入的控制变量，η_i为国家固定效应，ε_t为年份固定效应，e_{it}为随机误差项。若α_1显著为正，则假设1成立，否则不成立。

为探究居民取得的财政转移性支出对收入分配的具体影响机制，引入劳动者报酬变量来代表居民实际收入的发展与变化，若自变量财政转移性支出通过影响居民的劳动要素进而使实际的劳动报酬发生变化影响因变量居民可支配收入的变化，则认为居民实际取得的劳动者报酬为中介变量。本书采用中介效应模型来检验财政转移性支出对初次分配的影响机制。温忠麟和叶宝娟（2014）对近年来发展的中介效应检验方法逐一辨析，并总结出改进的检验流程，同时增加了系数符号的检验以避免遮掩效应①导致的误判，本书参考温忠麟等（2005）关于调节效应和中介效应的比较和应用的文献中对中介效应的分析与研究，对居民实际取得的劳动者报酬这个变量的中介效应进行分析。

根据假设，初步设定模型如下：

$$c\_PGDI_{it} = \alpha_0 + c\ c\_Trans_{it} + \alpha n\ c\_X_{it} + \eta_i + \varepsilon_t + e_1 \tag{5-2}$$

$$c\_Mediation_{it} = \alpha_0 + a\ c\_Trans_{it} + \alpha n\ c\_X_{it} + \eta_i + \varepsilon_t + e_2 \tag{5-3}$$

① 温忠麟和叶宝娟（2014）将中介效应和直接效应符号相反、总效应出现被遮掩的情况，称为“遮掩效应”。遮掩效应与中介效应的建模逻辑不同，需要区分开来。

$$c\_PGDI_{it} = \alpha_0 + c'c\_Trans_{it} + b\ c\_Mediation_{it} + \alpha n\ c\_X_{it} + \eta_i + \varepsilon_t + e_3 \quad (5-4)$$

在进行中介效应分析之前，所有变量均进行中心化处理，中心化处理后的变量均以 *c_variable* 的形式表示，$c\_Mediation_{it}$ 包括 *c_PAY* 这个中介变量。*c* 是财政转移性支出对居民收入分配的总效应，*ab* 是中介效应，*c′*是直接效应。经中介效应检验流程，可以对居民劳动报酬在财政转移性支出影响居民收入分配的过程中起到的中介效应进行分析。在 *c* 显著即财政转移性支出影响居民收入分配存在影响的前提下，检验 *a*、*b* 和 *c* 的显著性（若 *a*、*b* 有其一不显著，则进入 sobel 检验），以此判断中介效应的存在与否与强弱。当 *a*、*b*、*c* 均显著时，*c* 为正 *b* 为正，则假设 2 成立；*c* 为正 *b* 为负，则假设 3 成立。

根据假设 4 和假设 5，设定模型如下：

$$PGDI_{it} = \alpha_0 + \alpha_1 Transit + \alpha_2 development + \alpha_3 Category\_Debt_{it} + a_n X_{it} + \eta_i + \varepsilon_t + e_{it} \quad (5-5)$$

其中，*development* 为分类变量。当 α_1 显著为正，且 α_3 显著为负时，假设 4 成立。

三、实证检验与结果分析

按照研究设计，本部分首先分析财政转移性支出结构对居民可支配收入的回归结果，然后采用中介效应检验方法，检验财政再分配是否通过影响居民报酬对居民初次分配施加了作用。

（一）基本回归结果

为了完整展现我国的财政转移性支出结构对居民收入份额影响，本书使用面板数据计量模型实证检验上述假设命题。通常面板数据模型分为固定效应影响和随机效应影响，因此在设定模型前需要通过豪斯曼（Hausman）检验确定采取模型形式。Hausman 检验的原假设为：随机效应模型与固定效应模型的系数不存在系统性差异。Hausman 检验结果显示 p 值分别为 0.0004，表示检验统计量在显著水平下拒绝原假设，选择固定效应模型更有效，最终确立为固定效应模型。使用 OLS 方法进一步做模型参数估计，基于面板计量模型的回归结果由表 5－4 汇报。

表 5－4　财政转移性支出结构影响居民收入份额面板模型估计结果（全国）

	(1)	(2)	(3)	(4)	(5)
VARIABLES	y1	y1	y1	y1	y1
Trans	0.410***			0.358***	0.101***
	(17.217)			(15.052)	(6.954)
Subsidies		−0.0156**		0.00293	−0.00836***
		(−2.154)		(0.531)	(−3.538)
security			−0.149***	−0.0915***	0.0617***
			(−9.983)	(−6.885)	(9.958)
Medical					0.0174***
					(2.994)
GDP					−0.0453
					(−1.094)
TAX					−0.0124***
					(−11.492)
primary					−0.00718***
					(−9.260)
PGDP					0.00886***
					(6.605)
consumption					0.000408
					(0.044)
TMX					0.107***
					(24.815)
savings					0.0603
					(1.411)
Constant	5.918***	9.395***	10.72***	7.224***	7.941***
	(30.757)	(116.849)	(71.392)	(27.574)	(44.380)
Observations	433	434	434	433	433
R－squared	0.837	0.725	0.776	0.854	0.975

注：(1) *、** 和 *** 分别表示在10%、5%和1%的水平下显著；(2) 括号中为稳健标准误对应的 t 值。下同。

表5－4汇报了全国整体的状况，在1%的水平下财政转移性支出结构对居民可支配收入影响的实证结果显示，我国财政转移性总支出（Trans）系数为正，说明财政转移性总支出构成了居民的转移性收入的主要来源，财政转移性支出水平增加推动居民可支配收入水平增加，假设1成立。财政补贴（Subsidies）的系数均为负值，说明我国当前所处的财政补贴水平对居民可支配收入产生不利影响，即财政社会保障支出（security）的系数为正，表面其对居民可支配收入的增加是有正效应的；医疗卫生支出（Medical）系数为正，行政性转移支出未产生“寻租”的行为，缩减了居民收入差距；生产税净额（TAX）系数为正，说明了政府对初次分配的影响，促进了居民收入份额的增长；第一产业占GDP比重（%，primary）系数为正，代表着第一产业的发展对居民收入的份额的增长意义比较大；人均地区生产总值（PGDP）系数为正代表的是地区经济发展促进居民收入份额的增长；货物进出口总额（TMX）系数为正，代表对外开放的程度对居民收入份额的影响。

表5－5报告了加入变量居民的劳动报酬收入的中介效应分析结果，表5－6根据中介效应的检验程序对表5－3进行了整理。从表中可以看出，回归系数c、a、b、c′分别为0.0915、－0.126、－0.00501、0.0908，均显著，因此无须进行Iacobucci法检验，并且a、b的乘积与c′的符号一致，说明不存在遮掩效应。财政转移性总支出对居民可支配收入的回归系数c均显著为正，表明转移性支出对收入分配差距总效应显著，且为缩小效应。财政转移性支出对居民劳动报酬影响的回归系数a和居民劳动报酬对初次分配居民可支配收入的回归系数b也都显著为正，劳动者报酬的中介效应成立，且与居民可支配收入正相关。假设2成立。财政转移性支出对居民可支配收入的回归系数c′也都显著，说明财政转移性支出对居民初次分配也存在直接效应，因此，判定劳动者报酬的中介效应显著，但为部分中介效应，假设3成立。

表 5 - 5　　中介效应分析

	(1)	(2)	(3)
VARIABLES	y	m	y
x	0.0915 ***	-0.126 ***	-0.0908 ***
	(9.552)	(-1.527)	(-9.456)
m			0.00501 ***
			(0.874)
控制变量	YES	YES	YES
国家固定效应	YES	YES	YES
时间固定效应	YES	YES	YES
观测值	434	434	434
国家数	31	31	31

注：t - statistics in parentheses，*** p < 0.01，** p < 0.05，* p < 0.1。

表 5 - 6　　中介效应分析结果整理

系数	y
c	0.0915 ***
	(9.552)
a	-0.126 ***
	(-1.527)
b	-0.00501 ***
	(-0.874)
c′	0.0908 ***
	(9.456)

注：括号里的数字为标准误；*、**、*** 分别代表在 10%、5%、1% 的水平下显著。

（二）稳健性检验

为检验回归结果的稳健性，变换样本对模型进行再检验。考虑到财政转移性支出是根据居民转移性收入收集而来的。本书选取全国部分居民即48岁和60岁的居民做稳健性分析，最高值的选择的依据是国家统计公布的人均预期寿命为76岁，最终样本量减少到200个。财政转移性支出、居民劳动报酬对居民可支配收入影响的回归结果如表5-7第（5）列所示。回归结果的系数符号与前文一致，我国财政转移性总支出显著提高居民可支配收入水平，居民劳动报酬水平显著提高居民可支配收入水平。第（5）列的中介效应检验中相应系数显著，表明中介效应仍然成立。

表5-7　　　　中介效应检验

VARIABLES	(1)	(2)	(3)	(4)	(5)
	y2	y2	y2	y2	y2
Trans	0.717***			0.612***	0.0953***
	(16.082)			(13.887)	(2.819)
Subsidies		-0.0367***		-0.00211	-0.0181***
		(-2.801)		(-0.206)	(-3.280)
security			-0.283***	-0.179***	-0.155***
			(-10.487)	(-7.246)	(-10.729)
Medical					0.0360***
					(2.657)
GDP					0.231**
					(2.391)
TAX					-0.0252***
					(-10.015)
primary					-0.00308*
					(-1.705)

续表

VARIABLES	(1) y2	(2) y2	(3) y2	(4) y2	(5) y2
PGDP					0.0118***
					(3.789)
consumption					-0.0458**
					(-2.100)
TMX					0.160***
					(15.912)
savings					-0.214**
					(-2.154)
PAY					0.046
					(0.648)***
Constant	3.986***	10.17***	12.60***	6.644***	8.814***
	(11.066)	(69.651)	(46.495)	(13.669)	(21.142)
Observations	433	434	434	433	433
R-squared	0.741	0.591	0.670	0.773	0.939

注：括号里的数字为标准误；*、**、*** 分别代表在10%、5%、1%的水平下显著。

（三）影响程度的区域异质性分析

按照地域划分的东部、中部和西部地区[①]在经济发展程度、市场化程度存在差异，进一步做分地区的实证分析，估计结果见表5-8。

① 东部地区包括北京、天津、河北、上海、江苏、浙江、福建、山东、广东、广西、海南、辽宁12省（自治区、直辖市）；中部地区包括山西、内蒙古、吉林、黑龙江、安徽、江西、河南、湖北、湖南9省（自治区）；西部地区包括重庆、四川、贵州、云南、西藏、陕西、甘肃、青海、宁夏、新疆10省（自治区、直辖市）。

表 5-8　　分类回归结果

	东部			中部			西部		
VARIABLES	y	m	y	y	m	y	y	m	y
x	-0.0257**	-0.195*	-0.0162	0.0512***	-0.737*	0.0556***	-0.00429	0.448**	-0.00361
	(-2.437)	(-1.754)	(-1.575)	(3.235)	(-1.751)	(3.470)	(-0.430)	(1.989)	(-0.370)
m			0.00888*			0.00599			-0.00682***
			(1.739)			(1.424)			(-2.620)
控制变量	YES	YES	YES	YES	YES	YES	YES	YES	YES
国家固定效应	YES	YES	YES	YES	YES	YES	YES	YES	YES
时间固定效应	YES	YES	YES	YES	YES	YES	YES	YES	YES
观测值	154	154	154	112	112	112	168	168	168
国家数	31	31	31	31	31	31	31	31	31

注：括号里的数字为标准误；*、**、*** 分别代表在 10%、5%、1% 的水平下显著。

由表5－9整理的结果可知，关于财政转移性支出对居民收入初次分配的影响东部、中部、西部的实证结果也存在明显差异。在东部和中部地区，财政转移性支出对居民可支配收入的影响是显著的，即对居民初次分配的影响通过居民劳动者报酬要素的变化进行干预；而西部地区的影响是不显著的。说明我国经济发达的地区，财政转移性支出对居民初次分配的结果有调节的作用，对收入分配差距的扩大效应将会被削弱。假设4成立。而西部地区，政府财政转移性支出的干预效果不明显。这一比较结果对未来财政转移性支出结构改革方向提供参考依据，未来改变初次分配格局中政府干预对于三地区均至关重要。东部、中部地区应继续保持当前财政转移性支出再分配结构，优化劳动、资本要素所得着手，提升居民收入份额，强化再分配力度。西部地区则应调整并提升影响力度较大的财政转移性支出再分配结构，以达到事半功倍的效果。

表5－9　　中介效应分析结果整理

系数	东部	中部	西部
c	-0.0257**	0.0512***	-0.00429
	(-2.437)	(3.235)	(-0.430)
a	-0.195*	-0.737*	0.448**
	(-1.754)	(-1.751)	(1.989)
b	0.00888*	0.00599	-0.00682***
	(1.739)	(1.424)	(-2.620)
c′	-0.0162***	0.0556***	-0.00361
	(-1.575)	(3.470)	(-0.370)

注：括号里的数字为标准误；*、**、***分别代表在10%、5%、1%的水平下显著。

第三节　结论与启示

本书从居民微观视角出发，基于财政再分配理论构建分析了财政转移支出对居民初次分配收入影响的基本框架，运用面板回归、改进的中介效应检验等计量方法实证检验了其影响机制。得到的主要结论是：财政转移支出的力度不仅会通过再分配效应增强居民收入，缩小居民收入差距，还会通过居民劳动者报酬这一中介变量来进一步影响居民初次分配的结果，这种双重作用构成了我国财政转移支出结构对居民初次分配的影响，财政转移支出对居民的最终收入即可支配收入具有明显的显著作用。进一步对财政转移支出的结构分析，财政补贴对居民可支配收入的增长是负效应；财政社会保障支出对居民可支配收入的增长是正效应。基于以上结论，本书提出以下建议：

（一）坚持系统观念，完善再分配政策，统筹做好提高居民收入的工作

提高居民收入水平，是一项复杂的系统工程，必须按照党的十九届五中全会通过的《中共中央关于制定国民经济和社会发展第十四个五年规划和二〇三五年远景目标的建议》提出的“坚持系统观念”的要求，加强前瞻性思考、全局性谋划、战略性布局、整体性推进，统筹做好提高人民收入水平的各方面工作。政府要从初始分配和再分配双环节提高收入分配的公平效果，才能促进收入分配模式的优化，真正实现“共享”发展。在初次分配领域，由于劳动力自由流动的限制、信息不对称造成要素价格扭曲和市场垄断导致资源配置效率低下，从而导致居民依靠要素收益分配不合理和不公平，使更多的居民将希望寄托在再分配政策上。因此在完善再分配的机制前，需要重点改进初次分配的市场调节不足，为居民提供平等竞争的机会。要梳理初次分配和再分配领域诸多政策、结构、功能入手，减少政策掣肘，使两次分配领域政策既各自形成体系、顺畅运行，又有效衔接、互联互助，形成就业政策、产业政策、税收政策、社保政策、财政转移支付政策等共同推动人民收入水平提高的协同效应、集成效应。

（二）着力提高低收入群体收入、不断扩大中等收入群体

为了提高再分配政策的调控效果，必须提前充分分析居民收入分配差距和社会公平正义状况。目前，在未来的再分配政策制定中应充分考虑居民再分配的诉求，完善财政转移支出结构为主要手段的再分配调整机制，维护社会公平正义，解决收入差距问题。政府在再分配领域应发挥应有的宏观调控手段，实施更多强调公平的政策措施，以补充最初的分配不公。当前我国低收入群体的比例还是很大，随着经济的发展低收入人员越来越多地上升到中等收入群体里，就能大幅拉动我国人民收入水平的提升，但由于中等收入群体工资性收入占比较高，在经济下行或退休后收入减少，而住房、教育、医疗等支出快速上涨时，不少人员或家庭很容易滑出中等收入群体、跌入低收入群体之中。提高人民收入水平过程中必须紧盯这两个重点群体，因此，千方百计稳住和扩大中等收入群体，就能有力拉动我国人民收入水平的提升。财政再分配要重点关注这两类人群，更多的转移收入倾向于这两类群体，致力于如何激励居民要素收入的提高。尤其是在农村治贫地区，加大对相对贫困地区转移支付力度，完善财政转移支付和城镇新增建设用地规模与农业转移人口市民化挂钩政策，加快农业转移人口市民化；加快健全覆盖全民的多层次社会保障体系，稳步提高社会保障水平；健全分层分类的社会救助体系，完善帮扶残疾人、孤儿等社会福利制度，数字经济背景下要健全社会救助家庭经济核对机制，提高社会救助精准性和有效性。

第六章

发达国家财政转移性支出公平收入分配的经验

第一节　英国财政转移性支出制度典型模式

一、英国财政转移性支出制度概况

英国是全球最早的“福利国家”，因此英国的财政转移性支出制度得到了长足的发展，项目齐全，支出水平较高，成为世界范围内转移性支出制度的典型代表国之一。关于转移性支出的概念，不同国家给出了不同解释，但是这一指标涉及的相关数据具有可比性和通用性，故此在本书研究中使用了社会保护概念，以此代替转移性支出。根据相关制度结构和公平性分析，结合 2009 年英国财政支出统计报告看，在英国实施的保护政策划分为九个类型，如患病和残障津贴、老年津贴、遗属津贴、失业保障津贴等，其中，住房补助津贴、社会保护支出等在整个财政转移性支出中并没有涉及，故此运用“社会保护支出”的数据作为本章节分析数据是可行的，社会保护本身就是英国政府生产的公共服务产品，不论对中央政府或是地方政府都具有重要职能体现，英国社会保护支出占 GDP 的比重维持在 13.2% 以上，因此英国的整体财政转移性支出制度是比较完善的。概括起来，英国目前的转移性支出制度主要包括国民保险、国民保健、专项津贴、个人社会服务和社会救济等几个方面。

（一）完善的国民保险体系

该类产品是英国转移性支出产品的重要组成内容，其细分类型有：养老保险类、失业保险类、工伤保险类等，基本执行原则是在毕业生年龄至退休年龄之间的公民参加购买，这类产品的收入来源则是社会税收。基金来源主要划分为三个部分：一是员工自己缴纳的部分；二是企业为员工缴纳的部分；三是政府提供补贴的部分，这满足了社会保险的基本需求。对于社会保险税基本上分为四类：一类税涵盖两项内容，员工及企业需要各自承担；二类税涵盖了自创业的人员，根据工资收入水平缴纳；三类税则是自愿提供，更像是捐款方式，任何一位国民都可以选择缴纳；四类税则是创业者根据盈利情况缴纳。在转移性支出项目中包含多种津贴类产品，想要获得国民保险服务的前提是国民已经按照规定完成了社会保险税的缴纳，在英国这类产品也称之为国民保险公款，如国民在发生了失业、工伤、产假等情况下，政府会主动提供津贴弥补国民的损失，关于支付额度不会受到当前受益人经济状况影响，它由日常缴纳的比例决定的。

（二）国民保健补充服务

它是英国转移性支出产品的重要组成内容，产品早在20世纪中期推出，英国中央政府掌控管理整个医疗服务体系，并构建了完善的保健机制，其主张宗旨是：每位英国国民在免费或低费的情况下能够均等地享受到医疗服务，划拨到保健系统的医疗机构对患者所提供的相关服务都是免费的，国民保健总费用中有8%的费用则是依靠政府提供的，其余则是由国民所缴纳的国民保健费、处方费与其他收费等项目的收入支付。

二、英国转移性支出财政体制

（一）政府间转移性支出收入分类

英国财政制度是公共预算管理机制，它具有高度集权的特征，在实施转移性支出中也是坚持公共预算，政府公共预算管理也是根据中央政府统一安排执行的。从整体上看，资金来源分为四个部分，一是国民缴纳的部分；二是企业缴纳的部分；三是财政支持部分；四是国民保险部分。涉及保障类、社会服务类及津贴救助类的资金安排都是经过中央政府财政预算实现的，财政预算在20世纪末开始执行，预算平均比例占40%。财政预算拨款来自每年度征收的一般税收额，具体拨付比例由支出需要来综合确定。因此可见，英国的财政承担了转移性支出有关内容的很大部分。财政转移性支出的负担这么大与英国的“社会保险税”的完善有关，其占全部税收的比重较为稳定，维持在16%—19%，具体见表6－1。

表6－1　英国税收结构

	1883年	1990年	1997年	2003年	2009年
所得税	38.5%	38.9%	36%	37.69%	28%
社会保险税	19.1%	16.24%	17%	18.6%	17%
其他税收总计	42.5%	44.86%	47%	43.71%	55%

数据来源：1883—1997年数据转引自林治芬，国际转移性支出预算的分析与借鉴，中国转移性支出，2000年第1期；2003年数据转引自贾勇，张健：英国税收的特点及其启示，世界政治与经济论坛，2004年第6期；2009年数据来自英国国家统计http：//www.statistics.gov.uk，public finances databank。

（二）政府间转移性支出事权配置

英国政府所执行的财政转移性支出政策具有高度集中的特征，其中中央政府负责制定相关政策，具体事务则是地方政府机构直接负责执行，地方政府也会根据自身的财政情况作出补贴，中央政府也会对部分项目提供资金支持，如养老保险津贴项目，则是中央机构负责统一性管理，将资金直接通过账户支付给国民，这种做法的好处就是能够让更多资金转移到国民手中，避免了层层转接、停留，从而保证了资金能够得到最大化利用，也保证了财政资金的透明化。此外英国的失业保险金也是中央政府统一管理的，就业部会对就业服务及待遇等做出执行，在实际操作中若是某一地方出现了财政压力，中央政府会适当给予帮助和补贴。可见，这与其他发达市场经济国家相比有着很大的不同，英国财政转移性支出的事权高度集中。

（三）中央政府对地方政府的转移支付

通过前文分析和举例可以看出，英国地方政府由于区间发展呈现出不均衡的特点，因此地方政府对中央政府的依赖度比较高。英国转移支付采取的方式是横向和纵向双向发展的模式。中央政府对地方政府转移财政的常见方式分为三类：一类是公式化拨款；二类是特定公式化拨款；三类则是专项拨款。其中公式化拨款是根据年度预算的情况对项目所用资金进行划分，中央政府会将款项转移给地方政府，所划拨的资金用途比较开放，也是一般性拨款，对于地方政府对地方政府的转移支付分为公式化拨款、特定公式拨款以及专项拨款三种。其中：（1）公式化拨款通过年度预算程序进行分配，是中央政府对地方政府转移支付的主要形式，公式化拨款没有限定资金的用途，属于一般性拨款，对于受益一方的政府可以根据开展项目的具体情况，灵活使用这些拨款；（2）特定公式的拨款或专项拨款都是根据特定申请程序完成拨款分配的，如一些特定公式拨款则是对一般性拨款的补充，解决了一般性拨款没有解决和兼顾的项目，中央政府对于特定公式拨款用途范围给予比较大的空间，受益政府可以灵活使用；（3）专项拨款是用于城市公共设施建设、社会治安建设、环境保护建设等方面。在转移性支出上，英国中央政府都是承担了管理者角色，他们对地方项目财政给予了很多支持，在支出方面并非按照项目给予拨款，都是根据一般性拨款程序和原则跟进的。地方政府开展的公共项目不同，获得拨款支持力度也不同，如2009年中央政府对英格兰转移性支出设定了三大类内容，分别是儿童学校及家庭类拨款、医疗保健类拨款，以及养老工作类拨款等；在苏格兰、爱尔兰等地区转移性支出集中在工作和养老两个内容上。

三、英国财政转移性支出制度公平性分析

（一）财政转移性支出制度体现了区间公平特征

根据英国财政报告可以看出：英国转移性支出投入后，基尼系数的变化，摘录了一部分年份的数据后，做了如下汇总，得到表6－2。

表6－2　　英国转移性支出的基尼系数

年份	2003—2004	2004—2005	2005—2006	2006—2007	2007—2008
基尼系数	0.02162	0.02155	0.02041	0.01932	0.02057

资料来源：根据英国财政部2009PESA中有关数据整理。

英国的基尼系数基本在0.2以下，根据国际一般标准，基尼系数在0.2以下为收入分配绝对平均，由此可见英国转移性支出政策的公平性极高。这与英国国家体制及制定的财政机制是有很大关系的。通过表6－3可以看出：英国已经形成了制度化、成熟化的政府间财政转移支出机制，从2003年发展至2008年，中央政府及地方政府转移支出承担的比例虽然有轻微的改变，但是基本保持了稳定的趋势，中央政府承担了较大的责任，中央政府转移性支出达到了总数的77%以上，支出比例有效保证了地方政府提供公共产品均等化。表6－3反映的四个地区之间的财政转移性支出额度有较大差异，其中，占英格兰地方政府转移性支出占总支出的17%—19%；苏格兰地方政府转移性支出占总支出的2%左右；威尔士地方政府转移性支出占总支出的1%左右；北爱尔兰地方政府转移性

支出几乎为0。通过这些数据可以看出：地方财政转移性支出额度与地方政府的自治程度有较大的关系，苏格兰和北爱尔兰自治权力更高，威尔士自治权力相比之下较少，同时英格兰自治权更是少之又少。地方政府的责任分配与自治权多寡则是成反向关系，如英格兰转移性支出上承担了较大的责任，相比之下苏格兰和北爱尔兰政府承担的责任相对较少。这也从侧面揭示了转移性支出作为民生保障的重要内容，具有强烈的均等化特征。

表6－3　　英国中央和地方政府间转移性支出责任的划分

年份	2003—2004年	2004—2005年	2005—2006年	2006—2007年	2007—2008年
中央政府	78.84%	78.28%	77.79%	77.50%	77.58%
英格兰	17.92%	18.43%	18.87%	19.27%	19.08%
苏格兰	2.17%	2.21%	2.23%	2.08%	2.19%
威尔士	1.07%	1.08%	1.11%	1.15%	1.14%
北爱尔兰	0	0	0	0	0
四个区和中央政府总计	100.00%	100.00%	100.00%	100.00%	100.00%

资料来源：根据英国财政部2009PESA中有关数据整理，http：//www.hmtreasury.gov.uk/。

（二）转移性支出内部各项目之间的平等性

转移性支出项目中常见的两类产品是：养老类和医疗保障类。在2006年欧盟公布的数据中统计显示：成员国的社会保护类支出有接近一半的支出使用到了老年保险、遗嘱保险、疾病保险以及医疗保险上。整体上看英国社会保护支出与欧盟整体保护支出情况是趋于一致的，围绕养老和卫生开展了转移性支出，具体支出情况可参照表6－4和表6－5所示。

表6－4　　中央政府转移性支出内部结构分析

类别	2003—2004年	2004—2005年	2005—2006年	2006—2007年	2007—2008年
老年津贴	45.39%	46.04%	46.50%	46.90%	47.94%
患病和残障津贴	19.75%	19.69%	19.61%	19.63%	19.36%
家庭和儿童津贴	17.63%	16.71%	16.11%	15.64%	15.46%
对其他受社会排斥的特殊群体的社会保护支出	9.02%	10.11%	10.86%	11.38%	11.66%
失业保险和就业促进	3.25%	2.87%	2.63%	3.07%	2.71%
遗属津贴	1.50%	1.44%	1.39%	1.32%	1.24%
住房补贴	0.43%	0.28%	0.26%	0.32%	0.31%
转移性支出研发支出	0	0.0016%	0.008%	0	0
其他转移性支出	3.03%	2.85%	2.66%	1.74%	1.31%
总支出	100.00%	100.00%	100.00%	100.00%	100.00%

资料来源：根据英国财政部2009PESA中有关数据理，http：//www.hmtreasury.gov.uk/。

表6－5　　中央政府转移性支出项目支出占比分析

类别	2003—2004年	2004—2005年	2005—2006年	2006—2007年	2007—2008年
老年津贴	88.10%	87.62%	87.39%	87.34%	87.68%
患病和残障津贴	82.77%	81.90%	80.89%	80.89%	80.44%
家庭和儿童津贴	82.14%	80.29%	79.04%	78.37%	78.37%
对其他受社会排斥的特殊群体的社会保护支出	94.11%	95.84%	96.86%	96.94%	97.60%
失业保险和就业促进	98.13%	98.30%	97.46%	98.60%	98.43%
遗属津贴	100.00%	100.00%	100.00%	100.00%	100.00%
住房补贴	3.57%	2.32%	2.09%	2.53%	2.46%
转移性支出研发支出	—	100.00%	100.00%	—	—
其他转移性支出	86.98%	87.29%	85.84%	77.76%	71.31%
总支出	78.87%	78.32%	77.83%	77.54%	77.63%

资料来源：根据英国财政部2009PESA中有关数据理，http：//www.hmtreasury.gov.uk/。

综合上面的数据可以看出：在转移性支付的各类项目中，位于前四类的项目是：老年津贴、患病和残障津贴、家庭和儿童津贴、对其他受社会排斥的特殊群体转移性支出。这四类支出从2007年发展至2008年一直占据了较高的比例，分别是：87.68%、80.44%、78.37%和97.60%。相比之下对于遗属津贴、转移性支出研发支出、失业保险和就业促进等转移支出相对不高，整体上看中央政府所承担的比例达到了9成以上，在住房补贴上中央政府支出占比保持在4%左右，通过这些数据可以看出：英国住房补贴是地方政府财政负责的，地方政府主要负责这类补贴的发放与管理。

出现上述问题的主要原因是：一是财政转移性支出与项目性质有关系；二是财政转移性支出与英国老龄化社会问题有关系。养老和医疗两类项目是社会保障的重要内容，这也是每一位国民需要面临的风险，涉及人口基数大，随着人口寿命增加，加上通货膨胀等因素，养老金补贴逐年增加，带来的结果则是养老金支出的膨胀发展。医疗保险关系每一人的健康，医疗费用普遍增加，也导致医疗保障支出增加，其他福利性保障更是逐渐提上日程，增加了财政支出的额度，如工伤、生育等这些项目存在很大的支出弹性，容易受到地方财政实力、筹资难易度的影响。自20世纪80年代爆发的经济危机后，资本主义国家都在尝试将福利性项目压缩，这也是转移性支出改革的重要内容之一，这些福利性的支出项目占总支出的比例逐步降低，如撒切尔政府就失业津贴进行了多次改革，将原本的国家、企业及个人共同承担改成了失业津贴是原工资额的70%；发放补贴维持时间为12个月，期满后失业者必须重新找到每周16个小时的工作方可继续领取救济金，或者连续工作13周后才能领取。若是继续失业则需要领取社会救济金。综上分析可以看出：英国财政转移支出体现了平等性，它是根据项目的重要程度确定的资金分配。

第二节　日本财政转移性支出制度典型模式

一、日本转移性支出制度概况

自明治维新之后，日本效仿西方发达国家的转移性支出体系，并结合东方传统的家庭保障经验，在20世纪60—70年代就形成了非常完善的转移性支出制度，实现了“国民皆保险、国民皆年金”及“福利元年”的转移性支出目标。20世纪80年代之后，日本的转移性支出制度进入了改革阶段。根据日本国立转移性支出人口研究所平成24年（2012年）的《转移性支出统计年报》中的数据，日本政府对转移性支出的支出从1970年的35364亿日元增加到了2009年1009364亿日元，40年间社保支出的涨幅达到了2754.21%，在2005—2009年也达到了13.48%。与此同时，根据日本《平成25年统计年鉴》的数据显示，日本2005年至2009年的国内总生产（GDP）的增长率为-5.96%，呈现出了负增长的趋势。也就是说，日本转移性支出在几十年间增长迅猛的背后是国民经济停滞甚至下滑。这对日本的转移性支出而言是一个巨大挑战。

日本的转移性支出制度主要包括社会保险、生活保护、社会福利、公共卫生几个方面。

（一）完善的社会保险制度

日本的社会保险制度由养老保险、医疗保险、劳动保险以及护理保险四个部分所组成，其中劳动保险又包括失业保险与劳动灾害保险。各项社会保险收入来源一般为被保险者保险费、雇主以及国库支付的费用。这些积累起来的保险基金主要由日本的中央银行和大藏省负责运营管理，中央银行对保险金出纳进行管理，大藏省负责对社会保险最重要的两大块——养老和医疗基金的运用进行编制。

（二）补充的生活保护服务

日本的生活保护与我国的社会救助类似，是维持最低生活水准的一种保障制度，其救济资金完全由政府财政来支付。内容包括生活救济、教育救济、住宅救济、医疗费补助等八项救济内容。八项补助发放标准分别制定，其中满足衣食等日常生活需求的生活辅助额发放标准采用与一般国民的消费动向联动的方式做相应调整。

（三）法制化的社会福利体系

日本的社会福利有着很完善的法律体系，先后经历了“三法、六法、八法”的改革阶段，有面向老人、儿童、单亲家庭、残障人士及需要某种帮助和保护的人提供福利和服务，也有针对国家公务员的福利保障，还有教育、住房等各项福利措施。与生活保护一样，社会福利的财源全都来自政府。

（四）重视公共卫生的发展

日本政府实施公共卫生的主要内容主要有：结核病预防、传染病预防、对精神病人的治疗等，日本公共卫生资金来源主要是政府财政拨付的补助金，由地方公共团体自主经营。

二、日本转移性支出财政体制

（一）政府间转移性支出收入划分

日本是典型的三权分立的国家，国家组织结构分为三个等级：中央、都道府县以及市町村。与其他国家不同的是，日本的税种里面并没有独立的与转移性支出相关的税种，而是以保险的形式缴纳的，并在消费税的非课税项目中。日本的财政预算制度采用复式预算，分为一般会计预算、特别会计预算和政府关联机构预算。日本的转移性支出预算是以特别会计预算为主的，一般会计预算起辅助作用。特别会计预算是分类管理型事业预算，涉及的转移性支出项目包括医疗保险、劳动保险、船员保险、年金以及涉及渔业和农业的救济年金。一般会计预算管理中央政府的一般性财政收支，在一般会计预算中，只列出了转移性支出项目，没有收入项。日本的转移性支出收入来源由被保险者和雇主缴费构成的社会保险科、国家与地方及其他自治团体组成的公费负担以及包括资产收益的其他收入构成，各负担比例如表6－6所示。从表中可以看出，被保险者、雇主以及公费负担各占资金总额的1/3，财政转移性支出在财源中发挥了很重要的作用。

表6－6　日本转移性支出资金来源构成

年份	被保险者	雇主	公费负担	其他
1970	28.45%	31.17%	30.03%	10.35%
1980	26.5%	29.05%	32.93%	11.53%
1990	27.87%	31.67%	24.41%	16.05%
2000	29.6%	31.4%	28%	11%
2009	23.8%	21.3%	31.9%	23%
2010	27%	24.5%	36.2%	12.7%

资料来源：日本厚生劳动省网站。

（二）政府间转移性支出事权配置

日本的财政转移性支出制度有一个健全、有效的管理体系。中央政府在财政转移中负责制定相关政策及制度，对各类支付基金、补贴等统筹管理；都道府县主要负责经济服务类实践活动，它主要是为国民提供生活保障、保险补贴等服务；市町村则是最为基层的行政机构，它负责当地居民生活服务和管理，负责保险养老金的征收。在众多公共服务产品中，养老保险则是中央政府下属部门负责管理的，地方政府主要承担了征收的义务；失业保险则是中央政府的劳动机构负责管理，地方政府下属的劳动机构设定了就业服务机构负责征收相关的费用；医疗保险也是中央政府厚生省负责管理的，地方政府下属的相关机构则负责费用征收。综上内容可以看出：在这些公共服务产品及转移性支出上，中央政府承担了较大的责任，地方政府主要依赖中央财政支出，单就社会保险费用就占据了总财政支出的近 30%，保险费用来源分为两个方面：一是员工自己缴纳；二是雇主缴纳。对于救济及卫生补贴费用来源主要是中央政府和地方政府。

（三）中央政府对地方政府的转移支付

日本中央和地方税收收入大致上遵循的是“六四开”的情况，而在事务的支出上，中央与地方的支出结构和支出收入结构并不是趋同的情况，以平成 2009 年为例，地方的财政性支出是 5353990 亿日元，而中央的财政性支出只有 2616340 亿日元，从数据上来看日本地方财政支出占总支出的比重约为 70%，占公共资本形成的比重更高约为 80%。由此可以看出，大多地方政府的收入能力是不足以满足自身事务支出的要求的，这就需要中央政府通过转移支付的形式来弥补这一空缺。

日本中央对地方的转移支付主要由地方交付税、国库补助金和地方让与税组成。地方交付税是中央财政从税收收入中按照一定基准比例计算出一部分的资金，无条件转移给地方政府的制度，目的就是促进财力均等化，保证地方公共服务达到中央规定的水平，地方交付税由普通交付税和特别交付税组成，其中普通交付税所占份额达到了 90% 以上；国库补助金是一种用于特定用途的专项拨款，必须要根据一定的条件和目的由国库来拨给地方政府，因为这一部分资金是用于特定用途的，所以国家有比较严格的监督制度，会由大藏省来负责监督；地方让与税主要是将属于地方的税种作为国税收缴进国库后，再返还给地方政府的一种税，让与税的实行可以平衡地方之间的财政差异，减轻欠发达地区的财政压力。目前，地方交付税和国库补助金在日本政府间的转移支付制度中占有相当大的比例，两者支付比例之和高达 90%，在整个中央财政支出比例中也达到了大约40%的比例，在日本的财政制度中具有举足轻重的地位。

在转移性支出方面，中央政府对地方的转移支付也发挥了很大的作用，如表6－7所示，三大转移支付在地方转移性支出收入里占有1/3的比例，也就是说地方的转移性支出财源有1/3需要转移支付来实现。在转移支付的项目中，以地方交付税和国库补助金的比重较大，地方交付税基本维持在15%以上的比例，国库补助金也基本上有着13%以上的比例，而地方让与税只有大约1%的份额。对于转移支付最为严格的国库补助金来说，其主要用于儿童保护、老人保护、灾害重建等的用途上，用来支援社会弱势群体。

表6－7　　地方转移性支出财源中的中央转移支付情况

年份	地方让与税	地方交付税	国库补助金	总计
1992	1.95%	16.30%	13.37%	31.62%
1995	1.81%	15.08%	13.97%	30.86%
2000	0.58%	20.31%	13.38%	34.27%
2005	1.86%	17.10%	11.88%	30.84%
2009	1.24%	15.14%	16.00%	32.38%

资料来源：日本统计局网站。

三、日本财政转移性支出制度公平性分析

根据日本统计局的财政列表显示，中央政府的财政转移性支出体现在转移性支出关系费一项中。关系费分为社会保险费、生活保护费、生活福社费、住宅对策费、失业对策费、保健卫生费、灾害对策费、试验研究费和其他。日本地方财政支出体系总体上包括目的别支出和性质别支出两大项，具体包括义务的经费、辅助事业、物件费、扶助费、公债费、民生费、卫生费等科目。在有关日本地

方财政转移性支出中，主要用性质别的扶助费来表示转移性支出的地方支出。根据日本总务省的财政分析说明表，扶助费是按性质分类的支出，是转移性支出制度的一部分，是地方公共团体单独进行的一种扶助费用的支出。在地方目的别支出中，民生费、卫生费等其他的费用都有一部分是用于转移性支出的。为更好地对地方财政转移性支出计算，以各地区扶助费和人口数据为基础，采用基尼系数和洛伦兹曲线分析方法，对地方财政转移性支出的公平性状况进行分析与比较。根据数据可算出日本年度财政转移性支出的基尼系数如表6－8所示。

表6－8　　日本年度财政转移性支出的基尼系数

	2006年	2007年	2008年	2009年	2010年	2011年
基尼系数	0.062122	0.063018	0.061658	0.058701	0.047972	0.030697

资料来源：日本厚生劳动省网站。

日本的财政转移性支出在公平性方面的良好表现，与中央政府对于地方给予了大量的转移性支出支付有关，地方财政转移性支出的财源有2/3的部分来自中央政府的转移支付。与此同时，日本中央政府直接用于转移性支出在全国转移性支出占财政总支出中仅占有2%—3%。日本中央政府对转移性支出的直接支出偏低，究其原因，与日本“大地方政府”的政府财政支出体制有很密切的关系。日本的财政支出体制十分重视地方政府的重要性，大约有70%的预算是由地方政府的财政来支出，从事权方面看，日本中央政府的事权范围包括全国性的行政管理事务、财政管理和海关事务以及国防外交等，地方政府的事权主要是基础设施、医疗卫生和社会福利、教育等的支出。在此基础上，为缓解地方政府财政转移性支出收入不足的困境，中央政府对于地方给予大力的转移支付。

第三节 美国财政转移性支出制度典型模式

一、美国转移性支出制度概况

美国在构建财政转移性支出体制的过程中广泛调动了市场机制和个人责任。从20世纪20—30年代开始，美国就开始着手构建社会保障机制，但是对于福利性国家的建设一直并没有执行，美国是属于典型的自由市场经济国家，基于这一现实背景，美国政府推崇的则是在效率和公平原则上进行权衡发展，从而制定了财政转移性支出制度。

社会保险是美国现行转移性支出制度的主体部分，包括老年遗属伤残保险（OASDI）、医疗保险和失业保险，社会保险是最基本的保障，覆盖大多数人群。老年遗属伤残保险产品是美国政府要求所有国民强制购买的一类产品，对于符合标准的人群能够享受到每月的补助，遵循风险共担、互利共济的基本社会保险原则。目前老年遗属伤残保险中的70%源于美国转移性支出发放，30%由老年遗属伤残保险信托基金负责投资管理。美国是世界上发达国家中最后建立全民医疗保障体系的国家，医疗体系的市场化程度相对较高，可以看出美国医疗保险产品分为政府类医疗保险产品和私人类医疗保险产品。住院保险用于支付住院病人的住院费用，补充医疗保险用于支付医生的服务和门诊病人的护理费用，同时也覆盖一些住院保险项目并不覆盖的其他医疗服务。2003年美国政府通过立法增加了处方类药品支付项目，用于支付未包括在住院保险以及补充医疗保险中的处方药费用。失业保险这一项目起源于大萧条时期。当前这项制度覆盖率达到了97%，很多投保人受到客观因素导致了失业，保险人则需要按照相关规定支付保险津贴，以帮助投保人过渡困难时期。失业保险产品则是地方政府统一管理，联邦政府只是负责制定一些政策或措施，当前该项预算制度已经覆盖了90%以上的居民，若是因客观因素导致了国民失业，按照相关程序和条件申请后，就能够得到政府给付的失业补贴金。失业保险是州政府直接负责管理的，联邦政府主要负责制定一些政策、制度等，州政府执行也是根据中央政府的政策执行的。与其他转移性支出不同的是在于失业保险税金由个人直接承担。在社会援助及福利等方面，根据个人价值观导向，美国政府制定了“查漏补缺”的政策机制，社会援助与福利体系是由一系列的公共援助项目组成。这些项目是专门针对低收入群体的，因而其受助资格的确定要经过筛查，这些项目在美国的反贫困中发挥了重要作用，它由现金援助的公共福利项目和非现金援助的公共福利项目组成。

二、美国转移性支出财政体制

（一）联邦、州及地方政府间收入划分

美国则属于联邦制国家，其政府组织分为三类：联邦政府、州政府及地方政府，对应的财政管理上也实施了三级管理机制，从联邦财政到州财政到地方财政，三者之间相互独立，又具有一定联系，每一个等级都设定了专门的制度、法律，都有专门的审批机制和预算管理机制等，联邦宪法明文规定了州政府及地方政府的地位、权利，并且明确了二者并非隶属关系，每层行政单位都设立了立法、行政以及司法三个部门，形式的权力也是宪法所赋予的。上下级预算之间的主要联系为上级政府对下级政府的补助和拨款。目前，联邦政府、州政府、地方政府开征的税种都有与转移性支出相关的税种。但是在税收总额中，联邦税收占比达到六成以上，州政府税收达到近两成，地方税收不足两成。

从国家范围及机构权威性分析看，联邦政府属于三大政府中最高级别的政府，对于社会公共计划及公共服务管理权并不集中在联

邦政府手中，它的权力是相对较分散的，根据美国宪法规定，联邦政府的经济职责是保证美国经济的有序健康发展，同时也有向地方政府、州政府拨款、捐款的义务。地方政府及州政府是平行关系，他们是公共服务的主要提供者，如教育、公路建设、污水处理等。通常情况下，联邦政府负责全国公共产品和全民收益等服务类项目的开支；地方政府负责地方教育、治安、消防等建设项目的开支；州政府财政支出与地方政府财政支出类似，整体上看财政支出重点集中两个层面：一是对区域性强的项目提供一定的支出扶持，换言之财政支出受益范围要集中在州所管辖的范围或地方政府所管辖的范围；二是与国民日常活动或工作息息相关的项目，它是转移到各具体的项目上，如老年伤残保险针对老年人和残疾人推出的保险服务和医疗服务，这些都是联邦政府负责，资金来源参保人日常所缴纳的保险费用；失业保险则是州政府/地方政府和联邦政府共同负责的，主要费用承担者则是州政府/地方政府，联邦政府主要负责提供适当补贴，如贫困补贴是由联邦政府制订的补贴计划，州政府主要负责执行，对于如何执行，支付标准如何实现等，具体的细则事项可由州政府制定。从宏观上看，联邦政府仅负责对大方向的把控，具体执行还需要根据每一个自治州情况制定。

（二）联邦政府对州和地方政府的转移支付

美国作为发达国家之首，它同其他国家一样，国家内部依然存在资源不平衡、经济不平衡发展的问题，在国内不同地区及自治州，所赋有的资源多寡程度不一，经济发展水平也存在较大差异。内部经济发展、文化发展及政治发展等依然存在不能克服的问题。加上近些年联邦政府将更多权利下放给地方政府和州政府，在制定转移性支出政策上，每一个地方或自治州都存在较大差异，为了弥补州地方之间的差异，联邦政府不得不增加财政补充。当地方或自治州划分了明确的转移性支出权责，联邦政府就会根据这些划分执行具体的转移支付，从而让美国居民都能享受到均等的公共服务，联邦政府对地方或州政府给予的转移支出多数情况下都是通过专项补贴的方式输送的，以此实现均衡化管理，通过差异性补助机制，保证人们能够均等地享受公共服务。通过表 6 - 9 可以看出：在专项支出中联邦政府对地方或州支付比例达到了 50%，这与权责划分有直接关系。

表 6 - 9 联邦政府对各州和地方政府特定目的转移支出项目 单位：美元

年份	转移性支出和福利	公路	教育	健康和医院	住房和社会发展	其他	总计
2000	148549	24414	45873	15611	17690	39812	291950
2001	167823	28702	49945	17839	18541	41184	324033
2002	183868	30382	55997	19678	22628	47981	360534
2003	199789	30052	61901	21491	24713	51317	389264
2004	217176	30692	71010	23316	26560	56929	425683
2005	225691	33672	74136	22725	28018	54191	438432
2006	225605	34559	79397	23819	29121	59732	452233
2007	237220	36295	79514	24555	32766	32766	467949
2008	247325	37187	80647	25876	34952	34952	481380

资料来源：美国联邦储备委员会统计公报。

根据最新财政支出数据计算可得出美国各财政年度转移性支出的集中指数如表 6 - 10 所示。

表 6 - 10 美国各财政年度转移性支出的集中指数

年份	2002	2003	2004	2005	2006
集中指数	0.059389	0.0716813	0.0521474	0.0568844	0.0591559
年份	2007	2008	2009	2010	2011
集中指数	0.0602358	0.0577063	0.0372172	0.0424399	0.0674572

资料来源：美国总统报告。

通过表6－10可以看出：每年度转移性支出的集中指数为正数，表示支出政策集中在经济创收较好的地区，通过这一指标也能够看出政府转移性支出相对较公平。

三、美国财政转移性支出的合理性分析

通过表6－11可以看出：美国国家形成了稳定成熟的转移性支出机制，联邦政府与州政府各自承担部分支出责任，其中在2000—2008年各级政府分担支出责任系数基本稳定，主要责任则是联邦政府，在这几年发展中转移性支出有小幅度的升降，但是总体上是保持在60%基准线上，这样的数据揭示了：联邦政府进行宏观调控的效应，各地方政府的财政转移性支出相对均等化，地方政府的支出系数维持在40%，也是符合地方财政收入的实际情况的。

表6－11　　美国联邦和各州、地方政府转移性支出占总财政转移性支出的比例

年份	联邦政府	各州、地方政府	联邦和州、地方政府总计
2000	63.70%	36.30%	100.00%
2001	62.72%	37.28%	100.00%
2002	62.05%	37.95%	100.00%
2003	60.75%	39.25%	100.00%
2004	59.64%	40.36%	100.00%
2005	59.05%	40.95%	100.00%
2006	59.70%	40.30%	100.00%
2007	60.37%	39.63%	100.00%
2008	60.39%	39.61%	100.00%

资料来源：美国联邦储备委员会统计公报。

第四节 各国经验对中国的启示

社会福利政策性支出占比较高，这对财政压力较高的国家而言，带来了社会性危机，尤其是在欧洲地区，很多福利政策为主导的国家，其国家财政压力是非常的大，主要表现在：以西欧国家为例，经济发展水平较高，社会福利制度成熟度高，社会政策逐渐形成了系统化，社会福利性开支较多；高福利政策促使个体更加依赖国家依赖政府，国家逐步形成了“福利依赖”的情况，人们工作积极性和创造性一定程度上会受到压缩，整个社会的活力水平受到影响，过高的失业津贴、繁多的项目救助，能够保证失业者过渡特殊无业游民的日子，缩小了国民之间的收入差距，严峻的经济现实使政府进退维谷，这些现象背离了政府建立社会政策的初衷。若是继续秉承社会福利政策，增加社会福利的范围，那么财政赤字问题将会更加严重，政府推出的各项福利政策虽然缓解了经济危机，缩减了社会贫富差距，同样也会疏远了部分选民和阶层，执政地位也会丧失。因此，对发达国家和发展中国家的财政转移性支出政策进行总结，为今后制定相关的政策提供可以借鉴的经验。

一、发展中国家更应重视财政再分配的政策

从前文的比较分析中可以看出发展中国家基尼系数普遍要比发达国家高，主要原因是发展中国家的经济水平落后于发达国家，因此发展中国家首要任务是发展经济，提升居民的整体收入水平。但是发展中国家表现出的是：其基尼系数低于发达国家，收入分配关系调整灵活性不强，收入分配关系调整是非常滞后的，远远落后于经济增长速度，因此不难看出，发展中国家在发展经济的同时还需要设定科学合理的财政分配政策。而财政对收入的再分配主要是通

过财政转移性支出来调节，从发达国家对完善财政转移性支出的结构来看，有比较规范的社会保障制度，尤其是面对孤老伤残的劳动者，政府会对其强制提供补助的计划。而财政补贴制度都选择了“补缺型”的发展道路，因财政补贴受经济发展水平限制，但是有些补贴项目是专门针对低收入群体的又是必需的，因而其受助资格的确定要经过筛查，这些项目在反贫困中发挥了重要作用，它可以由现金援助的公共福利项目和非现金援助的公共福利项目组成。

二、完善财政转移性支出预算的制度

发达国家转移性支出制度发展的实践表明，完善财政转移性支出，应大力发展财政预算制度，合理划分各级政府的转移性支出财权与事权，规范中央政府对地方政府的转移性支出支付比例。

（一）合理划分各级政府的转移性支出财权与事权

作为单一制国家，英国政府也推出了适合本国的财政转移性支出政策，构建了完善的支出体系和机制，以此维护了英国相对公平的社会关系；日本创新了转移性支出预算管理机制，它保持了支出独立性，同时又与常规的公共预算财政机制有密切关联，让整体财政转移支出与基金管理实现了对接。中国更需要效仿国外一些成功做法，本着实事求是的原则，在我国推出转移性支出权责对称的管理模式。当然借鉴并不意味着照搬照抄，从我国实践情况看，我国实施的则是分税分级财政管理机制，突出了中央集权，强调了分级政府责任，通过多次税费改革后，逐步形成当前的财政体制，但是关于政府的转移性支出责任划分并没有做出相关说明，各级政府的转移性支出职能也无法落地，甚至地方政府还存在越位和缺位的问题，中央提供了服务性支出，地方政府又重复提供了服务型支出，导致了资源浪费。

综上分析，需要根据公共产品层次理论，将公共产品分为国家级公共产品和地方级公共产品，对应的事权分别实施划分到中央政府和地方政府。公共产品外部效应要求中央政府要突出宏观引导作用，运用完善的转移性支出制度平衡地方财政能量，此外在公共产品属性划分上需要根据各级各层政府的权责确定，如养老保险类产品，需要坚持全国统筹及中央政府统一管理的原则，明确好中央层和地方层政府在养老保险转移性支出应尽的责任，如事业保险、医疗保险类产品，可由中央政府制定出政策，地方政府根据政策执行，中央政府结合不同地区的财政支出情况给予补充，从而缩短地区支出的差距，提高医疗救助服务的水平，当然在社会救济和公共卫生事务处理上，更具有地方性特征，地方政府更应该提高主观能动性。

（二）以人口、经济发展水平等客观因素为基础制定标准化转移支付公式

在跟进转移性支出的支付过程中，必须综合考虑各种内外因素，如地方经济水平、人均收入、地方财政情况等，围绕均等化服务目标，明确转移性支出的额度及标准，提高财政资金的最高利用率。坚持横向模式和纵向模式，充分发挥中央政府的主导作用，增强地方政府的创造力。在纵向转移模式中，中央层政府可以越位省级政府，直接将相关政府转移到县级政府中，这样操作有助于减少层层截留的问题，提高了资金使用效率。我国财政政策中也明确了中央政府、地方政府在转移性支出中权责，充分考虑了省市地区的经济实际状况、人均收入、地方财政收入等，从而构建了均等化的公共服务目标，以此制定了转移性支出的支付额度和标准。

受我国经济体制的影响，我国实施了分税制管理机制，地方政府与地方政府之间的转移性支出支付体系各具各自的特征，整体规范性不足，中央政府对于财政支出惯用“一刀切”解决，如城镇低保、新型农村合作医保是根据地区划分区域的情况设定是否参与补助，地方政府的转移性支出责任不够明确，常常出现越位问题，基层政府支付责任重，财政压力大。研究调查中及已有研究成果中均提及了地域内部差距所带来的影响度远比东中西地区差距更大，它才是导致转移性支出不公平的主要原因，找准原因找准解决机制，本书建议可以借助日本推行的支出机制，弥补地区内部的财政支出差距，能够保证经济收入低的地区所获得转移性支出与全国平均转移性支出是持平的。同时还可以借鉴英国做法，提高财政支付额度，支付目标并非要实现地方经济均等化发展，也非全国人均收入水平均等，其核心目标是实现地方政府对所在地提供的公共服务基本均衡。那么回归到我国财政税收现实，转移支付改革中首要解决的问题应该是保证地方政府拥有基本的公共服务保证，制定最低的转移性支出标准。

三、分门别类确定不同转移性支出项目的财政责任及分担比例

要分不同制度类型、不同人群类别确定财政转移性支出中的财政责任及分级负担比例，支出更多用于养老、医疗和社会救助等社会保障项目，补充性的用于财政补贴。根据英国推广实践经验看，财政转移性支出是为保障基本项目更好执行制定的，如城乡低保政策、社会保险政策、医疗养老政策等。近年来，虽然日本的财政情况并不是很乐观，社会的老龄化也很严峻，但日本政府还是加大了对养老和医疗方面的支出，比重依然维持在较高水平，尤其是养老支出有一半是通过财政支付来实现的，医疗也有平均 30% 以上的支出。在 2018 年我国财政支出总额中，其中转移性支出、就业支出占比达到了 10%，作为西方发达国家之首的美国，实行了剩余福利模式，财政转移支出占比也达到近 17%。日本及德国等财政转移性支出均保持在 25% 以上，综合对比可以看出，我国的财政转移性支出占比相对较小，最终导致我国居民收入分配不公。因此，在未来的较长时间内，财政在养老和医疗方面还亟待发挥着更大的作用，才能促进转移性支出制度的完善。

第七章

促进财政转移性支出公平收入分配的政策建议

第一节　优化财政转移性支出制度安排

社会上普遍认为中国当前存在着严重的收入再分配问题，并对一些问题形成了所谓的“共识”。结合前文的研究，有必要对财政转移性支出制度问题进行重新认识并科学安排统筹。

一、财政转移性支出的出发点是解决居民收入差距

中国收入差距现状究竟如何，当前的看法并不一致。一般看法认为，中国目前收入差距仍在不断扩大，收入分配问题继续恶化。有研究指出，2003 年至今，基尼系数从未低于 0.46，而最近三年，更是逐年增大，由 2015 年的 0.462 升至 2017 年的 0.467。但是，一些最新的研究则给出了和上述结果并不相同的结论，2008—2015 年，中国收入基尼系数成功实现“七连降”。有观点认为，收入基尼系数的持续下降意味着中国居民的收入差距正在不断缩小，中国收入差距扩大已经趋于稳定，甚至出现收敛的迹象。OECD 的一项研究表示，城市地区的基尼系数在 2005 年之后保持在 0.34 左右。中国农村地区的基尼系数从 2001 年的 0.44 下降到 2010 年的 0.39，

基本保持不变。全国总体基尼系数在 2005 年之后基本稳定在 0.46 左右，收入差距已不再呈扩大趋势。可见，中国收入差距在 2008 年之后有了改善的趋势（见图 7 -1）。

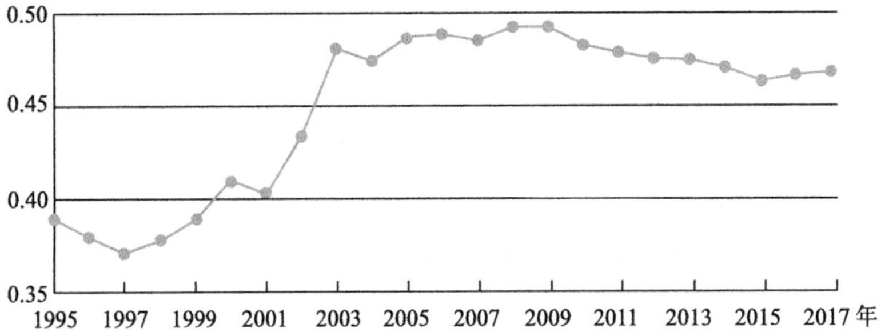

图 7 -1　我国居民收入基尼系数变化情况

数据来源：Wind 资讯，苏宁金融研究院整理。

中国收入差距到底多严重也是一个需要重新认识的问题。一般看法认为，中国收入差距程度非常严重，是世界上收入差距最大的国家之一。但如果把中国收入差距放在国际视野中加以考察，得出的看法则会显得冷静和客观。从国际比较的角度来看，中国本身的基尼系数的绝对值要比发达国家高，中国收入差距总体高于大多数发达国家，但低于一些收入差距严重的发展中国家。同时，与发达国家相比，中国收入差距大的原因主要在于再分配没有起到缩小收入差距的作用。从初次分配结果来看，中国的收入差距与大多数发达国家相差并不明显，但经过税收和政府转移支付调整后，发达国家收入差距大大降低，一般降低 10—15 个基尼百分点。而我国的再分配功能很弱，再分配前后基尼系数几乎没有变化。如果能够达到类似于发达国家的再分配力度，则中国的收入差距将大大降低，收入差距过大问题会基本消失。

从收入差距的来源看，中国收入差距在很大程度上是由城乡和区域差距所引起，这也是区别于其他国家的重要特点。中国城乡和地区差距对基尼系数的贡献达到40%，而美国地区差距的贡献仅为4%左右。巴西是世界上收入差距最大的国家之一，基尼系数超过0.5，但巴西城乡差距很小收入差距几乎全部表现为城市内部和农村内部的差距，从这个意义上说，巴西的收入差距实际上体现为一种更严重的收入分配问题。因为由城乡和地区差距所引起的收入差距可以通过加快发展进而缩小城乡和地区差距来解决，这决定了收入差距在一定程度上是发展问题。若城乡差距完全消除，中国总体基尼系数将下降30%—40%，中国收入差距过大问题也将基本消失。但从自身特点来看，中国收入差距问题似乎不应该被过度解读。

二、财政转移性支出的关键是提高居民劳动报酬份额

目前社会上有关中国居民劳动报酬份额问题存在一些认识误区，其原因主要在于使用不同口径的数据进行不适当的国际比较。近年来，我国劳动报酬份额大幅下降，这更多是统计调整的结果，并不准确反映出一次收入分配变化的实际情况。国际劳动报酬份额数据有两种统计口径：第一种口径是只计算领取工资和薪金的人所领取的劳动报酬或雇员的劳动报酬；第二种口径是包括工资和薪金在内的劳动报酬，还包括劳动者混合收入的劳动报酬。中国只有第二种口径的劳动报酬数据，但国际上普遍使用的是第一种口径的劳动报酬数据。[①] 中国目前的劳动报酬份额约为46%，此数据使用第二种口径，拿此数据进行国际对比中表明，中国可达到发达国家的劳动报酬比例即可占50%左右，比例远高于发展中国家的平均水平。然而，这种比较方法是不正确的，得到的结论自然也是错误的。从国际标准的第一个方面看，我国目前的劳动报酬份额仅有

① 张车伟，程杰. 正确认识我国劳动报酬份额问题［J］. 中国党政干部论坛，2013（04）：49－51.

30%左右，远远低于发达国家，相当于许多发展中国家的水平，反映了我国发展中国家的典型特征。因此，中国居民的劳动报酬份额较低是一个无可争辩的客观事实。发达国家劳动报酬份额高是由于就业率较高。根据国家统计局公布的就业数据，当我们计算中国员工在就业中的比例时，结果表明，中国员工在总就业中所占比例保持在40%左右。因此，我国劳动报酬所占比例较低，主要是由于从业人员所占比例较低。

上述结论对于正确认识提高中国居民劳动报酬份额的有效途径具有重要意义。而居民劳动报酬份额不应该被仅看成是收入初次分配问题，还应该在一定程度上被看成是收入再分配问题。

三、财政转移性支出政策的重点是发挥再分配手段

发达国家之所以能够将市场决定的收入差距已经缩小到一个更合理的水平，主要是由于再分配，而发展中国家广泛缺乏有效调节收入差距的再分配手段是造成收入差距过大的重要原因。从实际情况看，中国当前收入分配问题并不能仅通过再分配手段加以解决，相反，中国很多关键问题都存在于初次分配环节，一些体制性制度性因素造成的分配不公现象已经到了异常严峻的程度，必须通过改革的办法加以解决，只有体制性的变革才是治本之策。再分配方式虽然有助于改善低收入和贫困群体的生活条件，但对提高社会公平和消除社会排斥并无帮助。要从根本上扭转收入差距扩大的局面，必须依靠体制改革进行初始分配。事实上，正是一些不合理的体制机制才使中国财富积累的不平等程度不断增加，成为收入差距扩大和不公平的主要来源。中国财产性财富的基尼系数已经高达0.6—0.7，财富占有不平等已经成为中国收入分配问题面临的新挑战。解决财富不平衡问题仅依靠再分配手段是远远不够的，必须从体制机制入手堵住造成财富积累不平等的源头活水。必须注意到的是，随着中国近几年社会保障制度建设和结构性减税政策的实施，中国

的再分配力度不断加大，其缩小收入差距的效应预计很快会从统计数据中得到体现。因此，解决中国目前收入分配问题的重点一方面应该注意发挥再分配的调节作用，另一方面是要强调在初次分配中如何消除分配不公平现象，堵住不合理收入和非法收入的来源和漏洞。

从国际经验来看，伴随着经济快速增长，收入差距扩大是普遍现象，但世界各国应对收入差距扩大的态度、方法和手段各不相同，产生的结果也大相径庭。

（一）再分配手段调整收入差距是成熟市场经济国家的重要标志

在经济快速增长时期，许多成熟市场经济体的收入差距可能会发展到一个相对较高的水平。例如，美国的基尼系数在 20 世纪 20 年代超过了 0.5，日本在 1937 年达到 0.57。在经济快速增长时期，中等收入拉丁美洲国家的收入差距更大。例如，巴西的基尼系数在 1950—1975 年从 0.36 攀升到 0.64，同一时期墨西哥的基尼系数在从 0.52 升至 0.59。阿根廷 1970—2000 年的基尼系数从 0.38 上升到 0.53，智利 1975—1995 年的基尼系数从 0.45 上升到 0.55。中国目前正处于经济快速发展的时期，收入差距拉大速度也很快，在 1978—2008 年基尼系数从 0.31 上升到 0.491①，这反映出中国收入差距扩大有着和其他市场经济国家相同或相似的特点和规律。然而，成熟市场经济国家的经验表明，缩小收入差距不是一个自然的过程，而是需要建立和完善各种社会制度和规则。例如，美国收入差距开始缩小，主要是由于 20 世纪 30 年代实施的“罗斯福新政”，这一政策大大改善了低收入群体的财政补贴，提高了他们的收入水平。第二次世界大战后日本收入差距的缩小也主要是由于各

① 张车伟，程杰．收入分配问题与要素资本化——我国收入分配问题的“症结”在哪里？［J］．经济学动态，2013（04）：14－23.

种再分配制度的建立，有助于调整收入差距。一般来说，发达国家之所以能够缩小收入差距，与其财税政策和社会保障制度密切相关。由于普遍缺乏调节收入差距的再分配手段，发展中国家的收入差距要么继续呈上升趋势，要么长期维持在较高水平难以下降。例如，许多拉美国家几乎与当今成熟的市场经济国家同时开始工业化，但由于没有建立起调节收入差距的再分配机制，收入差距长期保持在高水平难以下降，导致经济社会进步困难甚至出现停滞或倒退，陷入了所谓的“中等收入陷阱”。

（二）中国再分配调节机制尚未完全启动

一般认为，发达市场经济国家收入差距都能保持在比较合理的水平，但很多人并不清楚这主要是再分配后的结果。从初次分配看，发达市场经济国家同样存在着比较大的收入差距。例如，初次分配的基尼系数美国为0.46、英国为0.46、日本为0.44，这些成熟市场经济国家初次分配的基尼系数和其他国家相比并没有展现出实质性差异。中国目前0.47左右的基尼系数甚至低于德国的0.51、意大利的0.56、葡萄牙的0.54、波兰的0.57等许多OECD国家。但再分配后，发达市场经济国家的收入差距大大缩小基尼系数平均下降10个百分点以上。例如，重新分配调整后，美国的基尼系数从0.46下降到0.38，日本从0.44下降到0.32，德国从0.51下降到0.3，法国从0.48下降到0.28，英国从0.46下降到0.34，经合组织国家从0.45下降到0.31，下降了14个基尼点。[①] 由于发展中国家普遍缺乏调节收入差距的再分配机制，初始分配和再分配后，收入差距基本保持不变。

一些研究指出，考虑到区域生活成本、住房和社会保障等再分配因素，中国的基尼系数可能是0.48—0.49，收入差距依然很大。

---

① 张车伟. 再分配调节不足：中国收入差距拉大的主因［N］. 中国社会科学报，2012-05-21（B02）.

因此，中国目前收入差距难以缩小的根源主要在于具有调节收入差距作用的再分配手段尚未真正设置。启动具有调节收入分配功能的再分配工具是缩小我国收入差距的关键。如果中国能像经合组织国家那样建立再分配调整机制，基尼系数将由目前的0.47降低到0.33左右，收入差距就会从严重不均等变为相对均等。因此，缩小中国目前收入差距的关键就是建立与成熟市场经济相配套的具有调节收入分配功能的再分配机制。为此，我们需进行一些变革。

第二节　推进社会保障全国统筹改革

前文的实证已说明我国社会保障制度在再分配中具有重要作用，且此作用是正向的，显著的。财政社会保障支出在提高居民收入的同时，还具有明显的缩小居民收入分配差距的作用。但不容忽视的是，财政社会保障支出在城乡居民之间存在非常大的差距。前文实证表明，根据财政转移性支出结构的优先度来考察，社会保障支出是财政转移性支出中发挥作用最大的政策工具，因此要进一步发挥财政对社会保障的支持。

一、实现基础养老金统筹公平

应借鉴国际经验，充分重视社会保障的收入再分配效应，逐步将调整收入分配差距的措施重点转移到社会保障上来，尤其要重视我国社会保障制度中的比重最大的一部分养老保险。

（一）实现基础养老金统筹公平

社会保障支出中所占比例最大的是养老保险，发达国家的养老保险制度已非常成熟，其成功经验值得借鉴。我国应加快实现基础养老金全国统筹公平。现在，这一问题有望得到缓解。国务院于2018年发布的《关于建立企业职工基本养老保险基金中央调剂制度的通知》提出，自7月1日起中国将建立养老保险基金中央调剂制度。实现基础养老金全国统筹，意味着基本养老金的基础部分由中央政府在全国范围内统一筹集、调剂和发放，藉由将较发达省份大量的剩余养老金转移给欠发达地区，实现“互助共济”。尽早实现职工基本养老保险基金的全国统收统支，可以更好的缩减居民地区之间收入水平的差距。

（二）科学提升社会保障的财政性投入

应进一步增加转移性支出的财政性投入，提高财政转移性支出占财政支出的比例。在市场经济的初期阶段，重视财政购买性支出，是因需要购买性支出刺激经济的增长。而在市场经济成熟阶段，应重视转移性支出，因为转移性支出中尤其是社会救助、社会优抚和财政补贴，是政府应当承担的责任，应通过财政预算来确保满足需求者的需要。由于我国财政支出结构不太合理，对低收入群体的保障、援助等转移性支出比例较小，从而无法充分起到调节收入分配差距的作用。

因此，社会保障财政投入的部分，重点发展的方向是：一是努力提高农村居民最低生活保障水平。二是加大新农村参保补助力度，提高基本养老金补贴水平。三是在新农村合作医疗基本实现全覆盖的情况下，进一步增加财政补贴，提高保险待遇。

二、实现社会保障一体化发展

（一）提高同一社会保险补贴项目统筹层次

当前各类医疗保险大多以县（区）为单位，养老保险在补贴待遇上以省、地级市为单位，部分地区资金责任甚至还是以县（区）为单位，这种状况不利于社会保障项目的持续发展，需要借鉴国际经验加快转变。统筹层次的提高，基本目标均是实现全国统筹，次序上应优先考虑养老保险，其次是医疗保险；核心困难是地方政府之间的筹资责任分担与激励问题，对此应有针对性的考虑和专门设计。

（二）全面梳理社会救助项目和社会保险项目

我国现行的社会保障援助体系一方面项目繁琐、管理分散，另一方面救助制度与社会保险制度的协调不客观、不现实。全面梳理社会救助项目是推动我国社会保障体系建设的重要步骤之一。而社会保障项目，在整合调整相关项目的基础上，实现了有效对接和共同发展两大体系。具体来说，是指将“没有生活来源、没有工作能力、没有法定扶养义务人”的“三无”人员和“五保户”作为社会救助的主要对象，有劳动能力的劳动者划入社会保险制度，提高政府补助的方式，让社会救助和社会保险有效地灵活地连接起来。通过这两个系统的整合，简化了社会救助体系的工程内容，降低了管理协调成本，实现了社会救助与社会保险的有效衔接。一方面，我们可以充分利用社会保障制度。另一方面，也为系统管理的实施奠定了基础。①

（三）加快推进社会保障项目城乡之间的体系整合

2014 年 2 月，国务院印发《关于建立统一的城乡居民基本养老保险制度的意见》，提出到“十二五”末，在全国基本实现新农保和城居保制度合并实施，并与职工基本养老保险制度相衔接；2020 年前应做到“整合城乡居民基本养老保险制度、基本医疗保险制度。推进城乡最低生活保障统筹发展”。从长期来看，还应实现社会保障制度覆盖的全民统一。当前我国尤其是以城乡为界限，针对不同人群出台不同的财政社会保障项目，随着城市化进程的加快，最终需要将其整合起来。从顺序上看，首先应启动的是不同社会保险项目之间的自由转续，缴费记录和待遇水平持续计算。其次是应明确农民工参加社会保险的具体思路和长远规划，改变目前较

---

① 高传胜．中国社会救助体系建设 还可以再做些什么？［J］．中国民政，2011（09）：18－21.

为含糊的状况，同时要充分考虑其职业特点和参保利益。再次是将城乡居民养老保险、城乡居民医疗保险整合为统一的居民养老保险、居民医疗保险。由于目前财政对各类居民养老保险、医疗保险补助力度大体差不多，未来仅需适用城乡居民不同的支付能力和补贴需求，设置多档缴费水平供城乡居民自行选择，因此整合起来难度不大。最后是应考虑将居民类社会保险与职工类社会保险相互整合，可以考虑以家庭为单位，对职工的缴费水平设置多档次，允许其携带家庭人口享受一定的补贴待遇。对不能满足这一条件的，可以作为职工社会保险的特例，设置相应的缴费水平和待遇水平。推行这一领域的改革，相关配套改革应同步推进，如医疗卫生体制，公共财政改革，户籍制度改革，优先推进基本保障制度的城乡一体化。

第三节　完善财政补贴领域的改革

在财政补贴领域，前文的实证已说明我国的财政补贴政策对居民收入的增长具有负效应作用，因此，应进一步科学完善财政补贴领域的改革。党的十八届三中全会的《中共中央关于全面深化改革若干重大问题的决定》强调了发展财政补贴事业对调节收入分配、促进社会公平的重要意义。从财政角度看，下一步改革应特别注意财政补贴事业的公平、效率和可持续性。

一、合理确立不同财政补贴项目

当前我国财政补贴体系的保障水平与经济发展水平是相适应，是适度的。但与发达国家相比较，我国大部分财政补贴项目的水平还较低，未来随着经济的持续发展，财政补贴体系的待遇水平也应进一步提高。但也应注意，在充分汲取发达国家财政补贴体系发展历程中的经验教训基础上，以适度为原则合理确立财政补贴项目的待遇水平。针对我国不同人群补贴待遇水平差距较大的现实，应避免民粹主义思维，避免因盲目重视补贴待遇水平而不充分考虑其背后的筹资问题。党的十八届三中全会要求，应“建立健全合理兼顾各类人员的社会保障待遇确定和正常调整机制”。今后政府应在衡量财政资源平衡的背景下，采取“逆向公平”的心态，即是对弱势群体给予更多的财政补贴，对中低收入群体不给予财政补贴，明确制定对各类补助项目的财政补助标准。

目前需要高度关注的是对于养老、医疗方面的财政补贴项目，重要的是加强长期预测，将短期内的政策调整与体系的长期资金平衡前景结合起来考虑，对于需要一般财政予以补贴的程度有明确的提前预判。以养老保障为例，由于其是一个长期的资金配置问题。任何一个当期的政策往往会产生长远的影响。因此，养老保障领域的管理必须有长期视野，坚持精算平衡原则，政策的制定和调整必须考虑到其长远影响。而这一点正是当前我国各级政府部门较为缺乏的认识。各级政府的社保部门所关注的重点，往往是当年的资金收支问题，很少关心养老保障领域的长期资金平衡问题。在这方面，美国的养老保障管理提供了很好的榜样。美国自从其养老保障体系产生之初，坚持对其前景进行定期预报制度，发布的报告向全社会和政府部门反映了养老保障制度存在的问题，最后多次积极进行政策调整，推迟了资金缺口出现的时间。我国也应坚持推广这一做法，将短期的政策调整、针对未来的政策建议，都与其资金前景结合起来。

二、提高社会救助类补贴项目的支出水平

中国处于发展中阶段，从人均国民收入来看，中国仍然是一个中低收入国家。基于这样的基本国情，中国的社会救助和补贴支出标准不能与发达国家相比，也不能盲目比较。社会救助的基本目标

是满足穷人的最低生活需要和应付生存危机。发达国家高额的补贴支出给它们带来了巨大的财政压力，沉重的财政负担迫使各国积极探索补贴改革的新思路。充分利用社会救助系统自动筛选机制的功能，将社会救助标准设定在最低生活需求水平的有效途径。①

三、大力发展人力资本投资型财政补贴项目

汲取国际有益经验，中国还应弥补不足，高度重视财政补贴项目的人力资本投资功能，为中国国家竞争力的持续提升打下坚实基础。从发展优先的角度出发，一是出台农民工子女教育专项规划。中央财政补贴可以采用“教育券”的模式，资金与受用人捆绑起来，提高接受移民子女的地方政府的积极性。对于必须在家乡作为留守儿童接受教育的儿童，他们应该有专门的资金来特别照顾他们的学校教育。二是重点发展贫困家庭儿童营养计划。区分不同的家庭条件，应该开发一些低成本、安全和有效的营养补充剂，例如在幼儿时期喝豆浆、提供财政补贴或为贫困家庭提供免费住房。具体措施可以视为成果导向，采用国际上积极探索的有条件的现金转移方法。三是职业教育与积极就业政策相结合。目前，我国在职业教育领域的投入和积极的就业政策上都有了较大幅度的提高，今后这一趋势应该进一步稳定。同时，要加强职业教育与积极就业政策的合作，将职业教育的理念拓展到生活中，提高资金使用效率。其中，贫困家庭的职业教育和就业技能教育应在现有的基础上予以特别重视，教育和健康决定了未来收入的前景。如果它们不能通过财政补贴制度得到保障，将增加创造不平等陷阱的可能性。在中国，特别需要注意的是，这种公平可能需要更多的“逆向公平”思维，并针对一些弱势群体的现状，如农民子女或农民工子女，做出特殊

① 高传胜．中国社会救助体系建设 还可以再做些什么？［J］．中国民政，2011（09）：18－21.

的政策安排。

四、改善财政补贴项目制度设计

如果补贴项目不完善制度设计，不注重内部激励，其“免费午餐”的性质将大大增加管理难度，无法实现政策目标。“补贴养懒人”的现象一旦普遍存在，就不利于经济发展，政府的财政资源也难以支撑。应该说，我国各类财政补贴项目的设计非常注重激励和管理问题，但从实际运行效果来看，仍有很大的改进空间。

可以对补贴项目进行分类，如在人力资本投资型补贴项目领域，可以考虑采取世界银行等机构大力推广的“有条件转移支付”措施，以激励手段达到政策目标。如在健康补贴领域，如何缓解财政公费医疗保险覆盖之后的医疗费用上升趋势这个难题受到了广泛关注。各国探索的经验包括采取措施降低医疗费用报销比例、价格控制等，近年来通过改进服务质量和成本控制，实现了服务质量和成本控制的提高，对医疗服务机构和人员的奖励。中国应注重吸收各国的成功经验和失败经验，加强对支付方式的探索。中国应注重基础，进一步优化财政支出的方式。

五、创新财政补贴项目的实现方式

除了制度和财政层面的财政补贴制度的发展外，补贴项目的良好实现即补贴项目服务供给的创新发展，对居民的实际改善有很大的影响。居民的财政补贴不限于直接补贴到个人，对企业的补贴居民也是可以受益的，因此要不断创新财政补贴的项目，做到科学化发展。

在养老补贴领域，随着我国进入快速老龄化阶段，除了加快养老保障制度的覆盖面，解决养老生活资金来源问题外，养老服务业和老龄护工产业的发展，诸如医疗保健、文化和旅游业的田园诗计划，对于真正提高老年人的生活质量同样重要。从现实情况看，我国在这方面还存在许多不足。为此，有必要采取一系列创新的政策措施，通过政府引导，市场化，协调政府、社会和家庭力量的发展，以满足老年人的多种需求。在养老服务业和老龄护工产业中，政府应通过建立和严格执行行业标准，在保持较低规模的基础上提供财政和税收优惠，鼓励建立品牌信誉、社会责任和实力。鼓励有实力、有品牌声誉、有社会责任的民营资本和慈善团体进入这个市场，提供多样化的服务和不同水平的费用和护理等服务。政府在满足老年人医疗、文化、旅游等需求的同时，还应以加强监管为主要职责，及时出台财税激励引导措施，通过市场力量实现市场目标。

近年来，在就业培训领域，我国资本投资增长迅速。在劳动力供求形势逐步变化的新阶段，财政补贴必须重视以成果为导向。一是要重视贫困地区和就业困难人群的低端就业培训，促进战略性新兴产业高端就业均衡发展。对于贫困地区 40 岁和 50 岁有就业困难的人们来说，在当前低端就业供给不足的背景下，重点是提高他们的基本就业技能，确定未来的就业方向（如服务业），将其纳入市场化进程应是国家扶贫政策的重要组成部分。新战略产业高端就业培训的重点是提高高等教育层次人才的高端就业适应性，以此为基础，提高国家产业竞争力。这两个项目都可以考虑巴西的经验：一是将为关键人口和关键行业推出一系列特殊的就业培训计划。二是将投入培训与出口地培训相结合，如高端培训方案，适合培训模式的输入；贫困地区人员和就业困难人员的培训，适合采用出口方式。三是把就业培训与企业相结合，一些外部强大的培训项目要求政府投入更多的财政资源，一些受益于大型培训项目的企业将主要起到指导作用，就业培训方案也可以采取企业订单的运作模式。四是探索就业培训订单招标采购制度，通过明确培训内容和要求，通过市场培训，建立培训机构，提高资金使用效率。

在企业亏损补贴领域，加入 WTO 后，我国中央政府积极履行入世承诺，逐步清理具有专向性的国有企业补贴，但当前我国正处于深化国企改革的关键时期，在此过程中，国有企业离不开资金支持和政策扶持。在清理现有补贴政策的基础上，大幅缩减补贴范围，减少补贴金额，对确需支持的领域：一是从过去的基于增加损益表中的营业收入入手进行“补贴”，改革为从企业资产表入手进行“注资”，从法律层面更加合规，从会计关系更为清晰，且能够加强国有资本管理，实现国有资产保值增值。二是合理利用可诉性补贴，要用而不是不用。可诉性补贴关键是把握好度，补贴到居民身上而不产生扭曲市场的结果。三是好好利用不可诉补贴。比如研发补贴、对高新技术产业补贴等。这些补贴有利于居民科学的合理的利用好补贴，提升自己从而提高收入水平。

参 考 文 献

［1］巴利．社会正义论［M］．曹海军，译．南京：凤凰出版传媒集团，江苏人民出版社，2007.

［2］布朗芬布伦纳．收入分配理论［M］．方敏，等，译．北京：华夏出版社，2009.

［3］布劳格．经济理论的回顾［M］．姚开建，等，译．北京：中国人民大学出版社，2009.

［4］曹桂全，任国强．个人所得税再分配效应及累进性的分解分析——以天津市2008年城镇住户为样本［J］．南开经济研究，2014（04）：123－140.

［5］曾国安，等．中国城乡居民收入差距演变趋势及原因研究述评［J］．当代经济研究，2007（6）.

［6］陈池波，江喜林，吕明霞．从以农补工到反哺农业：对农业补贴短期与长期涵义的探讨［J］．农业经济问题，2012，33（12）：19－27＋110.

［7］陈金．关于缩小我国城乡居民收入差距的对策研究［D］．山西财经大学，2011.

［8］陈丽．财政转移性支出对农村消费影响的拐点检验［J］．商业经济研究，2017（09）：45－47.

［9］陈明红．关于粮食直补的思考［J］．农村经济，2004（S1）：4－6.

［10］陈享光．孙科．转移性收入城乡差距的区域性比较［J］．学习论坛，2013，29（09）：36－39.

[11] 陈烨．缩小中国农村居民收入差距的财政转移性支出研究［D］．辽宁大学，2012.

[12] 丛书海．收入分配与财政支出结构［M］．北京：人民出版社，2014.

[13] 崔万有．日本社会保障研究［D］．东北财经大学，2007-06-01.

[14] 德沃金．至上的美德：平等的理论与实践［M］．冯克利，译．南京：江苏人民出版社，2003.

[15] 杜治雄．转移性支出的经济效应研究［D］．西北大学，2014.

[16] 多林．曼彻斯特自由主义的宣告人：巴斯夏［A］．巴斯夏．和谐经济论［C］.

[17] 弗里德曼．资本主义与自由［M］．张瑞玉，译．北京：商务印书馆，1986.

[18] 甘行琼，汤凤林．美国地方财政体制再思考——以佐治亚州为例［J］．河北经贸大学学报，2013，34（01）：85-91.

[19] 甘行琼，王住伟．关于我国地方政府收入分配职能的思考［J］．财政监督，2012（21）：59-61.

[20] 高传胜．中国社会救助体系建设 还可以再做些什么？［J］．中国民政，2011（09）：18-21.

[21] 高文书．社会保障对收入分配差距的调节效应——基于陕西省宝鸡市住户调查数据的实证研究［J］．社会保障研究，2012（04）：61-68.

[22] 葛玉御，安体富．税收如何影响收入分配：文献述评［J］．经济研究参考，2014（56）：56-68.

[23] 葛玉御，田志伟，胡怡建．“营改增”的收入分配效应研究——基于收入和消费的双重视角［J］．当代财经，2015（04）：23-33.

[24] 郭宁．基于服务型政府视角下社会保障体系的构建[D]．西北大学，2013.

[25] 郭庆旺，陈志刚，温新新，等．中国政府转移性支出的收入再分配效应 [J]．世界经济，2016，39 (08)：50－68.

[26] 郭月梅．公平收入分配的财税政策探讨 [J]．财政监督，2010 (23)：57－59.

[27] 郭月梅．渐进式提高直接税比重的思考 [J]．税务研究，2014 (06)：23－28.

[28] 郭月梅．新时期公平城乡收入分配的财税政策研究[J]．税务研究，2010 (12)：3－7.

[29] 哈耶克．法律、立法与自由（第2、3卷）[M]．邓正来，等，译．北京：中国大百科全书出版社，2000.

[30] 哈耶克．自由宪章 [M]．杨玉笙，等，译．北京：中国社会科学出版社，1999.

[31] 亨特．经济思想史：一种批判性的视角 [M]．颜鹏飞，总译校．上海：上海财经大学出版社，2007.

[32] 侯慧丽．养老保险制度再分配效应的结构性透视 [J]．中国社会科学院研究生院学报，2014 (05)：131－137.

[33] 胡宝娣，刘伟，刘新．社会保障支出对城乡居民收入差距影响的实证分析——来自中国的经验证据（1978—2008）[J]．江西财经大学学报，2011 (02).

[34] 胡兵，涂先进，胡宝娣．转移性收入对农村消费影响的门槛效应研究 [J]．财贸研究，2014，25 (01)：55－60.

[35] 胡洪曙，亓寿伟．中国居民家庭收入分配的收入代际流动性 [J]．中南财经政法大学学报，2014 (02)：20－29.

[36] 黄祖辉，王敏，万广华．我国居民收入不平等问题：基于转移性收入角度的分析 [J]．管理世界，2003 (03)：70－75.

[37] 曾金华．上半年财政社保和就业支出增长 11.3% [N].

经济日报，2018-09-05 (004).

[38] 贾洪波．新农保制度收入再分配效应的一般均衡研究 [J]．南开经济研究，2014 (01)：87-100.

[39] 贾康，苏京春．“中等收入陷阱”是必须迈过的坎 [J]．金融博览，2016 (11)：94-95.

[40] 贾康，苏京春．直面“中等收入陷阱”真问题——基于1962—2013年全球数据对“中等收入陷阱”的判断、认识 [J]．中共中央党校学报，2015，19 (04)：51-63.

[41] 贾康．共享发展需要优化收入分配走向共同富裕 [J]．中国党政干部论坛，2015 (12)：11-14.

[42] 江镓伊．我国财政转移性支出调节收入分配问题研究 [D]．首都经济贸易大学，2011.

[43] 金双华．理顺收入分配关系的财政支出作用研究 [J]．数量经济技术研究，2002 (1).

[44] 柯亨．马克思与诺齐克之间：柯亨文选 [M]．吕增奎，编译．南京：凤凰出版传媒集团，江苏人民出版社，2007.

[45] 科兹纳．市场过程的含义 [M]．冯兴元，等，译．北京：中国社会科学出版社，2012.

[46] 克里斯特曼．财产的神话：走向平等主义的所有权理论 [M]．张绍宗，译．桂林：广西师范大学出版社，2004.

[47] 寇铁军，金双华．财政支出规模、结构域社会公平关系的研究 [J]．上海财经大学报，2012 (12).

[48] 李宾，张潇匀，曾雅婷．企业真实盈余管理活动对政府补贴获取的影响——基于农业与非农业上市公司比较的实证检验 [J]．世界农业，2019 (07)：44-56+75.

[49] 李稻葵．改革的方式需要改革 [J]．领导科学，2016 (30)：20-21.

[50] 李稻葵．突破中等收入陷阱的路线图 [J]．经济研究，

2014，49（01）：23－25.

［51］李吉雄．我国财政的收入再分配能力问题研究［J］．江西社会科学，2010（12）：65－69.

［52］李吉雄．我国财政对居民收入再分配的绩效分析——基于贫困度和基尼系数的测度［J］．经济问题，2010（12）：25－28＋37.

［53］李吉雄．强化我国财政的收入再分配职能作用问题研究［D］．江西财经大学，2011.

［54］李建伟，王勇．国家间收入差距演进轨迹与启示［J］．改革，2017（10）：81－94.

［55］李炯，等．基于收入来源的城乡居民收入差距研究［J］．中共浙江省委党校学报，2006（3）.

［56］李实，（加）史泰丽，（瑞典）古斯塔夫森．中国居民收入分配研究3［M］．北京：北京师范大学出版社，2008.

［57］李实，杨穗．中国城市低保政策对收入分配和贫困的影响作用［J］．中国人口科学，2009（05）：19－27＋111.

［58］李实，赵人伟．中国居民收入分配再研究［J］．经济研究，1999（04）：5－19.

［59］李实，佐藤宏，史泰丽．中国收入差距变动分析——中国居民收入分配研究4［M］．北京：北京师范大学出版社，2013.

［60］李实．正确看待我国收入分配问题［J］．中国发展观察，2010（12）：11－13.

［61］李祥云．中国高等教育对收入分配不平等程度的影响——基于省级面板数据的实证分析［J］．高等教育研究，2014，35（06）：52－58＋75.

［62］李玉菊．对我国居民收入分配差距及其变动趋势的分析［J］．中国软科学，2003（6）.

［63］梁俊娇，何晓．我国个人所得税再分配效应研究［J］．中央财经大学学报，2014（03）：11－15.

[64] 林光彬，郑川．农产品价格管理政策的中国理论与中国方案［J］．经济与管理评论，2018，34（02）：33－50.

[65] 林菊红．从均等化角度看转移性收入的效应［J］．科技导报，2003（12）：32－34＋28.

[66] 刘柏惠，寇恩惠．政府各项转移收支对城镇居民收入再分配的影响［J］．财贸经济，2014（09）：36－50.

[67] 刘海宁．台湾社会保障制度改革的收入再分配效应及启示［J］．台湾研究，2008（04）：50－54.

[68] 刘穷志，吴晔，申昕．收入不平等、物价上涨与财政再分配［J］．财贸研究，2014，25（02）：75－83.

[69] 刘穷志，吴晔．收入不平等与财政再分配：富人俘获政府了吗［J］．财贸经济，2014（03）：21－33.

[70] 刘穷志．收入不平等与再分配职能在中央财政与地方财政之间分解［J］．财贸经济，2011（05）：18－23.

[71] 刘尚希，孟春．公共政策与地区差距［M］．北京：中国财政经济出版社，2006.

[72] 刘文勇．城乡居民收入分配格局和谐演进的制度分析［J］．经济评论，2007（1）.

[73] 刘子兰，周熠．养老社会保险制度再分配效应研究简述［J］．消费经济，2010，26（02）：76－78＋75.

[74] 卢洪友，熊艳．我国税收的居民收入再分配效应研究［J］．财政研究，2014（04）：15－18.

[75] 罗楚亮．城乡收入差距的变化及其对全国收入差距的影响［J］．劳动经济研究，2017，5（01）：21－47.

[76] 马海涛，汪昊．财政对收入分配的影响与改革建议［J］．中国税务，2017，（04）：34－36.

[77] 马克思．资本论（第三卷）［M］．北京：人民出版社，1966.

[78] 马克思恩格斯全集（第3卷）[M]. 北京：人民出版社，1960.

[79] 米尔顿·弗里德曼，罗斯·弗里德曼. 自由选择：个人声明 [M]. 北京：商务印书馆，1982.

[80] 穆勒. 政治经济学原理及其在社会哲学上的若干应用（上卷）[M]. 赵荣潜，等，译. 北京：商务印书馆，1991.

[81] 南茜·弗雷泽，阿克塞尔·霍耐特. 再分配，还是承认？一个政治哲学的对话 [J]. 农业技术经济，2010（09）：45－56.

[82] 诺齐克. 无政府、国家和乌托邦 [M]. 姚大志，译. 北京：中国社会科学出版社，2008.

[83] 佩尔森，塔贝里尼. 政治经济学：对经济政策的解释 [M]. 方敏，等，译. 北京：中国人民大学出版社，2007.

[84] 彭定赟，王磊. 财政调节、福利均等化与地区收入差距——基于泰尔指数的实证分析 [J]. 经济学家，2013（05）：21－28.

[85] 彭海艳. 我国个人所得税再分配效应及累进性的实证分析 [J]. 财贸经济，2011（03）：11－17＋136.

[86] 彭妮娅. 居民收入差距的测度、影响因素及经济效应研究 [D]. 湖南大学，2013.

[87] 祁毓，李祥云. 财政分权、劳动保护与劳动收入占比 [J]. 南方经济，2011（11）：42－53.

[88] 祁毓. 不同来源收入对城乡居民消费的影响——以我国省级面板数据为例 [J].

[89] 任忠富. 我国财政社会保障支出对居民收入分配的影响效应研究 [D]. 东北财经大学，2016.

[90] 申小菊. 我国城镇养老保险再分配效应研究 [D]. 首都经济贸易大学，2016.

[91] 石子印. 政府再分配政策对城镇居民收入不平等作用的实证考察 [J]. 经济经纬，2009（05）：14－18.

[92] 史晨昱．阿特金森：把社会价值引入对分配的度量［N］．上海证券报，2007-06-18（010）．

[93] 斯密．国民财富的性质和原因的研究（上卷）［M］．郭大力，王亚南，译．北京：商务印书馆，1972.

[94] 孙祁祥，林山君．中国养老保险制度的收入再分配效应分析［J］．财贸经济，2014（05）：61-69.

[95] 孙文祥，张志超．财政支出结构对经济增长与社会公平的影响［J］．上海财经大报，2004（12）．

[96] 图洛克．收入再分配的经济学［M］．范飞，刘琨，译．上海：上海人民出版社，2008.

[97] 托马斯·皮凯蒂．财富再分配［M］．郑磊，编译．上海：上海人民出版社，2015.

[98] 万莹．我国税收政策与社会保障政策收入再分配效应比较［J］．税务研究，2016（09）：84-91.

[99] 汪德华，李琼．推进中国适度社会福利体系建设的思路研究［J］．黑龙江社会科学，2014（01）：103-108.

[100] 汪昊，娄峰．中国财政再分配效应测算［J］．经济研究，2017，52（01）：103-118.

[101] 王丽艳，马光荣．帆随风动、人随财走？——财政转移支付对人口流动的影响［J］．金融研究，2017（10）：18-34.

[102] 王璐．基于粮食安全背景下的农业补贴安排［J］．经济研究导刊，2008（13）：44-45.

[103] 王琪璐．我国转移性支出与缩小收入分配差距的相关性研究［D］．中国海洋大学，2011.

[104] 王小鲁，樊纲．中国收入差距的走势和影响因素分析［J］．经济研究，2005（10）：24-35.

[105] 王晓青．习近平对公平正义思想的理论创新［J］．中共贵族省委党校学报，2016（20）：161.

［106］王亚红．城乡居民转移性收入差异及其应对策略［J］．统计与决策，2010（16）：100－102.

［107］王延中，龙玉其，江翠萍，等．中国社会保障收入再分配效应研究——以社会保险为［J］．经济研究，2016，51（02）：4－15＋41.

［108］王远鸿，施发启．居民收入增长应与宏观经济增长相匹配［J］．财会研究，2010（07）：22－24.

［109］王震．新农村建设的收入再分配效应［J］．经济研究，2010，45（06）：17－27.

［110］魏丽丽．德国政府防止贫富差距拉大的主要做法及其对中国的启示［J］．理论界，2008.8.

［111］文雯．收入再分配效应的测度及其影响因素分析［J］．山西财经大学学报，2012，34（07）：9－15.

［112］肖晗．论完善我国社会保障体系的措施［J］．改革与开放，2010（22）.

［113］信卫平．促进民富国强的思考——基于提高劳动报酬的视角［J］．江汉论坛，2010（09）：26－29.

［114］徐蔼婷，刘波，李金昌．居民收入分配如何影响非正规经济规模——基于城镇中等收入阶层可支配收入的考察［J］．经济学家，2012（04）：29－36.

［115］杨灿明，郭慧芳，孙群力．论扩大国内消费需求与规范收入分配秩序［J］．财政研究，2010，No.32503：6－10.

［116］杨灿明，郭慧芳，赵颖．论经济发展方式与收入分配秩序［J］．财贸经济，2010，No.34205：37－46＋52＋135－136.

［117］杨灿明，郭慧芳．论经济转型与收入分配［J］．财政研究，2009，No.31909：11－13.

［118］杨灿明，胡洪曙，俞杰．收入分配研究述评［J］．中南财经政法大学学报，2008（01）.

[119] 杨灿明，孙群力．中国居民收入差距与不平等的分解——基于2010年问卷调查数据的分析 [J]．财贸经济，2011 (11)：51-56.

[120] 杨灿明，詹新宇．土地财政的再分配效应——来自中国省际面板数据的经验证据 [J]．经济学动态，2015 (11)：4-16.

[121] 杨灿明．国民收入分配格局与居民收入分配研究 [M]．北京：经济科学出版社，2011.

[122] 杨灿明，等．规范收入分配秩序研究 [M]．北京：经济科学出版社，2014.

[123] 杨穗，高琴，李实．中国社会福利和收入再分配：1988—2007年 [J]．经济理论与经济管理，2013 (03)：29-38.

[124] 杨天宇，曹志楠．中国的基尼系数为什么下降——收入来源角度的分析 [J]．财贸经济，2016 (11)：34-46.

[125] 杨天宇．调整我国收入分配关系的财政制度保障 [J]．经济理论与经济管理，2008 (06)：36-41.

[126] 于乐荣，唐丽霞，李小云．公共转移性收入对农村内部不平等的影响分析 [J]．经济经纬，2013 (06)：137-142.

[127] 袁云峰，等．基于城乡居民收入差距的实证研究 [J]．安徽大学学报，2002 (2).

[128] 岳希明．如何解决目前我国的收入分配问题 [J]．财经智库，2016，1 (01)：129-134+144.

[129] 詹新宇，杨灿明．个人所得税的居民收入再分配效应探讨 [J]．税务研究，2015 (07)：54-59.

[130] 张车伟，程杰．收入分配问题与要素资本化——我国收入分配问题的“症结”在哪里？[J]．经济学动态，2013 (04)：14-23.

[131] 张车伟，程杰．正确认识我国劳动报酬份额问题 [J]．中国党政干部论坛，2013 (04)：49-51.

[132] 张车伟，赵文．如何实现居民收入增长？[J]．劳动经济研究，2014，2 (06)：3-25.

[133] 张车伟．再分配调节不足：中国收入差距拉大的主因[N]．中国社会科学报，2012-05-21 (02).

[134] 张惠玲．我国财政转移性支出对调节收入分配的作用分析 [J]．统计与决策，2007 (12)：88-90.

[135] 张万强．转移性收入视角下的政府转移支付对居民收入差距的影响 [J]．社会科学报刊，2009.

[136] 张晓宇．我国社会养老保险影响因素的区域比较研究[D]．河北大学，2019.

[137] 章平，刘启超．居民收入、物价水平和消费结构对恩格尔系数的影响——来自深圳市的实证 [J]．统计与决策，2017 (19).

[138] 赵桂芝，马树才，李峻浩．居民收入差距的财政调节：绩效测度与因素分析——基于辽宁城镇居民视角的分析 [J]．经济问题，2012 (10).

[139] 赵和楠．印度农业补贴政策及启示 [J]．地方财政研究，2013 (4).

[140] 郑琳佩．财政转移性支出结构对城乡居民收入分配差距的影响研究 [D]．湘潭大学，2013.

[141] 中共中央关于全面深化改革若干重大问题的决定(2013 年 11 月 12 日中国共产党第十八届中央委员会第三次全体会议通过) [J]．求是，2013 (22)：3-18.

[142] 中国社会科学院财政与贸易经济研究所课题组，高培勇，马珺．"十二五"时期的中国财政支出结构改革 [J]．经济理论与经济管理，2010 (11)：5-14.

[143] 周伟．三部门 Pasinetti 分配模型与居民可支配收入的"U"型演变 [J]．经济问题探索，2015 (11)：43-47.

[144] 周晓东. 财政转移性支出调节收入分配作用及对策分析 [J]. 现代经济信息, 2012 (2).

[145] 周云波. 中国居民收入分配差距实证分析 [M]. 天津: 南开大学出版社, 2008.

[146] 朱富强. “蟑螂性生存”还是“优胜劣汰”? 基于现实收入分配之决定机制的思考 [J]. 社会科学战线, 2012 (12).

[147] 朱葵. 促进居民收入分配差距缩小的财政转移支出政策研究 [D]. 首都经济贸易大学, 2014.

[148] 朱璐璐, 寇恩惠. 我国社会保障支出与城镇居民收入差距——以江苏省为例 [J]. 上海财经大学学报, 2010, 12 (03): 91 -97.

[149] 朱梅, 姚露. 中国养老保险并轨后的收入再分配效应分析 [J]. 湖南农业大学学报 (社会科学版), 2016, 17 (01): 77 -82.

[150] 祝树杰. 转移性支出对收入均等化的效果研究 [D]. 山东大学, 2012.

[151] 邹伯平, 刘乐山. 德国调节收入分配差距的财政措施及启示 [N]. 湖南商学院学报, 2006. 4.

[152] 邹杰, 段龙龙, 郭世芹. 财政支农对城乡转移性收入不平等的影响——基于2000 -2013 年的省级面板数据 [J]. 经济问题探索, 2016 (06): 143 -149.

[153] Alternatives to Income Taxes and Transfers for Strong E-quality Goals [J]. The American EconomicReview, 1979.

[154] Bach, Stefan; M. Grabka; E. Tomasch. Tax and Transfer System: Considerable redistribution Mainly Via Social Insurance [J]. Diw Economic Bulletin, 2015.

[155] Cervellino JC; Corazza SB; Bignone IM; Fligman MD; Figueroa S; Roldán R; Morici P; Diez RA. . Transferring the financial

risks of pharmaceutical benefits from a large health care provider in Argentina to a consortium of pharmaceutical companies [J]. Revista Panamericana de Salud Publica, 2003, Vol. 13 (No. 4): 203 -213.

[156] Considerable Redistribution Mainly Via Social Insurance [J]. DIW Economic Bulletin, 2015.

[157] Dahan, Momi; Strawczynski, Michel. Fiscal Rules and the Composition of Government Expenditures in OECD Countries. [J]. Journal of Policy Analysis and Management, 2013, Vol. 32 (No. 3): 484 -504.

[158] Daniela Sonedda; Gilberto Turati. Winners and Losers in the Italian Welfare: Equilibrium Look at Its Efficiency and Incidence, in M. Feldstein (eds) The Effects of Taxation on Capital Accumulation [M]. University of Chicago Press, 1987.

[159] Guido Capaldo; Marco Depolo; Pierluigi Rippa; Domenico Schiattone. Supervisor/peer involvement in evaluation Transfer of Training process and results reliability: A research in an Italian Public Body [J]. Journal of Workplace Learning, 2017, Vol. 29 (No. 2): 134 -148.

[160] Jagdish N. Bhagwati; Richard A. Brecher; Tatsuo Hatta. The Generalized Theory of Transfers and Welfare: Bilateral Transfers in a Multilateral World [J]. The American Economic Review, 1983.

[161] Javier Olivera. The division of inter - vivos parental transfers in Europe [J]. The Journal of the Economics of Ageing, 2017: 41 -51.

[162] Karen Venturini; Chiara Verbano; Mitsutaka Matsumoto. Space technology transfer: Spin - off cases from Japan [J]. Space Policy, 2013, Vol. 29 (No. 1): 49 -57.

[163] Kevin J. Lansing and Agnieszka Markiewicz. Top Incomes,

Rising Inequality, and Welfare [J]. The Economic Journal, 2016.

[164] Kurz, Kathy; Scannell, Jim; Veeder, Samantha. Enrolling Transfers: A Matter of Service [J]. University Business. 2008, Vol. 11 (No. 7): 27 -28.

[165] Kuzmynchuk, N. V. 1 (nkuzminchuk@ ukr. net); Zyma, O. H. 2 (olyazima@ mail. ru). Analysis of types of inter - budget transfers with respect to solution of regional problems of budget formation [J]. The Problems of Economy, 2013 (No. 4): 198 -205.

[166] Lammers, G; Lammers, M. Technical Publication Transfer Using Rockwell International's Data: MIL - R - 28002A (Raster). Quick Short Test Report [M]. NTIS · United States, 2009.

[167] Lara D. Vogel MBA, Hurnan Vongsachang, Elizabeth Pirrotta MS, James M. Holmes MD, MPH, John Sherck MD, Christopher Newton MD, Peter D'Souza MD, David A. Spain MD, N. Ewen Wang-MD. Variations in Pediatric Trauma Transfer Patterns in Northern California Pediatric Trauma Centers (2001 -2009) [J]. Academic Emergency Medicine, 2014.

[168] Legge, Varoel (V. Legge@ cchs. usyd. edu. au); O'Loughlin, Kate1. The Balance of Benefit: A Review of Intergenerational Transfers in Australia [J]. Gerontologist, 2000, Vol. 40 (No. 5): 605 -611.

[169] Levitt JC. Transfer of financial risk and alternative financing solutions [J]. Journal of Health Care Finance, 2004, Vol. 30 (No. 4): 21 -32.

[170] Luband, Charles A. CMS Targets Intergovernmental Transfers [J]. Dennis Barry's Reimbursement Advisor, 2004, Vol. 20 (No. 2): 1 -8.

[171] Marc Frenette; David A. Green; Kevin Milligan. Taxes, Transfers, and Canadian Income Inequality [J]. Canadian Public Pol-

icy, 2009.

[172] Miklos SOMAI. EU transfers and the next financial framework [J]. Eastern Journal of European Studies, 2011, Vol. 2 (No. 2): 119 - 131.

[173] MORGENSON G. Explaining (or not) Why the Boss Is Paid So Much [N]. New York Times, 2004. Aronson, J. R. and P. J. Lambert. Decomposing the Gini Coefficient to reveal the Vertical, Horizontal, and reranking Effects of Income Taxation [J]. National Tax Journal, 2010.

[174] Nancy W. Hudspeth; David F. Merriman; Richard F. Dye; Andrew W. Crosby. Do Troubled Times Invite Cloudy Budget Reporting? The Determinants of General Fund Expenditure Share in U. S. States [J]. Public Budgeting & Finance, 2015, Vol. 35 (No. 4): 68 - 89.

[175] Richard Burke; Istemi Demirag. Risk transfer and stakeholder relationships in Public Private Partnerships [J]. Accounting Forum, 2017, Vol. 41 (No. 1): 28 - 43.

[176] Russell D. Roberts. A Positive Model of Private Charity and Public Transfers [J]. Journal of Political Economy, 1984.

[177] Sidney, Kristi1 (Kristi. sidney@ki. se); Salazar, Mariano1; Marrone, Gaetano1; Diwan, Vishal1, 2, 3; DeCosta, Ayesha1, 3; Lindholm, Lars4. Out - of - pocket expenditures for childbirth in the context of the Janani Suraksha Yojana (JSY) cash transfer program to promote facility births: who pays and how much? Studies from Madhya Pradesh, India [J]. International Journal for Equity in Health, 2016, Vol. 15 (No. 1).

[178] State: A Microsimulation Analysis of Income Redistribution Considering In - Kind Transfers [J]. Giornale degli Economisti e Annali di Economia, 2005.

[179] Stefan Bach; Markus Grabka and Erik Tomasch. Tax and Transfer System: Target Efficiency [J]. Economica, 1996.

[180] Tebogo B. Seleka and Khaufelo R. Lekobane. Public Transfers and Participation Decisions in Botswana's Subsistence Economy [J]. Review of Development Economics, 2017, Vol. 21 (No. 4): 1380 – 1400.

[181] Tiago Neves Sequeira; Alexandra Ferreira – Lopes. Should the Federal Government Reallocate Funds within Federal Transfers? [J]. Public Finance Review, 2009, Vol. 37 (No. 5): 596 – 612.

[182] V Raman; R Green; J Estevez; AK Bhattacharya; J Lozoya; E Laszlo. 5 – Obstacles to the Transfer of Technology [J]. Obstacles to the New International Economic Or. . . , 1980: 87 – 91. 1980.

[183] Venturini, Karen; Verbano, Chiara. A systematic review of the Space technology transfer literature: Research synthesis and emerging gaps. [J]. Space Policy, 2014, Vol. 30 (No. 2): 98 – 114.

[184] William J. Baumol; Dietrich Fischer. The Output Distribution Frontier: and TaxProvisions. [J]. Public Finance Review, 2010.

[185] Young, Phil1. Phil Young: DB transfers should be the best example of financial planning [J]. Money Marketing (Online Edition), 2016: 5.

致　谢

首先，我要感谢我的家人和朋友们，他们一直以来都给予了我爱与鼓励。没有他们的支持和理解，我不可能有足够的时间和精力来完成这本书。我要感谢我的老师们，他们对我的作品给予了极高的评价，并为这本书的出版提供了巨大的帮助，他们的专业知识和经验让这本书更加完善。我要感谢我的读者们，你们对我的作品给予了关注和喜爱，你们的反馈和建议也让我不断进步，是你们的支持让我有了继续创作的动力。此外，我还要感谢所有在我写作过程中给予过我帮助的人，包括我的研究生龚申、乔辉、朱锐程、宋沛、任和给予的帮助。他们为我提供了宝贵的建议和意见，让我不断完善自己的想法。

在这里，我再次向每一位支持过我的人表示由衷的感谢。你们的支持和鼓励是我前进的动力，让我有勇气追逐自己的梦想。感谢自己的坚持和努力。“人生到处知何似，应似飞鸿踏雪泥。”如何迎接、应对、维持未知的新生活，如何成为自己想成为的人，大抵比求学更难，前路漫漫，唯有奋斗。

恭敬在心，不在虚文。

最后，祝所有人永远快乐，前程似锦！

陈汉芳